人文社科
高校学术研究论著丛刊

新时期现代汉语词汇的认知与教学研究

赵秀文　王瑞梅　著

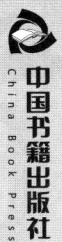

中国书籍出版社
China Book Press

图书在版编目（CIP）数据

新时期现代汉语词汇的认知与教学研究 / 赵秀文，王瑞梅著 . —— 北京：中国书籍出版社，2021.7
ISBN 978-7-5068-8616-1

Ⅰ.①新… Ⅱ.①赵…②王… Ⅲ.①现代汉语 – 词汇 – 认知语言学②现代汉语 – 词汇 – 教学研究 Ⅳ.
① H136

中国版本图书馆 CIP 数据核字（2021）第 155533 号

新时期现代汉语词汇的认知与教学研究
赵秀文　王瑞梅　著

丛书策划	谭　鹏　武　斌
责任编辑	毕　磊
责任印制	孙马飞　马　芝
封面设计	东方美迪
出版发行	中国书籍出版社
地　　址	北京市丰台区三路居路 97 号（邮编：100073）
电　　话	（010）52257143（总编室）　（010）52257140（发行部）
电子邮箱	eo@chinabp.com.cn
经　　销	全国新华书店
印　　厂	三河市德贤弘印务有限公司
开　　本	710 毫米 ×1000 毫米　1/16
字　　数	419 千字
印　　张	19
版　　次	2022 年 1 月第 1 版
印　　次	2022 年 1 月第 1 次印刷
书　　号	ISBN 978-7-5068-8616-1
定　　价	98.00 元

版权所有　翻印必究

目　录

第一章　新时期现代汉语词汇概述

第一节　词汇的内涵 ··· 1
第二节　现代汉语词汇的地位与作用 ······················· 4
第三节　现代汉语词汇的性质与特点 ························ 6
第四节　现代汉语词汇的发展规律 ···························· 9

第二章　现代汉语中的词和词素研究

第一节　现代汉语中词的研究 ·································· 16
第二节　现代汉语中词素的研究 ······························ 30

第三章　现代汉语中词的形成及其结构形式

第一节　现代汉语中词的形成 ·································· 41
第二节　现代汉语中的造词研究 ······························ 46
第三节　现代汉语中的构词研究 ······························ 52

第四章　现代汉语中的词义概说

第一节　词义的内涵 ··· 63
第二节　单义词和多义词 ··· 73
第三节　同义词、近义词和反义词 ···························· 79

第五章　现代汉语词汇的各种成分研究

第一节　基本词汇和一般词汇 …………………………………… 113
第二节　古语词和新词 …………………………………………… 117
第三节　方言词、社会习惯语、外来词 ………………………… 121
第四节　口语词汇和书面语词汇 ………………………………… 131
第五节　虚词的成分研究 ………………………………………… 147

第六章　现代汉语中的特殊词汇——熟语的研究

第一节　熟语的内涵 ……………………………………………… 158
第二节　成语 ……………………………………………………… 159
第三节　谚语 ……………………………………………………… 168
第四节　歇后语 …………………………………………………… 171
第五节　惯用语 …………………………………………………… 173

第七章　现代汉语中词义的演变及词汇的动态形式研究

第一节　词义的演变 ……………………………………………… 176
第二节　词汇的动态存在形式 …………………………………… 187
第三节　词汇的历时及共时的动态运动形式 …………………… 189

第八章　现代汉语词汇的选择及运用研究

第一节　声音的选择 ……………………………………………… 200
第二节　意义的选择 ……………………………………………… 203
第三节　词汇的选用原则 ………………………………………… 206
第四节　现代汉语词汇的规范化研究 …………………………… 210

第九章　现代汉语词汇与文化研究

第一节　现代汉语词汇与民族文化 ……………………………… 217
第二节　现代汉语词汇中所体现的中外文化差异 ……………… 225

目录

第十章　现代汉语词汇教学概述

第一节　现代汉语词汇教学的任务 ·················· 237
第二节　现代汉语词汇教学的目的与意义 ·············· 239
第三节　现代汉语词汇教学应注意的问题 ·············· 241

第十一章　现代汉语词汇教学原则与方法研究

第一节　现代汉语词汇教学的原则 ·················· 252
第二节　现代汉语词汇教学的方法与技巧 ·············· 269
第三节　现代汉语词汇偏误分析 ···················· 278

参考文献 ································· 292

第一章　新时期现代汉语词汇概述

语言作为人类沟通交流的重要载体,时刻体现着社会的发展变化和人们思想观念的更新。词汇是语言中最敏感、最活跃的要素,近年来现代汉语词汇中产生了许多新词语。我们现在使用的普通话是以北京语音为标准音,以北方话为基础方言,以典范的现代白话文著作为语法规范的。普通话词汇的主要成分是基础方言中的词,还从古语词、方言词、外来词等方面吸收大量有用的成分构成丰富多彩的现代汉语词汇。

第一节　词汇的内涵

词汇是一种语言中所有词的总汇。词汇是词的集合体,词汇与词的关系是集体与个体的关系。在表述上,我们可以说"一个词",但是一般不能说"一个词汇"。同时,汉语中还有相当一部分成语、惯用语、歇后语、俗语、谚语,以及专门用语等固定结构,它们通常结构比较稳定,意义大部分经过抽象概括,一般不是各部分字面意义的简单相加,它们符合语言建筑材料的特点和功能要求,因而一般也把这部分固定结构视作词汇的组成部分。

要给词汇作出正确的界定,还必须从词汇的内容谈起。一般词汇包含的内容丰富而且广泛,具体说来,有以下几个方面。

第一,历史上承传下来的固有词。这类词都是在过去就已经存在了的,其中有些词的历史相当悠久,也有一些词是在各个历史发展阶段中被不断地稳固和承传下来的。例如,"夫人""如此""若干"。这些词一旦形成后也是为人们世世代代地沿用着,但是它们却不具备普遍性和作为产生新词基础的特点,因此这类词都属于一般词汇。[①]

第二,新词产生以后,经过一段时间的使用,在社会约定俗成的基础上,有少数的词可能成为基本词进入基本词汇中去,[②]这也是基本词汇不断进行更替和发展变化的必然规律。例如在现代汉语中,像"干部""塑料""电视""家电",等等,就可以认为是基本词了。然而,更多的新词却往往是作为一般的词属于一般词汇范围之内的。目前现代汉语中的新词还是很多的。

第三,现代汉语中的古语词是现代社会人们使用的古语词,它是现代汉语词汇系统中的一个组成部分。现代汉语中的古语词表现为两种类型:一种是反映了历史上曾经存在过的或者古代神话传说中出现过的一些事物和现象的词,前者如"县官""保长""宰相""青楼""书童""巡捕""上朝""接旨",等等,这类词也可称为历史词语;后者如"天宫""龙王""天王""王母""天将""龙女"等。[③]这些词的性质是,它们都是与历史事物或与古代神话传说有着密切的联系,因此当人们学习和了解历史,或者讲述历史故事和神话传说时,就必然要运用它们,虽然现在这类词语表示的事物和现象都已不再存在,但是人们对历史和神话故事的学习和讲述却没有间断,因此,这些词语往往都是经常地甚至是不间断地被世世代代的人们运用着,它们在为人们了解历史、讲述过去等方面起到了积极的作用。这类词语在语言词汇的任何发展阶段上,都是一般词汇所包含的古语词中比较稳定的部分。从这一点上讲,它们和固有词有相同之处,因为它们都是历史上承传下来的;但是它们两者又决不相同,其主要不同就是古语词指称的事物和现象除在讲述过去时才显现外,已基本上与现代的社会生活无关了。另一种类型是,一些在古代汉语中曾经使用过的词,现在已经基本不再应用了,但是有时由于某种交际需要,或者为了达到某种修辞目的,人们又重新选来加以运用,如"壮哉!刘公岛"中的"哉","余虚度年华五十余载"中的自称"余"和表示年用的"载"等都是这种情况,在书面语中,这种古语词是颇为多见的。

现在更多的现象是启用了古语词后并不使用它原来的意义,而是在其原义的基础上产生出新义来加以运用,这种现象既是对古语词的一种启用,

---

① 徐立佳. 军事词语语用特点研究 [D]. 南京师范大学,2007.
② 吕伟. 战国至秦代词汇研究 [D]. 山东大学,2011.
③ 冯丽萍. 现代汉语词汇认知研究 [M]. 北京:北京师范大学出版社,2011.

第一章　新时期现代汉语词汇概述

同时又和词义的发展有着密切的联系。[①] 因为在旧词意义的基础上产生新的义项,毫无疑问是词义发展的一个重要方面。

第四,现代汉语中的外来词是很丰富的,特别是 20 世纪 80 年代以后,外来词更是大量地涌现,其数量之多,涉及范围之广,形成方式之多样化,都是空前的。从当前情况来看,汉语外来词的汉化方式可表现为以下几个方面。

(1)直接模仿外语词的语音形式,再用汉语语音加以改造,使它符合汉语语音的特点和规则,从而产生新词。[②] 这类词通常称为音译词。在书面上用音同或音近的汉字来表示。[③] 如咖啡(coffee)、吉他(guitar)、巴黎(Paris)、伦敦(London)、白兰地(Brandy)、法兰西(France)、奥林匹克(Olympics)。

(2)书面上直接借用外语字母的形式,再将其读音用汉语语音加以改造,使其符合汉语语音的特点和规则,从而形成汉语的外来词。[④] 这类词可以称作形兼音译词,其形式多由外语词的原形式简缩而成,有的就是直接借用了外语中的简缩形式。如 CT 原词为 Computerized Tomography,汉化后的语音形式为 seiti;CD 原词为 Compact Disc,汉化后的语音形式为 seidi;MTV 原词为 Music Television,汉化后的语音形式为 ai-mutivi;VCD 原词为 Video Compact Disc,汉化后的语音形式为 weiseidi;DVD 原词为 Digital Video Disc,汉化后的语音形式为 di wei di。

(3)将已经汉化了的音译成分和与原外语词的意义有关的汉语词素相组合,从而形成新的外来词。这类词通常都称为音加意译词。如啤酒(beer)、咖啡茶(coffee)、芭蕾舞(ballet)、吉普车(jeep)、坦克车(tank)、巧克力糖(chocolate)。

(4)将直接借用的代表外语词的字母形式,用汉语语音加以汉化后,再和有关的汉语词素相组合,从而产生新的外来词。这类词可以称作形加意译词。如 B 超,B 汉化语音为 bi,加汉语词素"超";BP 机,BP 汉化语音为 bipi,加汉语词素"机"。

(5)在外语词汉语语音化的基础上,巧妙地把一个音节用一个与之语音相近、意义相关的汉字来表示,这些汉字从形式上看很像组成该词的汉语

[①] 王慧. 新中国成立至 21 世纪初旧词新义的发展变化研究 [D]. 曲阜师范大学,2013.
[②] 王佳宁. 现代汉语音译和意译同义外来词研究 [D]. 山东师范大学,2017.
[③] 李梅. 浅谈音译词的发展与规范化 [J]. 品牌研究,2014(10):87.
[④] 任琳琳. 现代汉语外来语多角度研究 [D]. 辽宁师范大学,2012.

词素。这样汉化而成的音义结合的外来词,通常称为音意兼译词。[①]如"绷带"一词,就是英语词 bandage 用音意兼译形式的汉字"绷"和"带"汉化而成的,它们的音节形式与外语词原来的音节形式"ban"和"dage"都非常相似,它们的意义又与外语词原来的意义能够有所关联。"绷"有"拉紧"的意思,"带"是"带子"的意思,"绷带"在一起完全可以表示原外语词的"包扎伤口或患处用的纱布带子"的意义。又如拖拉机来自俄语词 TpaKTop,该词的三个音节都是用音意兼译形式的汉字表示的。可口可乐来自英语词 Coca-Cola,该词的四个音节都采用了音意兼译的方式。

此外,有的词也有音意兼译和音加意译两种方式并用的现象,如"霓虹灯"英语词 Neon,其中的"霓虹"是用两个音意兼译的汉字表示的,"灯"则是用音加意译的方法组合进去的汉语词素。

(6)在外语词的基础上,借鉴其意义,然后用汉语的词素和组词规格形成新词。这类词通常也称为意译词。人们一般都不把这类词当作外来词看待。如民主、足球、铁路、电话、煤气、水泥、维生素、扩音器、收割机、无产阶级。这类意译词在开始进入汉语社会时,大部分也都是以音译词的形式出现的,后来在使用过程中,这些音译词逐渐被人们创造出来的意译词所代替。这也是人们习惯于使用民族语言形式的结果。

以上几种情况尽管不同,但它们成词的基础形式却都是外语词,都是源于外语词影响而产生的汉语词,而且都是汉语词汇中不可忽视的组成部分。

第二节 现代汉语词汇的地位与作用

一个一个的词语按照特定的语法规则组合起来就可以构成人们用以交际的句子。[②]比如,"我""她""和""是""朋友"这五个词语,如果按照汉语"主—谓—宾"的语法规则,就可以构成"我和她是朋友"这个句子。因此,词汇最基本的功能就是造句的材料。

何谓语言的要素?这是一个很难回答的问题,主要是看我们从哪一个

[①] 辛荣美. 从《海国图志》征引《东西洋考每月统记传》看晚清汉语外来词的本土化 [D]. 山东师范大学,2018.

[②] 李媛媛. 从认知语言学的范畴观看汉语词汇的教与学 [J]. 大众文艺(理论),2009(14):144.

第一章　新时期现代汉语词汇概述

角度和范围来讨论问题。不过根据我们以往的研究情况来看,无论过去还是现在,凡是谈到语言的要素问题,基本都是从语言的组成部分着眼的;而语言的组成部分,又都是被看作能够作为交际工具的一部分,具有直接参与组词成句的功能的。因此在这里,我们也仍然从这种语言的组成部分谈起。

从语言运用的层面来说,语音、语义和语法的独立运用性决不是一样的,语音的独立运用性,更主要的是表现在它作为音位组成音节上,但只凭借音节一个方面是不可能组词成句的;同样语义的独立性也是如此,它本身并不能成为独立的直接现实,它只有依附于语音而存在;汉语语法中最大的特点是没有严格意义的形态变化,名词没有格的变化,也没有性和数的区别,动词不分人称,也没有时态,所以从这个角度和范围来说,这三者不应该是一个层面上的语言成分。当然这里是在以上前提下讨论问题的,因此并不能否认语音和语义在另一个范围内的独立运用性。

根据以上的分析,词汇是语言的组成要素之一,及时而准确地为语言提供造句的材料,应该是词汇的主要功能,这已是不可否认的事实。也正因如此,所以词汇反映社会是最敏感的,它几乎处在经常不断的变动之中,否则词汇的能力和它的功能就会产生矛盾,它就需要从各个方面进行自我调整。

但是词汇在语言中的地位和作用是否仅此而已呢,事实上决非如此。只要我们留心观察一下,就会发现词汇和语言的各个方面都有着各种各样的联系。其原因就在于词是一个音义结合体,就在于词汇是语言参与交际的最直接最实际存在的单位,词汇是语言的各种成分的具体体现者。

由于词是音义结合体,所以在了解和使用词的时候,对它的语音和语义都不可能忽视,词本身就是语音和语义的载体。对语言这一交际工具来说,离开词,语音和语义都无法体现。当然,如果没有语音和语义,词也无从产生。在词中,语音和语义得到了和谐的统一。因此在语言运用中,人们在接触词的同时,也自然地接触到了语音和语义。[①]

由于词是造句的单位,因此人们的每一句话,都是在语法规则的支配下组词而成的。从实际情况来看,语言中的语法规则,也只有体现在人们一句句的言语之中,体现在词与词的组合之中,所以可以说,词汇是最实际的成分,是词的组合使抽象的语法规则成为了现实。

至于语言的应用及其书面形式文字方面与词汇的关系也是毋庸讳言的。只有对词进行具体的运用,才能反映出语言应用中的各种现象,不仅是

[①] 何伟. 现代汉语副词"就"字的功能视角研究 [J]. 外语学刊, 2016（5）: 78–84.

词的运用情况,而且也可以通过词来观察语音、语义、语法、修辞乃至文字等方面的运用和发展变化情况。至于文字,它是记录语言的书面符号,所以在书面语言中,文字的功能要求它首先记录的也应该是词,特别是汉字更是如此。

以上论述是着重从词汇在语言中的地位和作用方面来谈的,这样阐述的原因,主要是为了强调当我们在学习或研究词汇的时候,决不能把词汇孤立起来,而是必须把它放在与语音、语义、语法、语用等方面的广泛联系之中,只有这样,才能够完整地观察词汇,也才能深入地分析和了解词汇。就社会上的词汇学习和教学来说,在学习词汇的同时,和其他方面自然地联系起来,也往往是一种自然的现象,如果能够有意识地注意这一点,无论对学习、对研究都将是极为有意义的。[①]

在这里必须说明的是,以上论述虽然着重谈了词汇在语言中的地位和作用问题,但是绝对没有排斥语音、语义等学科的意思,语音、语义、语法、修辞、文字以及语用等学科,永远都是语言学研究中独立的分支学科,这些领域中的研究工作及其成果,对整个的语言学研究来说,都永远是有着无可置疑的重要意义和作用的。

第三节 现代汉语词汇的性质与特点

一、现代汉语词汇的性质

(一)发展性

在语言诸要素中,词汇与社会现实生活的关系最为直接,新事物与新观念的出现,旧事物与旧意识的消亡,以及人们对事物的认识深化等,都会及时地通过词汇体现出来。因此,词汇的发展变化速度要超过语音和语法。例如,反映新事物的"实名制""云计算""高铁"等,反映新认识的"金领""学霸""炒作"等都是汉语词汇新生力量。与此同时,像"举人""戏子""洋火"等词语,随着指称对象的消失而逐步退出人们的话语交际领域。词汇的发

[①] 李秀.现代汉语语法专题述要[M].北京:中国社会科学出版社,2012.

展性使词汇系统得以不断地更新、丰富和完善,从而满足了人们现实交际的日益增长需要。[①]

（二）历史性

词汇跟社会发展的历史进程有相当密切的关系,20世纪中国社会发展的各个历史阶段都在词汇上留下了明显的痕迹。如"五四"时期的"反封建、自由"等；20世纪50年代的"抗美援朝、保家卫国"等；20世纪六七十年代的"斗私批修、红卫兵、大字报"等；20世纪70年代末到今天的"改革开放、脱贫、专业户、万元户、希望工程、一国两制、一带一路"等。

（三）民族性

现代汉语词汇的民族性主要表现在以下几方面。

第一,词汇的形式具有民族性。如汉语的成语、歇后语等形式,外语就基本没有完全一致的对应形式。

第二,词汇的内容具有民族性。不同语言的词汇反映了使用该语言的民族文化传统、价值取向、思维习惯、人文历史等。例如,汉语中的"以和为贵""适可而止""知足常乐"等词语反映了汉民族主张和谐、反对偏激的思想观念,"龙马精神""龙凤呈祥"等词语体现了汉民族对"龙""凤"等灵异物的崇拜与向往。

第三,词汇内部系统具有民族性。汉语中用红、橙、黄、绿、青、蓝、紫等表示基本颜色,而俄语中的基本颜色词只有红、白、黑、黄、绿五色。显然,汉语的色彩词并不都能在外语中找到相应的对等词。

二、现代汉语词汇的特点

（一）与古代汉语相比

与古代汉语相比,现代汉语词汇具有以下几个特点。

1. 词缀构词明显增强

现代汉语除了常见的前缀"老""阿"等和后缀"子""头""儿"等之外,还有一些正在虚化过程中的准词缀,如"可""化""热""者""家""员""盲""族""门""型"等。在构词上,现代汉语词缀构词比古代汉语有明显增强的趋势。

---

① 王建军,高永奇,张亚军,张怡春.高级汉语[M].苏州：苏州大学出版社,2014.

2. 现代汉语的词具有双音化趋势

古代汉语的词以单音节居多,现代汉语的词以双音节词为主。《现代汉语词典》(第 6 版)共收条目 69 000 余条,其中双音节词超过五分之三。双音化是现代汉语词汇发展的一个明显趋势。古代汉语中的许多单音节词,在现代汉语里都变成了双音节词,例如耳朵(耳)、眼睛(目)、鼻子(鼻)、舌头(舌)等。现代汉语的多音节词或词组缩略为双音节词,例如高校(高等院校)、师大(师范大学)、旅游(旅行游览)、奥运(奥林匹克运动会)、科技(科学技术)、传承(传播继承)等。多音节的音译外来词被意译的双音节词所取代,例如科学(赛因斯)、话筒(麦克风)等。现代汉语出现的新词也多是双音节,如下海、大碗、大款、给力、搞笑等。

(二)与英语相比

与英语相比,现代汉语词汇具有以下特点。

1. 现代汉语的语素以单音节为主

汉语的语素,绝大多数是单音节的,与汉字的书写形式非常吻合,如吃、看、手、机、语、言、桌、学等都是单音节语素。双音节和多音节语素在汉语里所占的比重非常小,主要用以构成联绵词、拟声词和音译外来词等,如"玲珑""叮咚"。

2. 现代汉语词缀数量有限,词的形态变化少

现代汉语词的形态变化不丰富,而英语词的形态变化十分丰富。例如汉语的"是""有",在英语中会有各种各样的形态变化。现代汉语的词缀数量有限,常见的前缀有"老""阿"等,后缀有"子""头"等,前缀和后缀都很少,而英语中存在大量的前缀和后缀,用不同的词缀表示不同的词性和不同的意义。

3. 现代汉语广泛运用词根复合法构词,词以双音节为主

现代汉语构词以词根复合法为主,其中偏正式最为常见,存在大量的同素词。词根复合法是汉语的基本构词法。词缀附加法虽然也是现代汉语构词的一种方式,但此类合成词数量不大。英语中,词根加前缀或词根加后缀这种词缀附加法是基本的构词法,很多词都是用这种方法构成的。英语中,多音节词居多。而现代汉语的词大多数是单音节或双音节,双音节词比单音节词多,三个音节以上的词比较少。

4. 现代汉语书面语中词与词的界限缺乏标志

用汉字书写汉语的时候,由于书面语中不实行分词连写,词与词之间没有一个明确的界限标志,造成词与词界限模糊。阅读汉语句子时,有时会把相邻但不属于一个词的汉字组合起来或者把一个多音节词拆开,影响了

对语义快速正确的理解。如"这次运动会我们班长跑第一,短跑第三"。在阅读这句话时,在还没看下文的情况下,常常会把"班长"当成一个词连读。针对汉语的词界不清给阅读和自然语言信息处理带来的不便,有学者提出要进一步改革汉语书面语,加空格表示词界,书面表达实行分词书写。英语因为有空格作为词界标记,所以英语中词与词界限分明。①

第四节　现代汉语词汇的发展规律

随着人类社会的不断发展,特别是随着现代科学技术的突飞猛进和人民生活的不断现代化,新的事物不断出现,人类对自然现象和社会现象的认识不断加深,为了适应这种情况,人类语言中的词汇也在不断地变化和发展。有些旧词逐渐退隐了;有些旧词被赋予了新的意义;有些旧词被新词所代替;更多的新词涌现出来了。这些情况又导致词的语法形式有所改变,更多的多音词出现了。辛亥革命以后,随着封建社会的结束,表示封建典章制度等方面的词大多弃置不用了。五四运动以来,文言文逐步为白话文所代替,古汉语中的有些词语退隐了。中华人民共和国成立以后,随着新民主主义革命的完成和社会主义革命和建设的不断深入,新词不断产生。

一、汉语词汇的发展概况

汉语词汇经过了几千年的漫长历程,达到了非常丰富的境地。下面我们分四个历史时期介绍汉语词汇发展的概况。

(一)先秦时代

现在能看到的反映汉语词汇最早状况的文献资料是甲骨卜辞。从已经认识的一千多个甲骨文中,我们可以看到许多属于汉语基本词汇的词当时已经出现。从词的音节形式来说,基本上都是单音节词。例如:

自然现象:天、日、月、河、泉、石、水、火

方位:上、下、左、右、中、外、东、西

武器:矛、盾、戈、钺

---

① 马洪海. 现代汉语教程[M]. 上海:上海交通大学出版社,2017.

时令和时间：年、岁、春、旦、昏、夕、暮
动植物：马、牛、羊、豕、鱼、象、虎、木、竹、禾
人体和器官：人、手、足、鼻、舌、心
生产生活资料：田、井、舟、车、壶、盘
亲属：祖、父、母、兄、弟、妻、子、孙
天干地支：甲、乙、丙、丁、戊、己、庚、辛

周秦时代最大的特点是开始出现双音复合词。这些词都见于当时各类典籍。例如：

杀戮　率尔　恬淡　睚眦　夭折　娥眉
云梯　赤子　玄鸟　支解　丘陵　干戈

此外，这个时期还出现了许多双音单纯词（叠音词和联绵词）。这些叠音词和联绵词都见于《诗经》和《楚辞》等韵文作品中。例如：

冉冉　萧萧　坎坎　槛槛
邂逅　窈窕　婆娑　滂沱

（二）汉唐时代

这一时期，随着社会经济的进步、文化学术的发展、各民族的相互接触和中外的不断交往，汉语词汇相应地发生了很大的变化，主要表现在以下几方面。

第一，双音词大量出现，不仅双音节的实词大为增加，而且双音节的虚词也陆续增多。例如：

名词：神气、情形、风采、性质、权力、威信
副词：随时、毕竟、非常、千万
连词：如若、倘若、假使、设使、除非、因为、所以

魏晋以后还出现了一些词缀，如前缀"阿""老"，后缀"子""儿""头"，构成了一批附加式双音词。例如：

阿母　阿六　阿大
老鼠　老兄　老奴
兔子　燕子　帽子
婆儿　猪儿　狗儿
舌头　心头　骨头

第二，魏晋以后，书面语词汇和口语词汇的差异逐渐加大。口语的双音化非常明显，而书面语多存在仿古现象，仍袭用文言。晚唐五代的禅宗语录和通俗文学作品比较充分地反映出当时的口语面貌，其中就出现了大量不见于"正统文言"的词语。

第一章　新时期现代汉语词汇概述

第三,大量外来词成批出现。西汉以后,由于民族关系的密切和国际交往的频繁,不断有外来词进入汉语,如从西域南海传来的事物名称:

槟榔　茉莉　琉璃　葡萄

通过东汉后期开始的佛典翻译,汉语吸收了跟佛教有关的大批外来词。这些外来词有一部分后来产生引申义,成为汉语里的通用词。例如:

阎罗　菩萨　和尚　沙弥　夜叉
地狱　忏悔　慈悲　报应　因果

(三)宋、元、明、清时代

宋代以后中国经济继续发展,汉语词汇里出现了许多变化和创新。主要表现为反映生产、生活的新词大为增多,这些词中双音节词占明显优势,也有部分三音节词。例如:

有关食品的词:烧饼　月饼　菊花饼　麻糖　乌梅糖　三鲜面
有关都市商贸的词:米市　花市　鱼行　果行　麻布行　面店
有关桑蚕业的词:桑网　蚕宅　蚕屋　蚕架　茧笼
有关自然科学的词:月球　地球　经度　纬度　仪器　测量　算术

元代时期,由于汉族和蒙古族接触密切,不少蒙古语词渗入汉语,见于杂剧等作品中。这些词后来在汉语里巩固下来的不多。例如:

兀剌赤(马夫)　米罕(肉)　答剌孙(酒)

在外来词方面,自宋代到明代,由于对外贸易发达,汉语里出现了一些从阿拉伯语、马来语等语言吸收的词,大部分是特殊物产的名称。这些词后来通行开来的只有一小部分。例如:

俎蜡(长颈鹿)　花福禄(斑马)　马哈兽(大羚羊)

(四)20世纪以来

20世纪以后,中国社会经历了急剧的变革,政治、经济和文化上的新事物、新概念层出不穷,与之相适应的新词也不断出现。中华人民共和国成立以前出现的新词主要包括一些反映新事物的自创新词和一些外来词。例如:

自创新词:总统　国会　公司　火车　轮船　飞机　水泥
外来词:沙发　扑克　咖啡　苏打　吉他　尼龙　坦克　雷达　绷带

这个时期的新词,绝大部分是双音节词,小部分是三音节词,也有少数三音节以上的词。

中华人民共和国成立以来,社会政治状况变更之大之快,是历史上前所未有的,诸如社会主义制度的建立、文化教育的普及、科学技术的进步、国际往来的频繁等,这些都促使汉语词汇发生了种种变化,出现了一系列常用的新词。例如：
  政策 方针 阶级 党派 谈判
  现象 具体 主观 客观 宏观

在构词法上出现了新的趋势，一些构词成分词缀化，由此构成的附加式合成词逐渐增多。以"者""化""士""家"等构成的词为例：
  记者 作者 读者 学者
  美化 丑化 深化 现代化
  护士 院士 博士 硕士 勇士
  作家 画家 科学家 艺术家

此外，简称也不断出现。例如：
  展销（展览销售） 旅游（旅行游览）
  表态（表示态度） 体检（体格检查）

二、词汇发展的一般规律

词汇指某一种语言里全部词语的总和（词语包括词和专有名称、成语、谚语等固定词组），不是指单个的词。词与词汇是个体与集体的关系。一个人或一本书中使用的全部的词，也可以叫作这个人或这本书的词汇。词汇像建造房子的砖和瓦一样，是语言的建筑材料。语言随着社会的发展而发展，词汇则随着语言的发展而发展。伴随着语言由低级向高级，由简单到复杂的发展过程，词汇也在原有的基础上不断扩大和改进。现代汉语的词汇是在古代已有词汇的基础上发展形成的。远古时代人类语言中的词汇十分贫乏，随着社会生产力的提高和文学艺术的发展，词汇也不断增添新的血液。语言中的词汇在人类社会不同的历史时期中既会消失一些旧词，也会产生更多的新词。众多新词的产生丰富了词汇，使词汇能够更准确、更鲜明地表达我们的思想。现代汉语的词汇非常丰富，能够表达细腻的感情和复杂的思想，这也是汉语表达的标志之一。新词不断地补充和丰富原有的词汇，是词汇发展的一般规律。

（一）旧词语的退隐

词语的消亡不等于语言的死亡，而是语言自身的新陈代谢。主要表现在以下三个方面。

（1）古代某种事物的消失，反映这种事物的词也随之消亡。例如，"打天秤"是指人力车向后倾倒，把车座上的客人掀下车去。今天没有了人力车，"打天秤"这个词也就消失了。同类的还有"鼎（dǐng）""敦（dūn）""鬲

第一章　新时期现代汉语词汇概述

(gé)""簋(guǐ)""爵(jué)"等。

(2)古今对同一件事物的称谓发生变换,反映这一称谓的古代称谓也作为旧词而消亡,新的称谓作为新词而产生。例如:

洋烟——香烟;

洋服——西服;

万国——世界;

原子笔——圆珠笔;

自由车、自转车——自行车;

听差的、堂役、老妈子、丫头——服务员;

荐人馆——职业介绍所——人才市场——人才交流中心。

(3)汉字书写形体的变异也导致旧词的消亡。汉语中许多词的字形本来并不统一,在运用过程中,人们从这许多种相异的词形当中,挑选一个作为规范字形,而其余的就逐渐消亡了。例如:"逶迤(wēiyí)",在古书中又可以写作"委蛇""逶蛇""委佗""遗蛇""委它""倭迟""倭夷""威夷""威迟"……后来的语言规范化确定使用"逶迤",其他的词形就算作已经死亡了的旧词了。

(二)新词新语的产生

语言词汇的丰富、发展,不是按照先废除旧词再建设新词的方式来实现的,而是用新词去充实现行的词汇系统的方法来实现的。这些新词的产生是社会制度改变,生产、文化、科学等发展进步的结果。

新词产生的速度是惊人的,据统计,上海辞书出版社2003年12月版的《新词语大词典》收录了1978至2002年25年间所产生的新词语,达两万条之多。新词中又以名词和动词的数量最多,分别占了总新词数量的64.88%和32.18%。

新词新语的来源非常复杂,产生新词新义的方式也各式各样,比如有构词、借词、仿造词、旧词复活、词类转换、词缀新义,等等。随着新事物的产生,必然有表示新事物的词产生。如"导弹、电冰箱、电视机、电唱机、洗衣机、吸尘器"等。新词依照汉语的构词法构成,以多音词居多,但它们所代表的概念和形式都是新的。新词既包括按照汉语构词形式创造的新词,又包括音译外来词和新出现的成语等。

随着现代汉语词汇的发展变化,词语的形式也发生了变化,这主要表现在原来的单音词现在很多都跟其他的词或词素结合,变成了多音词。如"诚"组成了"诚实、诚挚、诚恳、诚意、诚心、忠诚、赤诚"等。从上述情况来看,现代汉语词汇的发展变化可以归结为两条:一是词义的改变,一词多义和词义扩大的现象不断增多;二是产生新词。时代是不断发展的,作为语言材料的词汇也会越来越丰富。

新词产生的源头有以下几方面。

(1)来源于原有语素。新词中数量最多的是根据新生的事物、现象,利用汉语言中自有的语素,根据一定的规则新创造出来的词语。例如:影评、快餐、网络、引渡、打假、盗版、邮购、扶贫、创收、搞活、期货、低俗、蜗居、伪劣、给力、紧俏、蚁族、下海、希望工程、连续剧、牛仔裤、矿泉水。

(2)来源于外语。1949年中华人民共和国成立后到1978年之前,汉语中的外来词主要来源于俄语,特别是有关生产、技术、科学、文化、管理体制等方面的词语大量借自俄语,只有一小部分来自英语。例如来自俄语的有"喀秋莎""克格勃""夸克""康拜因""布拉吉""列巴",来自英语的有"青霉素""的确良""敌敌畏""可的松",等等。但是总的来看,这一阶段的外来词数量并不多。1978年至今,汉语对外来词的吸收形成迅猛之势。这主要是改革开放政策极大地促进了汉语与外民族语言的密切接触和相互影响。

(3)来源于方言。汉语普通话虽然以北方方言作为基础方言,但在其发展过程中不断地从别的方言中吸收一些有用的、有特色的成分来充实、丰富、完善自己,从而更加适应交际的需要。首先,国家的官话是权力的产物,政治上强势、经济上强势、文化上强势,那么这个地区的口音就会成为官方口音。比如北京是中国的首都,是政治文化中心,北京方言就成了普通话的基础方言,因此大量的北京方言词融入了普通话中。其次,社会经济地位的高低也会对语言词汇产生巨大的影响。比如,广东作为中国改革开放的最前沿,依托港台优势,经济发展迅速,广东产品大量占领国内市场,于是,一批粤方言词语也随之渗透进了全国人民的生活之中,并进入普通话的词汇系统。例如,"炒鱿鱼""打工""靓仔""煲汤",等等。其三,电视、网络等传播媒介的普及,也使得一些方言词语随着那些为广大人民所喜闻乐见的文学艺术形式在汉语普通话中流行起来。例如"忽悠""唠嗑""忙活""半拉子""爷们""顺溜""整""捅娄子""消停""瞎掰""邪乎",这批东北方言词,就是随着赵本山的小品和电视连续剧的广泛传播而进入普通话中的。

(4)来源于行业语。行业语虽然是全民语言词汇的组成部分,属于一般词汇,但是由于它们大都局限在某个学科、行业里使用,专业性较强,不易为社会上的一般人所理解。然而,随着社会的进步,科学知识的普及,人们文化水平的提高,越来越多的行业语在一定程度上失去了专门性,从而转化为全民共享程度很高的词语,在一定程度上具有新词的性质。这就是我们所说的行业语使用范围的扩大。据有关人员统计,1978年版的《现代汉语词典》(商务印书馆)收录行业语 7 657 条,收词总数达 56 056 条,占收词总数的 13.6%。1987 年版《汉语新词词典》(上海辞书出版社)收录行业语 933 条,占收词总数 1 654 的 56% 多。这些统计数字说明改革开放后,使用范围扩大的行业语数量激增,在共同语词汇总量中的所占比例也直线上升。

行业语在全民语言中使用范围的扩大,如果从词义的角度着眼可分两种情况:一种情况是行业语仍保持原义,只是专业色彩变得淡薄甚至消失。如"对决"本来表示"彼此进行决定最后胜负的比赛或竞赛",起初多用于体育运动,后也扩大至其他方面。另一种情况是行业语在保持原有意义的同时,由于比喻、引申等用法,逐渐产生了非专门性的普通义,从而取得多义性特点。如"构架"原为建筑行业用语,意思为"建筑物的框架",现在用来比喻"事物的组织结构"等。正是这些来源各异的新词新语,使得现代汉语的词汇越来越丰富,表现力越来越强。

三、词汇发展的内部规律

我国古代的语言中单音词占优势,如在《诗经·君子于役》"君子于役,不知其期"这一句话里,除"君子"之外,其余皆是单音词。随着语言的发展,双音词也不断发展,语言专家研究的结果表明,两千多年前双音词就开始发展,《诗经》《楚辞》以及先秦诸子的文献里,已经有了不少的双音词。如"惴惴、苍苍、窈窕、踟蹰、父母、歌舞、忸怩"等。语言中词汇的发展情况证明,词汇中的词是从单音词占优势逐渐发展到双音词占优势的,这是汉语词汇发展的内部规律。[①]

---

① 吕伟. 战国至秦代词汇研究 [D]. 山东大学,2011:16.

第二章　现代汉语中的词和词素研究

　　词汇是词的总汇，词是词汇中的个体成分，因此要学习词汇，首先就需要明确什么是词。语言是人类最重要的交际工具，在日常生活中，人们就是运用这种工具来组词成句进行交际的。如我们可以用"你""去""黄山""旅游""吗"这五个词，组成一句"你去黄山旅游吗？"这样的话，而且一般也可以辨别"我到学校去。"这句话，是用"我""到""学校""去"四个词组成的，这对汉族人使用汉语来说基本上都是可以表达清楚的。但是如果我们再进一步地问一下，在"大家能在一起过个春节不容易，应该好好地热闹热闹。"这句话中，到底又存在着几个词呢？为什么要说这些小成分是词呢？这些小成分又是怎样从言语片断中分离出来的呢？[①] 恐怕大家的回答就不尽一致了。事实上，要明确这些问题，我们首先就必须了解什么是词和词素。

第一节　现代汉语中词的研究

　　语言（包括口头语言和书面语）是人们进行交际的工具。
　　人们总是一句一句地说话，一句一句地写文章，每一个句子都可以表达一个相对完整的意思。而每一个句子又是由更小的语言单位组成的。我们

---

① 　葛本仪. 现代汉语词辨识 [J]. 山东大学学报（哲学社会科学版），1984（2）：16–24.

第二章　现代汉语中的词和词素研究

对它们进行分析,就会发现有一种具有简单意思和造句功能的、可以自由活动的语言单位。

一、什么是词

一般认为,词是最小的、能独立运用的、音义结合的造句单位。也就是说,词是用来组成句子的,是语言中的"建筑材料"。词是最小的能独立运用的音义结合体,这是"词"有别于短语的地方;词是造句单位又使它有别于语素。例如,"人""跑""电脑""马上""蝴蝶""巧克力"等,虽然它们的音节数目不同,但都表达固定的意义,都可以用来构成句子,因此它们都是词。其中"人""跑"是单音节词,不能再分;多音节词"蝴蝶""巧克力"分割之后不能单独使用;"电脑""马上"分割后虽都可以独立成词,但都不能表达原来的概念。

如:我赞美白杨树!

这是一个表示赞叹的句子,它又由三个小单位组成:

我 | 赞美 | 白杨树

"我""赞美""白杨树"分别表示三个意义,合起来组成句子。

但它们又可以自由地独立地活动,也就是说,它们还可以与别的词组成各式各样的句子。如:

我:我看书。天生我材必有用。党教育我成长。……

赞美:我赞美祖国。雷锋精神值得赞美。……

白杨树:路旁有白杨树。白杨树出生是不平凡的。……

这样的语言单位就是词。

因此,我们可以给词下这样的定义:最小的、有意义的、能够独立运用的语言单位。

在这个定义中,"最小""有意义""能够独立运用"三个限制语缺一不可。"能够独立运用"说明它能够自由活动,可以充当句子成分或在句子中表示一定的语法意义,否则就不是词。"葡萄"有意义,是一种水果名称,所以是词。"最小"是说,词作为一个有意义的能自由活动的单位,是再也不能拆开的了。如"葡萄",拆开了就没有意义。"白菜"是一个词儿,有特定的意义,如果拆开成为"白"和"菜",就变成两个意义,而"白菜"这个特定的意义就没有了。所以说"词是最小的有意义的能够独立运用的语言单位"。

二、词的特点

大多数学者认为,词是语言中最小的、能独立运用的、有意义的语言单位。它具有以下几方面的特点。

(一)词都代表一定的意义

各种词的"意义"含义不同。实词的意义比较实在,指某些概念内容。如:

餐厅:供吃饭用的大房间,一般是使馆、火车站、飞机场等附设的营业性食堂,也有的用作饭馆的名称。

留学:留居外国学习或研究。

严寒:(气候)极冷。

虚词的意义比较抽象,它们在句中表示一定的语法意义。如:

副词——不、很、都

介词——把、被、从

连词——和、因为、可是

助词——了、着、过、的

语气词——啊、吗、呢

(二)词一般都具有固定的语音形式

各个音节的声、韵、调都不能改变,改变了就不是原来的词了,或者变得毫无意义。如把"山"念成 sān,就变成了"三",把"山"念成 shāng,就变成了"伤"。

声调在汉语词中是很重要的区别意义的手段,同样一个词,声调不能轻易改变,如把"山"念成 shàn,就变成了"扇"。"好"念 hǎo 时表示"好坏",是形容词,念 hào 表示"喜好",是动词。

词的轻声与非轻声也不能随便改变,如把"东·西 dōngxi"("东西"中间的"·"表示"·"之后的字念轻声,以下同)念成 dōngxī,意思也变了,dōngxi 是指事物,dōngxī 是东西南北的"东西"。再如:

废物(没有用的东西)——废·物(没有用的人)

老子(对古代思想家李耳的尊称)——老·子(父亲)

地道(地下坑道)——地·道(真正的,纯粹的)

合计(合在一起计算)——合·计(商量)

词有单音节的,也有双音节的,甚至多音节的。如:

单音节词——红、手、都

双音节词——繁荣、但是、葡萄
三音节词——办公室、计算机、图书馆、巧克力
四音节词——乌鲁木齐、可口可乐、奥林匹克
五音节以上的词——卡萨布兰卡、布宜诺斯艾利斯（主要是一些外来的音译词）

(三)词是最小的造句单位

一般不能把词分解为更小的单位去使用,不论是双音节词,还是多音节词,都是一个不能再拆开的整体。如：语言这东西,不是随便可以学好的,非下苦功夫不可。

"东西"一词是造句单位,是不能再拆开的整体。"东西"的意思是泛指各种各样的事物,如果把它拆成"东"和"西",就成了表示方向的词,同原来的意思完全不同了。有的词,如"葡萄""玻璃""玫瑰"等,更是可以明显看出,每个词都是不能拆开的整体。要是把它们拆成"葡""萄""玻""璃""玫""瑰",这些单个的字不能表示任何意义,它们只有结合在一起才成为一个词,表示一个特定的概念。

在句中,词作为最小的造句单位,不能拆开来使用。如"他喜欢吃白菜。"不能说成"他喜欢吃白的菜。"因为"白菜"是一个词,说成"白的菜"意思就变了。"他昨天感冒了。"不能说成"他昨天感了冒。"因为"感冒"是一个词,不能拆开来说。

三、词的分类

语素是词语的构成成分,是指词语中最小的语音和语义的结合体。所谓"最小的语音和语义的结合体"有两个意思：首先,语素是"语音和语义的结合体",比如"咖啡"(coffee)虽然是由两个字组成的词语,但其中的每一个字单独拿出来都没有语义,因此"咖啡"是语素,而"咖""啡"单独来看都不是语素,因为"咖""啡"不是语音与语义的结合体,也就是说"咖"和"啡"分开来说的时候不代表任何意义;其次,语素是"最小的"语音与语义的结合体,比如"学汉语"也是语音和语义的结合体,但并不是"最小的",它由更小的语音与语义的结合体"学""汉""语"组合而成,因此"学汉语"不是语素,而是一个由语素构成词,再由词与词按照一定的语义关系和语法规则构成的没有句调的语言单位,即短语。

（一）根据音节数量分类

根据音节数量,语素分为单音节语素、双音节语素和多音节语素。汉语的语素绝大多数是单音节的,单音节语素与汉字有一定的对应关系,一个单音节语素就是一个汉字。但是,两个音节以上的语素,却是用两个以上的汉字表示一个语素,例如,双音节语素"沙发","沙""发"这两个汉字在"沙发"这个语素中只表示"shā""fā"两个音节,不分别表示意义,它们合起来才表示一个意思。

1. 单音节词

由一个音节构成的词叫单音节词。例如：

天、人、走、去、亮、小、很、都、二、我。

2. 双音节词

由两个音节构成的词叫双音节词。双音词在现代汉语词汇中占多数。例如：

文学、成功、攀登、靓丽、大家、沙发、克隆、奶奶。

从汉语词汇的历史发展趋势看,双音节化是一个非常鲜明的特点。其原因主要有三个。

第一,双音节化可以解决单音节词数量不断增加与汉语音节数量有限的矛盾。词汇是语言三要素中对于客观现实变化最为敏感,自身变动也最为显著的要素。为了适应社会发展的需要,词汇必须极大地丰富起来。在词汇量激增的情况下,如果继续维持词汇的单音节体系的话,就必须不断地创造新的音节,而汉语的音节数量是有限的,而这有限的音节不可能随着汉语成千上万新词的增加而增加。以单音词为主的古代汉语要解决这个突出的矛盾,一个重要的办法是大量增加同音词。这就给人们的言语准确表达带来了很多困难。在一种语言里,同音词过多,会使这种语言产生混淆,因而也就无法满足人们要求迅速、具体、准确地表达思想的需要。比较切实可行的办法是利用已有的单音节语素组成双音节词。所以,汉语词汇向双音节、多音节的方向发展就成了必然的趋势。汉语构词一旦走向双音节化,就为新词的创造开辟了广阔的道路。

第二,双音节化可以使语言表达简洁化。如果词的音节有三个、四个,甚至更多一些,那么必然有音节繁多、冗余难读的感觉。这时候人们就会尽量地缩减音节数量,在缩减的过程中又要照顾到表意的精确性、明晰性,因此双音节是最理想的词语形式。例如"高等教育入学考试"缩减成"高考"等。当然,如果双音节化后表意不够明确的时候则仍然采用三个以上的音节,如"中国语言文学系"缩减成"中文系",而不是"中系"。①

第三,双音节化可以解决单音节多义词表意不精确的问题。词汇系统本身的急剧发展导致了大量多义词的产生。随着社会的发展,一个词从它的本义产生出了引申义,这些引申义一经固定,就与本义一起形成了多义词。比如"深"本义是"表面到底或从外面到里面的距离大",后来在此基础上引申出"时间长、久""程度高""颜色重"等意义,这些引申义形成后,它的本义并不会衰退消失,而是和引申义并存并用。为了避免多义词的混淆,于是根据各种实际情况,造成了联合式、偏正式等的复音节词。如用双音节词"深奥"来表达"程度高"的意思。语言交际功能要求不断提高词语表义的精确性、明晰性,尽量避免负荷过大的多义单音词可能产生的歧义。

3. 多音节词

由两个以上音节构成的词叫多音节词。例如:

马克思、主持人、方便面、现实主义、歇斯底里。

在现代汉语中,多音词也有日益增多的趋势。

多音词的各读音之间有着种种联系,比较复杂。有时候多音词的各读音之间不仅所表示的意义不同,词性也不同。例如:

度:

读 dù 时,名词,如"程度";

读 duó 时,动词,如"揣度"。

长:

读 cháng 时,名词,如"长度";

读 zhǎng 时,动词,如"生长""增长"。

量:

读 liàng 时,名词,如"质量";

读 liáng 时,动词,如"测量"。

(二)根据不同内部结构分类

根据每个词的不同内部结构形式,可以将词分为单纯词和合成词两大类。

1. 单纯词

由一个语素构成的词叫单纯词,如"电、跑、葡萄"等。双音节及多音节的单纯词有以下几类。

(1)联绵词。联绵词多是古汉语遗留下来的词,是指两个音节连缀成

---

① 卢惠惠. 现代汉语词汇学[M]. 上海:学林出版社,2011.

义而不能拆开来的词,包括以下几大类。

①双声联绵词。双声联绵词由声母相同的语素构成。例如:

乒乓、琵琶、澎湃、尴尬、荆棘、蜘蛛、踯躅、踌躇、仿佛、瓜葛、忐忑、淘汰、含糊、慷慨、改革。

②叠韵联绵词。叠韵联绵词由韵母相同的语素构成。例如:

从容、葫芦、糊涂、匍匐、灿烂、蜿蜒、苍茫、朦胧、苍莽、邋遢、怂恿、螳螂、蜻蜓、轰隆、耷拉。

③双声兼叠韵词。双声兼叠韵词由两个声母韵母都相同的语素构成。例如:

辗转、氤氲、玲珑。

④非双声叠韵联绵词。非双声叠韵联绵词由不同声母和韵母的语素构成。例如:

蜈蚣、珊瑚、疙瘩、蚯蚓、惺忪、铃铛、奚落、褡裢、茉莉、窟窿、伉俪、蝴蝶、笊篱、蹦跶、狡猾。

(2)叠音词。叠音词由两个不成语素的相同音节相叠而构成。例如:

狒狒、翩翩、皑皑、瑟瑟、脉脉、侃侃。

(3)拟声词。拟声词是指模拟自然界和人类自己声音的词。例如:

扑通、轰隆、哎呀、呜呼、呱呱。

(4)音译外来词。音译外来词是指以读音相近的字翻译外来词语而形成的单纯词。例如:

扑克、葡萄、喇嘛、尼龙、沙发、咖啡、咖喱、雷达。

2. 合成词

由两个或两个以上的语素构成的词叫合成词。合成词主要包括以下几大类。

(1)重叠式合成词。重叠式合成词是指由相同的语素重叠后组成的合成词。例如:

哥哥、爷爷、常常、仅仅、断断续续、原原本本。

(2)复合式合成词。复合式合成词是由词根加词根直接组合构成的,这是汉语词汇构成的基础形式。从词根和词根之间的关系看,又有以下五种类型。

①偏正式合成词。前一词根修饰、限制后一词根,而在整个词义的构成上,则以后一词根为主。如:

草帽、红花、纸袋、怀表、黑板、方桌、四季、午休、雪亮、冷饮。

常见的偏正式合成词偏正之间有以下几种形式。

第一,定中式偏正合成词,例如:

第二章　现代汉语中的词和词素研究

汽车、羊肉、白酒、新房、开水、拖车。

这类偏正式合成词偏词多为名词、形容词和动词,正词词根多为名词。

第二,状中式偏正合成词,例如:

电汇、风行、满载、轻视、热爱、回忆、补救、合奏、暂停、再生。

这类偏正式合成词偏词多为名词、形容词、动词和副词,正词词根多为动词。

②动宾式合成词。动宾式合成词又叫支配式合成词,前一词根表示动作、行为,后一词根表示动作、行为所支配的对象,词根之间有支配和被支配的关系。例如:

投机、签名、招生、承包、挂钩、达标、站岗、冒险、举重、吹牛。

③补充式合成词。后一词根补充说明前一词根,在整个词义的构成上以前一词根为主,词根之间有补充说明的关系。补充式又分为两类:

第一,前一词根表示动作,后一词根补充说明动作的结果或趋向。例如:

纠正、改善、降低、推翻、失去、收回、拿起、改进、压缩、看透、认清、立正。

第二,前一词根表示物件,后一词根是物件的计量单位,这一结构也可以算是一种补充式。例如:

马匹、车辆、房间、船只、羊群、书本、稿件、土方、人口、花朵、钟点、花束。

④主谓式合成词。前一词根表示被陈述的对象,后一词根是陈述前一词根的,词根之间有陈述和被陈述的关系。例如:

月食、地震、海啸、心虚、年轻、手软、眼花、肉麻、体验、眼馋、神往、面熟。

⑤联合式合成词。由两个意义相同、相近、相关或相反的词根并列组合而成,又叫并列式合成词。根据两词根意义关系的不同,又有以下四种类型:

第一,两个词根的意义相同或相近,在意义上起着互相补充的作用。例如:

休息、语言、思想、收获、关闭、道路、完整、斗争、生产、美好、寒冷、善良、仓库、喜欢、学习。

第二,两个词根的意义相反或相对。例如:

来往、动静、迟早、横竖、反正、买卖、天地、轻重、矛盾、开关、奖惩、教学、早晚、老小、利害。

第三,两个词根的意义相关,结合后产生了新的意义,这些词不能从词根的字面去解释,例如:

形容、尺寸、领袖、岁月、心肠、骨肉、眉目、口齿、江山、笔墨、细软、血汗、印刷、辛酸、描写。

第四,与前三类不同,虽然也由两个词根并列组合而成,但只有一个词

根的意义在起作用,另一个词根的意义完全消失,所以这类词又称"偏义词"。例如:

质量、国家、睡觉、忘记、干净、瘫痪、任务、好歹、梦寐、窗户。

(3)附加式合成词

附加式合成词由一个表示具体词汇意义的词根和一个表示某种附加意义的词缀结合在一起组成,词根是词的中心部分,词缀是词的附加部分。根据词缀在词中的位置以及词缀是否叠音,又分为三类。

①词缀+词根。这种词缀也叫前缀,例如:

老:老虎、老师、老板。

小:小丑、小狗、小孩。

②词根+词缀。这种词缀也叫后缀,例如:

儿:花儿、鸟儿、盖儿。

子:桌子、骗子、胖子。

头:石头、骨头、念头。

家:作家、音乐家、女儿家。

化:美化、绿化、深化。

③词根+叠音词缀。例如:

绿油油、红彤彤、黏糊糊、水淋淋、灰溜溜、阴森森、活生生、脏兮兮、干巴巴。

分析由词根和词缀组合的合成词时,要注意以下几点。

第一,有些词缀附加在指人或动植物的词根前,往往带有一定的感情色彩。例如"阿",经常带有亲昵的意味。

第二,词缀多由词根演化而来,在形式上,有的词缀和词根相同,必须注意区别。例如"老虎""老师"中的"老"已经不表示具体实在的意义,但"老人"中的"老"表示年纪大。

第三,有些词缀在构词中经常具有类化的作用,表示一定的语法意义。例如凡是带"子""头"的词,一般都是名词,而带"化"的词一般都是动词。

(三)根据词的语音形式分类

根据词的语音形式,可以将词分为同音词和异音词两大类。

1.同音词

(1)同音词的概念。同音词是指语音完全相同而意义并无联系的一组词。例如:

"别了,司徒雷登。"其中的"别"表示别离。

"别有一番风味。"其中的"别"表示另外。

"请别上你的校徽。"其中的"别"表示绷住或卡住。

"别去那儿。"其中的"别"表示不要和不用。

（2）同音词的分类。从词的书写形式看,同音词可以分为异形同音词和同形同音词。

①异形同音词。语音相同、书写形式不同的词就是异形同音词。例如：

班——斑　　煤气——霉气　　仙人——先人

剁——跺　　私仇——丝绸　　正视——正式

异形同音词由于形体不同,写出来就可以区分,一般不会引起理解上的歧义。

②同形同音词。语音相同、书写形式也相同,而意义无联系的词叫同形同音词。例如：

管：

A. 这钢管非常重。

B. 这个人管着好几个食堂。

C. 大家都管他叫小钢牙。

在以上例子中,A 中的"管"表示中空的圆柱体,B 中的"管"表示管理的意思,C 中的"管"表示介词"把"。

无论同形同音,还是异形同音都必须声母、韵母、声调完全相同,否则不是同音词。

2. 异音词

读音不同的词叫异音词。从这个定义看,汉语异音词内容范围非常大,这里主要对同形异义异音词进行简要阐述。

同形异义异音词就是那些字形书写相同但意义不相同读音也不同的词语。例如：

转动：

A. 发动机正在转动。

B. 伤好后,她的腰部转动自如。

在以上例子中,A 中的"转动"表示物体以一点为中心或以一直线为轴作圆周运动。所以这里的"转动"读成"zhuǎn dòng"；B 中的"转动"表示身体某部分自由活动,所以这里的"转动"读成"zhuàn dòng"。

（四）根据语素的构词能力

根据语素的构词能力,语素可分为两大类：

1. 成词语素

语素本身就能成为一个词,如"人"（人很多）、"高"（他个子高）、"写"（写一本书）等。同时它也能同别的语素结合成别的词，如"人"能同别的语素结合成"人口""人间""爱人""亲人""仇人"等词，"写"能同别的语素结合成"写生""写照""写作""描写""特写"等词。

2. 不成词语素

如"民""机""伟"，它们本身不能单独成词，只能同别的语素结合成词。如"民"只能同别的语素结合成"民族""民主""居民"等，"机"同别的语素结合成"机场""飞机""机器""缝纫机"等，"伟"同别的语素结合成"伟大""伟人""伟绩""雄伟""魁伟"等。这里提到的"民、机、伟"只是不定位的不成词语素，即它们在跟别的语素组合成词时，位置可前可后。还有一小部分定位的不成词语素，非但它们本身不能单独成词，而且在跟别的语素组合成词时，位置是固定的，要么只能在前，要么只能在后，这就是我们通常所说的"词缀"，如：前缀"老、第、阿"，后缀"子、儿、头"。

四、确定词的一般方法

根据词的特点，常用的确定词方法有：

（一）能单说，能单独回答问题的是词

对一个语素组成的单纯词，这个方法最有效。如：
"你去吗？"——"去。"
"你想买什么？"——"纸。"
"他做得好不好？"——"好。"
以上"去、纸、好"都可以单独回答问题，可以单说，是词。

值得注意的是，由多个语言成分组成的词组，虽然也可以单独回答，但不是词。如"你去吗？"——"不去。"
"你想买什么？"——"白纸。"
"他做得好不好？"——"不好。"
"不去""白纸""不好"也可以单独回答问题，但不是词，是词组。有关词和词组的区别我们用其他方法来界定。

（二）能单用，能单独充当句子成分的是词

有些词虽然不能单独回答问题，但是可以在句中充当一定的语法成分，我们也认为是可以单用的语言单位，是词。如：

女：问"新来的老师是男的还是女的？"不能单独回答"女"，说明"女"不能单说，但在"女老师""女同学"中"女"充当定语，也是词。

房：问"那边要盖什么？"不能单独回答"房"，说明"房"不能单说，但在"大家都买了房"中，"房"充当句子的宾语，也是词。

"个""件""条"等量词，都不能单独回答问题，但因为一般认为"一个""两件""三条"等数量组合是词组，我们可以确定量词也是词。

五、词根与词缀

词都是由语素构成的，根据语素在构词中所充当角色的不同可以分为两大类：词根和词缀。一般把自由的或不自由的不定位语素都称为"词根"，把不自由的定位语素称为"词缀"。

（一）词根

词根是词语的主要组成成分，意义比较实在。有些词根本身就可以成词，主要是那些单音节的自由或不自由不定位语素。比如"人""山""水""草""谁""走""空""学""看""中""好""纸"等。

也有的词根不能单独构成词，必须和其他语素组合在一起才能成词。例如"人民"的"民"、"窗户"的"户"、"学习"的"习"、"高兴"的"兴"、"美丽"的"丽"等。

（二）词缀

词缀是词语的附加成分，是黏附在词根上的语素。词缀可以根据它在构词时出现的位置，分为前缀、中缀和后缀三类。

1. 前缀

黏附在词根前面的词缀。例如：

阿：阿姨、阿爸、阿妈、阿姐、阿婆。

老：老总、老师、老大、老二、老虎。

第：第一、第二、第三、第四、第五。

初：初一、初二、初三、初四、初五。

2. 中缀

插入词根中间的词缀。例如：

得：跑得快、做得到、写得好、想得开。

里：土里土气、流里流气、怪里怪气。

不：黑不溜秋、傻不拉几、酸不溜丢。

3. 后缀

黏附在词根后面的词缀。例如：

子：桌子、例子、椅子、裤子、鞋子、袜子。
者：学者、记者、爱好者、爱国者、志愿者。
头：木头、石头、鼻头、呆头、个头、念头。
儿：花儿、鸟儿、个儿、盖儿、瓶儿、字儿。

汉语中有不少词缀来自外语。这些外来的词缀可以分为两类，其中一类外来词缀在外语中本来就是词缀。如：

反~：anti-corruption（反腐败的）、anti-war（反战的）、antiman（反人类）。

~主义：terrorism（恐怖主义）、liberalism（自由主义）、socialism（社会主义）。

另一类外来词缀在外语中原来是一个词，但到汉语中却变成了词缀。如：

~吧（bar）：酒吧、氧吧、茶吧、咖啡吧、股吧。

~秀（show）：脱口秀、时装秀、厨艺秀、篮球秀、达人秀。

（三）类词缀

"类词缀"是指那些跟词缀非常相似，但是在语义上却又还没有完全虚化，有时候还以词根面貌出现的语素。[①] "类词缀"在现代汉语中数量不少，近年来表现得也很活跃，构成了很多新词。下面举几个例子说明。

1. ~化

"化"的意思就是"变化""转化"。"化"与其他语素构成的词一般都是动词，表示"使变得~"的意思。比如"美化"就是"使变得美观"的意思。

名词加上"化"后变成了动词的，例如：

平民化、制度化、戏剧化、概念化、数字化、工业化、电气化。

形容词加上"化"后变成了动词的，例如：

绿化、美化、丑化、简化、模糊化、庸俗化、透明化、正常化。

2. ~性

"性"的意思是"性质"。"性"与其他语素构成的词一般都是名词，表示"具有~这种性质"的意思。比如"真实性"就是"具有真实这种性质"之义。

动词加上"性"之后变成了名词，例如：

破坏性、依赖性、斗争性、调和性、妥协性、挑战性、暗示性。

形容词加上"性"变成了名词，例如：

多样性、复杂性、积极性、真实性、独立性、偶然性、急性。

---

① 王月. 浅析对外汉语中的类词缀教学——以类词缀"感"为例 [J]. 红河学院学报，2015（04）：119-121.

3. ～族

"族"的意思是"事物有某种共同属性的一大类"。"族"与其他语素构成的词一般都是名词,表示"具有～这一特性或行为举止的一类人"的意思。

动词或动词性词组加上"族"之后构成名词,例如:

暴走族、上班族、飙车族、追星族、打工族、啃老族、背包族。

也有名词加上"族"构成,例如:

拇指族、QQ族、单车族、工薪族、水族、语族。

也有由形容词加上"族"之后变成名词的,例如:

休闲族。

4. ～感

"感"就是"感觉"的意思。"感"与其他语素构成的词一般都是名词,表示"～的感觉"的意思。

大多数都是形容词加上"感"之后构成名词的,例如:

美感、紧迫感、压抑感、亲切感、失落感、充实感、厚重感、时尚感、兴奋感。

也有一些动词加上"感"构成名词,例如:

参与感、犯罪感、冲击感、设计感。

还有一些名词也常与"感"组合成词,词性仍然是名词,例如:

手感、体感、口感、质感、性感、乐感、骨感、异物感。

5. 零～

"零"在"零～"中的主要表达功能就是对后面的"～"加以否定,对"～"的存在状态和变化过程进行完全否定。比如"零利率""零投诉"就是"没有利率""无投诉"。

"零～"是一个名词性的词组。

"零"后边的成分可以是名词性的,例如:

零风险、零事故、零距离、零误差、零利率、零利润、零利息。

也可以是动词性的,例如:

零投诉、零干扰、零增长、零排放、零污染、零换乘、零库存、零消费、零损失、零宽恕、零容忍、零遗憾。

第二节　现代汉语中词素的研究

一、什么是词素

词是由它的组成成分组成的,词的组成成分就是词素。词素也是一种音义结合的定型结构,是最小的可以独立运用的词的结构单位。①

所谓词的结构单位是指形成词的各种单位来说的,总体来看,词的这种结构单位可表现为三种情况:第一种是造词单位,这是词素的最主要功能,任何词都是由词素组合而成的。第二种是构词单位,这是从构词的角度来说的,事实上构词单位和造词单位是相一致的,它和造词单位有着同等重要的作用。第三种是构形单位,这是在词形变化方面起作用的词的结构单位。在词的内部存在着的这几种结构单位,都是词的结构成分,因此都是词素。②

从以上对词的界定来看,词素和词除了充当的单位不同之外,其他的特点都是完全一样的,这一点并不奇怪,相反倒使我们可以进一步了解两者的区别及其性质。就它们所充当的单位来说,词是造句单位,词素却是存在于词的内部的词的结构单位,并主要充当造词和构词单位。这种完全不同的性质和功能,正说明了两者具有的本质区别。所以词和词素是决不能混同的。

词和词素除了其充当的单位和性质功能不同以外,两者的其他特点却完全一样,这又从另一个方面说明了词和词素可以相互联系和转化的关系问题。词和词素都是一种定型化了的音义结合体,都是"最小的""可以独立运用"的单位,但是由于两者的性质功能不同,所以表现这些特点的范围和条件也自然各有差异,它们的作用相应地都要受到各自性质功能的制约。

对词来说,"最小的""可以独立运用"的特点是在造句的范围内体现出来的,如"青山""绿水"是两个词,人们可以用它们和其他词一起组成句子,如"我爱祖国的青山绿水。"它们的作用只能在造句的范围内体现出来,却未能进入造词范围之中去。对词素来说,这些特点则只能在造词范围内

---

① 王晓玲. 现代汉语字母词语研究 [D]. 河北大学, 2007.
② 王凤. 两岸差异性词汇研究——以《两岸常用词典》为中心 [D]. 西南交通大学, 2015.

第二章　现代汉语中的词和词素研究

体现出来。如"参观"一词是由"参"和"观"两个词素组成的,"参""观"都是一种定型化了的音义结合体,都是"最小的""可以独立运用"的造词单位,它们不但可以组成"参观",而且"参"还可以与另外的词素组成"参加""参阅""参考""参谋""参照""参赛""参与""参看",等等,"观"也可以与其他词素组合成"观察""观点""观望""观赏""观众""主观""乐观""可观",等等,[①] 尽管它们组成的词很多,但却都是在造词范围之内进行的,在现代汉语中,它们都不能独立用来造句了。当然有的成分是能够兼有两种性质的,在某种条件下它就可以把其中的一种性质凸显出来,这是因为有的词是用可成词词素组成的,如"山",它可以表现为是由可成词词素组成的词,可以用来组成句子,同时"山"又是一个可成词词素,所以它又可以以词素的身份参与组词,但是这两种性质却不能同时被表现出来。有的成分在古代汉语中和现代汉语中都可能是用可成词词素组成的词,因此它在汉语的历史发展过程中,都可以既能充当词素也能当作词,如前面的"山"就是如此。另外还有一种情况,那就是某个成分在古代汉语中,它是由可成词词素组成的词,但发展到现代汉语阶段,它却由可成词词素变成为非词词素了,如上面谈到的"参"和"观"就是这种情况,它们在古代汉语中都是可成词词素组成的词,所以都可以作为词参加造句,可是现在它们都已经变为非词词素了,都是只能参与组词而不能参与造句了。这就是由于词素类型的变化而使可以充当词的成分转化为非词成分的情况。由此可以看出,词和词素正因有许多特点相同,所以是可以相互转化的。

二、词素的分类

和对其他语言成分的分类一样,我们对词素的分类也可以从各种不同的角度入手。在这里我们仅从共时平面上,根据词素在词的组合中表现出来的各种不同的情况,将词素作以下分类。

（一）语音形式方面

从语音形式方面分析,可以将词素分为单音词素和多音词素两种类型。

只有一个音节的称为单音词素,如:人、天、水、山、手、心、树、草、红、

---

① 王晓玲. 现代汉语字母词语研究 [D]. 河北大学, 2007.

光、房、物、兴、彩、平、面、万、千、十、一、二,等等。①

具有两个或两个以上音节的称为多音词素,如:葡萄、蟋蟀、蹉跎、朦胧、仿佛、忐忑、工作、旅游、法兰西、莫斯科、歇斯底里等。

(二)内部结构方面

从词素的内部情况来看,可以将词素分为单纯词素和合成词素两种类型。

只有一个语素单独构成的词称为单纯词素,如:书、纸、证、官、南、非、极、逍遥、玻璃、拷贝等。

具有两个或两个以上语素构成的词称为合成词素,如:参谋、催眠、黄牛、美术、矛盾、科学等。

(三)语言功能方面

从语言功能方面分析,词素又可以分为可成词词素和非词词素两种类型。

可成词词素是指这种词素不仅可以作为词素能够和其他词素一起组合造词,而且能够单独构成一个词,也就是说它本身是可以独立构成词的,如:花、好、多、玫瑰、柠檬等。

非词词素是指这种词素只能和其他词素进行组合来构成新词,却不能单独地成为一个词了,如:策、希、访、昌、朴、毕、研、幽、迫、恰、首、咨等。因为在语言的发展过程中,词素的类型会发生各种各样的变化,因此,要确定一个词素属于哪种类型,则必须从共时的角度进行观察和考虑。就汉语来说,有许多成分,在古代汉语中完全可以充当可成词词素,但在发展到现代汉语阶段却变为非词词素了。

在古代汉语中,民:可以说"利于民而不利于君"。《左传·文公十三年》,"民"为"百姓"义。

兴:可以说"汉兴,至孝文四十有余载"。《史记·文帝本纪》,"兴"为"兴起""建立"义。

习:可以说"民习以力攻难,故轻死"。《商君书·战法》,"习"为"习惯"义。

敏:可以说"敏于事而慎于言"。《论语·学而》,"敏"为"迅速""敏捷"义。

务:可以说"务耕织"。《过秦论》,"务"为"致力""从事"义。

---

① 张超男,姜岚. 中文词典编纂中三音节词目的拼音标注问题[J]. 辞书研究,2008(002):57-63,83.

第二章　现代汉语中的词和词素研究

可见,这些成分在过去曾经都以词的面貌出现过,作为它们的组成词素来说,都是可成词词素,但是在现代汉语中,它们却是只能成为组词的非词词素了。

在现代汉语中,可成词词素和非词词素除了有以上的变化外,还有一种情况也应引起我们的注意,那就是外来词素逐渐地被社会确认的问题。

随着外来成分的不断引入,汉语中不但产生了外来词,而且也逐渐出现了外来词素。从目前情况看,外来词素可表现为两种类型:一种类型是音译成分逐渐变成为词素,其中一部分,从其成为汉语外来成分开始,它作为可成词词素就和外来词同时产生了,发展到现在,这部分可成词词素已可以和其他词素组合造词了,如"咖啡"不但能单独组成"咖啡"一词,而且现在已经参与组成了"咖啡茶""咖啡糖"等词;还有一部分音译成分,它们原来只不过是外来词的一个组成部分,但是现在却可以独立出来与其他词素一起组合造词了,如"啤酒"的"啤",现在就可以参与组成"青啤""扎啤"等,"的士"的"的",现在也可以用来组成"打的""面的""轿的"等词了,像这一类的词,目前还都属于非词词素的类型。[①] 另一种类型是外语字母的直接引入形成的词素,如"B超"的"B","O型环"的"O"就是这一类型的词素。当然这类词素都是非词词素,它们都是不可能单独构词的。

(四)性质和表意方面

从词素的性质和表意方面分析,可以将词素分为词根词素和附加词素两种类型。词根词素通常也称作词根,它具有实在的词汇意义,是组成新词词干的主要部分,同时也是形成新词词汇意义的主要承担者,如:人、心、小、水、核心、光明、实力、人造革、日计表、录像带、冷处理等词中的人、心、小、水、核、心、光、明、实、力、人、造、革、日、计、表、录像、带、冷、处理等都是词根词素,同时也可以明显地看出,是这些词根词素组成了以上各词的词干,而且承担起了形成新词的词汇意义的任务。

由此可见,词根词素是词素中的主要成分,它在词素中的地位和作用都是非常重要的。汉语中的词根词素非常丰富,可成词词素和绝大部分非词词素都可以充当词根词素,汉语词汇正是在这样的基础上,才能够源源不断地形成纷繁多样的新词。

附加词素是附加在词根词素上表示语法意义和某些附加词汇意义的词

---

① 王伟.现代汉语外来词素研究[D].山东大学,2006.

素。它又有词缀词素和词尾词素之分,这些词素都是词的结构成分,因此都是词素的一种类型。

词缀词素通常也称作词缀,它可以附加在词根上共同组成词干,所以词缀也是组成词干的词素。词缀词素又有前缀、中缀和后缀三种情况。前缀是用在词根词素前面的词缀,如"老虎、阿姨、第一、初五"中的"老、阿、第、初"等;中缀是用在词根词素中间的词缀,汉语中的中缀极为少见;后缀是用在词根词素后面的词缀,如"石头、甜头、桌子、担子、鸟儿、泥巴、尾巴、姑娘家、孩子家"以及"黄乎乎、滑溜溜"等词中的"头、子、儿、巴、家、乎乎、溜溜"等都是后缀。

词尾词素是附加在词干后面只表示语法意义的词素,通常也称作词尾。一个词具有词尾词素时,只能说明该词已形成了表示不同语法意义的形态变化,却不能说这是形成了新词,因为词尾词素只是表示一个词的不同形态变化的构形词素,却没有构成新词的功能,所以它作为词的结构成分出现时,并不能产生新词。[①]

词的附加词素一般都是由词根词素虚化而来的,当某个词根词素在长期应用中,由于使用习惯和使用条件相互作用的结果,有可能使它的词汇意义变得空零了、弱化了,从而虚化成为表示某种类型语法意义的附加词素,如"头""子"等表示名词性语法意义的后缀就是这样,这里运用的已经不是它们原来的词汇意义了。[②] 在现代汉语中,像"性""化"这些成分已经在发展演变中虚化了一个相当长的过程,而且已经被人们共同认可为可以充当后缀成分了,但是它们的词汇意义仍然还存有明显的痕迹。至于那些被称为准词缀的成分,如"师""员""手""热"之类,由于它们的词汇意义还非常明显,在实际运用中,它们仍然是以词根词素的性质出现的,所以还是不要把这些成分作为词缀对待为宜。

在这里应明确的是,当某些词根词素弱化成为词缀词素时,并不等于它的词根词素性质已经消失,事实上,在语言应用中,这种虚化过程已经逐渐地使原来的词根词素发展出了一个新的完全独立的附加词素成分,所以在词素中,这些词根词素和附加词素都是同时存在着,并且都积极地发挥着各自的作用。[③]

总结词素的分类情况,可列表如下:

[①] 周国辉. 汉语无形态论 [J]. 烟台大学学报(哲学社会科学版),2007(03):116–120.
[②] 汪小玲. 怀宁方言的动词词尾"着"[J]. 广西教育学院学报,2008(01):145–147.
[③] 杨开昌. 内蒙古后套话中的表人名词后缀"货"[J]. 河套大学学报,2013(001):44–47.

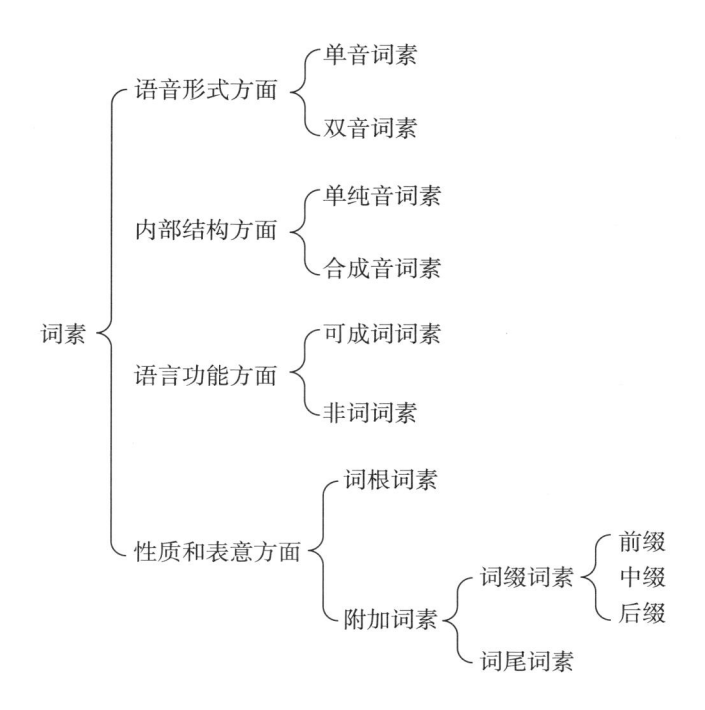

第二章　现代汉语中的词和词素研究

```
       ┌ 语音形式方面 ┬ 单音词素
       │            └ 双音词素
       │
       ├ 内部结构方面 ┬ 单纯音词素
       │            └ 合成音词素
词素 ──┤
       ├ 语言功能方面 ┬ 可成词词素
       │            └ 非词词素
       │
       │            ┌ 词根词素
       └ 性质和表意方面┤            ┌ 词缀词素 ┬ 前缀
                    │            │         ├ 中缀
                    └ 附加词素 ──┤         └ 后缀
                                 └ 词尾词素
```

三、关于合成词素

（一）何谓合成词素

合成词素是一种由合成词发展演变而成的词素。如"孩子头"中的"孩子"，"纸老虎"中的"老虎"，"教师节"中的"教师"，"豆腐皮"中的"豆腐"等。之所以称它为合成词素，是因为这些成分作为一个合成后的整体，可以具有词素的性质，实现着词素的功能。如人们在造"孩子头"这个词时，决不是把"孩""子""头"三个部分分离开同时选来造成"孩子头"的，而是在人们掌握的语库中，已经有了"孩子"这一整体形式，人们是选用"孩子"和"头"两个部分来造词的，所以，这时的"孩子"这一成分已经以整体的形式参与了造词活动，而且获得了词素的性质和功能。这样的成分就称为合成词素。

（二）合成词素的性质特点

合成词素作为一种词素，与其他的词素具有相同的性质和特点，当然也具有相同的造词功能，所以它是能够参与造词的单位，因此我们不应该把这些成分排斥在词素的范围之外，对于一个合成成分来说，它能不能充当合成

· 35 ·

词素,主要是观察分析它是否符合词素的条件,是否具备词素的性质和功能,凡是具备了词素的条件、性质和功能的合成成分,就应该承认它是词素。虽然这些成分是合成的,但是作为词素来说,在意义上它也是一个不可分割的可以独立运用的造词的最小单位,它在结构上的可分析性,并不能否定它在意义上不可分割的整体性。所以在语言中,合成词素和单纯词素一样,都是造词的备用单位。①

过去有的文章中,曾把这类情况称作"语素组",事实上这样命名有其不准确的地方,因为在语言的造词活动中,参与造词的语素组并不止一种,如"洗衣""喝水""削发"甚至"高射"等成分都可以被认为是语素组,这些成分也可以组词,如组成"洗衣机""喝水杯""削发器""高射炮"等,就不是合成词素了。语素组的说法是不可取的,因为它会把许多不同的问题都混同在一起,而且不容易立刻解释清楚。②

(三)合成词素的形成

合成词素的形成是语言词汇发展的一种必然结果。从语言运用方面看,合成词能够发展演变为合成词素,这种转化是完全必要的,因为人们在社会交际中,不但可以用合成词组成句子,而且也可以用它来描写和说明某些具体的事物,如说明身上长着像梅花花纹的鹿,就可以命名为"梅花鹿";说明由国家机关组织出版的报纸就可以叫它"机关报";反之,人们也可以用其他成分对合成词表示的事物进行说明,如"红领巾""垂杨柳""皮上衣""超短波"等,这样运用的结果,就有可能将合成词当作合成词素来应用。从词和词素的关系看,合成词在运用中转化为合成词素也完全可能,这是与词和词素在所具特点上的共同性分不开的,由于这两者除了性质功能与其不同以外,其他的条件都是一样的,这就为合成词转化为合成词素提供了理论上的根据和可能。所以说合成词转化成为合成词素是语言词汇历史发展的必然。

合成词素和单纯词素虽然都是词素,但是两者也有不同的地方,其主要的不同就是:单纯词素是与它造成的单纯词同时共生的,因此许多单纯词素都可以是可成词词素,如"人""天""葡萄""仿佛"等;合成词素却是由合成词发展演变而来的,它是合成词在社会上长久使用的结果,所以大部分成为合成词素的合成词都是人们使用频率相当高的词,正因如此,才使这部

---

① 张超男,姜岚. 中文词典编纂中三音节词目的拼音标注问题[J]. 辞书研究,2008(2):57-63,83.

② 丁建川. "语素组合体"研究述要[J]. 广西社会科学,2005(7):162-165.

第二章　现代汉语中的词和词素研究

分合成词具有了极强的凝固性,也才能使这部分词进而发展并转化为合成词素,所以社会上的高频使用,应该说是形成合成词素的极为重要的条件。当合成词演变为词素后,它总是以非词词素的身份再和其他词素一起造成新词,它仅仅是以整体的形式充当新词的一个部分。①

由于合成词素由合成词发展而来,所以从合成词素最初形成的形式来看,的确是由单纯词素组合而成的,但是在这里必须搞清楚,单纯词素最初形成的是合成词,而决不是合成词素。在语言发展的任何时候,从来都不存在由单纯词素直接组成合成词素的现象,单纯词素只能组合成为合成词,合成词素是经过了合成词被长期使用的阶段之后演变而来的,它的形成必须有一个合成词发展演变的过程,所以应该说合成词素是由合成词发展和转化而成的一种词素。②

（四）合成词素的作用

合成词素的存在是语言词汇日益发展的一种必然现象,它和所有的词素一样,具有造词功能。当前,在现代汉语中,用合成词素造成的三音节以上的合成词日见增多,有的合成词素还具有相当强的能产性。如:

自然:自然村、自然界、自然力、自然美、自然法、自然光、自然物、大自然、自然主义、自然规律、自然经济。

旅游:旅游团、旅游图、旅游者、旅游热、旅游袋、旅游鞋、旅游车、旅游点、旅游帽、旅游装。

教育:教育部、教育家、教育界、教育司、教育厅、教育局、教育处、教育系、教育学、教育网。

交通:交通部、交通局、交通站、交通线、交通车、交通岛、交通壕、交通沟、交通员、交通量。

工作:工作日、工作服、工作者、工作证、工作组、工作团、工作台、工作间、工作面、工作母机。

塑料:塑料袋、塑料鞋、塑料盒、塑料桶、塑料管、塑料布、塑料板、塑料碗、塑料门/窗、泡沫塑料。

以上列举的合成词素,其能产性都是比较强的。其他组词少一些的如"土豆"可以造成"土豆泥""土豆丝""土豆片","前提"可以造成"大前提""小前提","细胞"可以造成"白细胞""红细胞","包装"可以造成"软包装""新包装"等则更是到处可见的了。

---

① 纪丽宏.合成词素浅说[J].现代语文(语言研究),2006(05):39.
② 宋梦晨.现代汉语词素组研究[D].山东师范大学,2017.

上述内容不仅展现出了合成词素的造词功能,而且更显示出了它在造词过程中快捷迅速、表达准确等特点。由此可见,合成词素在语言词汇中的形成和存在,不仅是必然的,而且也是完全必要的。

四、词与词素的关系

我们说"词是最小的有意义的能够独立运用的语言单位",并非说"词是最小的有意义的语言单位"。因为语言中的最小意义单位是词素,它是构词单位。例如,"赞美"中的"赞"和"美","白杨"中的"白"和"杨","火车"中的"火"和"车","人民"中的"人"和"民"。词素比词小,因为词素是构成词的单位。那么,词素与词有些什么关系呢?

(一)一个词素构成一个词

我　人　山　石　水　天　牛
麦克风　苏维埃政权　奥林匹克　英雄

它们既是"最小的有意义的语言单位",又是可以"独立运用"的语言单位。因此它们既是词素,又是词。当它们组成新词(如"自我""人民""石头""山水""葡萄干""芙蓉花""苏维埃政权"等)时,它们是词素;当它们独立运用(即在词组或句子中自由活动,如说"来了一个人""翻过一座山""吃葡萄")时,它们是词。

又因为词素的内部再也分不出更小的意义单位来,所以这种可以单独成词的词素单独提出时(即不提供语言环境),也可认为是词素,不一定要组成新词。

从这里我们也可以看出,现代汉语词素的语言形式,大部分是单音节的(就是说,一个词素一个音节),但也有少数双音节词素和极少数三个音节以上的词素。三音节以上的词素,一般是外来词中的音译词词素。

(二)两个或两个以上的词素构成一个词

人|民　赞|美　爱|护　决|心　白|菜　外|科
白|杨|树　现|代|化　创|造|性　意|识|流

在这些词里,"人""民""赞""美"及"白""杨""树""现""代""化"等只是作为每个词的一个有意义的组成部分,它们并不单独发挥作用,如"赞美"里的"美"这个词素,就不是单独用的时候的意义了。所以"赞美"便不能理解为"赞扬美好"(动宾词组),词只有"颂扬"(联合式词)的意义了。同样,"外科"是与"内科"相对的一种医科,具有了特定的意义,而不是"只管身体外面部分的医科"（即"外面的医科"）了。由此我们也可以看出，由两个或两个以上的词素构成新词，其意义并非简单地加合，而是有机地结合后产生了新义，所以这种词是不能随意拆开的，其组成部分只能是词素，而不是词。

第三章 现代汉语中词的形成及其结构形式

语言的词汇是语言中最活跃的部分,它随着社会的发展和新事物的出现而不断产生新的词语,以满足社会的交际需要。观察词的产生轨迹,大致有三个方面:第一,人们通过造词活动创制新词;第二,社会共同将词组约定成词,如"国家""妻子""朋友""窗户"等词就是这样形成的,这些成分最初在古代汉语中,都是以联合词组的身份被使用着,后来在使用过程中,逐渐地发展成了偏义的复合词;第三,词的构形形式在使用中逐渐演变为独立的词,如"我们""你们""冷清清""慢悠悠"最初都是"我""你""冷清""慢悠"的构形形式,现在都已被约定为词了。[1]

---

[1] 葛本仪. 论汉语词形成的基础形式[J]. 山东大学学报(哲学社会科学版), 1997(03): 36–40.

第三章　现代汉语中词的形成及其结构形式

第一节　现代汉语中词的形成

一、词的形成条件

任何词的形成都要有两个条件为前提：一是人们对客观事物的认识以及与此有关的思维活动；二是以本民族的语言符号系统为内容的语言要素。

（一）思维活动是词形成的前提

任何词的产生都是人们对客观事物进行认识和思维的结果。人们的认识和思维活动不但可以促使一个词的产生，而且更能够决定一个词能否被社会所约定，因为当新词产生之后，它还仅仅是一个具有临时变化性质的言语成分，只有当它被社会上的人们共同认可以后，才能够由言语成分转变为语言成分。

对于语言的产生问题，学术界已各有所见，由于人们的认识和思维活动是词形成的前提条件，所以最初的词，其形成情况也一定是在人们对客观世界进行认识的基础上，将认识的成果与某种物质化的声音相结合，从而产生了词。词义永远是客观事物在人们头脑中的反映，不论这种反映正确与否，但是没有客观事物为基础，没有人们对它们的认识和思维活动，就不能形成意义，没有与声音相结合并依赖声音以进行表达的意义，就不可能产生词。由此可见，词在最初产生时，就具备了人们认识和思维的条件。当然，在词最初产生时，人们的思维活动，可能表现为形象思维占据了主要的地位，但却必须承认，形象思维活动也是人们的思维活动，甚至一直到现代，形象思维仍然活跃在人们的思维活动当中，所以决不能否认，在词最初产生时，形象思维活动在其形成过程中所起的重要作用。在现在没有资料可查的情况下，我们以语言理论为依据，可以认为，最早的词，应该是在人们形象思维的作用下，通过音义结合的任意性原则制约而产生出来的。

随着社会的不断发展，人们的认识和思维能力也得到了不断的发展和丰富，因此，在语言发展过程中，人们的认识和思维活动在词形成中的作用则更加明显。社会的全体成员都可以凭借着自己的这种能力来参与造词活动，他们不仅可以通过对声音的认识造出摹声词，而且可以从各个不同的角度对事物进行不同的认识，从而造出各种纷繁多彩的词来。至于通过人们的思维活动来进一步认识客观世界,创造新事物,发现新现象,从而产生新词语,活跃社会的交际活动,促进社会的不断发展,这更是有目共睹的了。所以说,没有人们的认识和思维活动,就不可能有词的产生,人们的认识和思维活动永远是词得以形成的前提条件。

(二)作为组词基础的语言要素

词形成的另一个前提条件就是语言要素。当词最初产生时,应该说,语言要素和词是同时共生的;当语言产生之后,语言要素中的各种材料作为形成词的基础条件,则越来越发挥着它的重要作用。人们可以在原有材料的基础上,采用衍生、组合等手段,制造出各种各样的新词来。

人们造词时运用的语言要素是多方面的,不但有语音、词汇、语法等方面,而且也涉及文字、修辞等内容。

1. 语音方面

本民族语言中的音色音位和非音色音位,以及音位之间的组合规律和变化情况,都可以为造词提供依据,而且已经有一些语言材料客观存在于社会成员使用的语言当中,可以自然地按照社会的语言习惯加以运用,例如表示鸟叫声的"喳喳"一词,其语音形式"zhāzhā"就是按照汉语语音的声、韵、调的配合规律组成音节,采用摹声的造词方法创造出来的。

2. 词汇方面

语言词汇中原有的各种词素,永远为词的形成提供着丰富多彩的语言材料。在语言存在以后,新产生的词绝大多数都是由原有词素组合而成的,原有词素的意义也会直接影响着新词的面貌,例如"转椅"一词,由于它是一种会转动的椅子,所以就选用了"转动"的"转"和"椅子"的"椅"两个词素组合而成,"转"和"椅"两个词素将自己原来的语音形式和意义内容都带到了新词之中,并重新构成了一个新的音义结合的定型结构。在词汇发展过程中,一批批的新词就是这样不断产生出来的。

3. 语法方面

人们造词时,各种词素的组合都是根据语言中原有的各种语法规则进行的,这些规则和其他语言材料一样,都是人们所自然习用的,因此在社会上也都是大家共识的内容。例如,根据修饰成分在前,被修饰成分在后的习用的语法规则,人们要说明一种"红色的枣"时,就要用"红"在前"枣"在后的词序组成"红枣"一词;要说明一种"像枣一样红的颜色"时,则必须把词序颠倒过来,形成表示颜色名称的"枣红"一词。这些语言材料和规则在语言使用中都是被大家共同认可的,所以也都自然地在词的形成过程中充当着语言基础的作用。

第三章　现代汉语中词的形成及其结构形式

4. 文字方面

掌握文字的人们,也可以运用文字方面所表现出来的各种特点和内容来进行造词。例如,过去用来称呼"兵"的"丘八"一词,就是根据汉字形体的组合特点拆字造词的。运用拆字手段当作词素来造词的现象也比较多见,如"弓长张"的"弓""长","立早章"的"立""早","小大尖"的"小""大"等都是如此。现在,随着外来词素的不断引入,利用外来字母的形体当作词素来造词的情况也经常可见。[①] 例如,S形曲线、Y形交叉路口标志、A字裙、U形管。

5. 语言方面

语言是一个统一体,因此在造词活动中,语言各个方面的要素都是同时起作用的。同时,由于语言符号的音义之间虽然无必然的联系,但是这种音义关系一经结合之后,就具有了相对的稳定性,所以它为社会约定俗成后,人们是不能随意改变的。语言这个方面的要素不仅是创制新词的基础,而且也可以作为一个语言要素的统一体,对人们造词活动的各个方面起着一定的制约作用。

人们运用语言要素作为造词的基础是很自然的,而且也是必然的。人们既然掌握了语言和运用语言的习惯,就必然会运用原有的语言材料和规则来进行造词,从语言的继承性和约定俗成的情况看,不这样做也是不可能的。[②]

随着社会的发展和语言材料的逐渐丰富,以及人们的认识和掌握运用语言材料能力的逐步提高,这些条件的作用表现得越来越突出和明显。在词的形成过程中,词在形成时逐渐地会有一种理据作为它产生的依据和条件,也就是说,词的形成开始逐渐具有了自己的有理性。人们认识和思维的共通性,以及人们对造词所运用的语言材料的共识性,就能够赋予词形成的有理性和可理解性。当然,我们在谈词形成的有理性的同时也必须明确,承认词形成的有理性,决不是否认词的音义结合的任意性,因为这种有理性和任意性并不是矛盾的,而是对立的统一。应该说这种有理性是在任意性统率下的有理,而任意性又是在有理基础上的任意。如"卷心菜"和"大头菜"都是从其形状的角度造出的词,都具有一定的有理性,但是对这种客观事物既可称为"卷心菜",又可称为"大头菜",就又体现出了它的任意性。由此可见,任何一个在有理性基础上形成的词,都可以在任意性的制约下被任意

---

① 徐音华. 从改革开放以来的《国务院政府工作报告》看我国公文词汇的衍变 [D]. 四川师范大学, 2012.

② 李金平. 论汉语复音词的衍生方式 [J]. 技术与教育, 2007（2）: 31–40.

选择。

二、词形成的基础形式

了解词形成的基础形式是非常必要的,如果要对词的形成和发展进行研究的话,就必须追溯到词形成的基础形式上面去。[①] 例如,我们经常接触的"夏至"一词,至今人们对它的意义仍然有"夏季的极点"和"夏季到了"两种不同意义的理解。如果追溯到它形成时的基础形式上去考查,就不难解决这个问题了,因为古代人们造词时,"夏季到了"是用"立夏"一词来表示的,当然"夏季到了"就是"立夏"的基础形式;而"夏至"却是人们根据二十四节气的情况,认为是夏季到了极点的一天,因此"夏至"的基础形式应该是"夏季的极点"。所以只有了解了词形成时的基础形式,才能够准确地掌握和解释词义,也才能够正确地展开对词源的考查和分析。

（一）以词为基础形式

以词为基础形式就是指,新词的形成是以某一个原有的词为基础演变而成的。这种现象往往都是由于某种主观或客观条件的作用,在一个原有词的基础上,经过人们的联想、引申、改造,甚至伴随着语言成分自身的变化和调整,从而演变出来一个新的成分,再经过社会成员的共同认可后,就形成了一个新词。在这种情况下产生的新词,理所当然地作为基础的原有词就是它赖以形成的基础形式,新词的音、义面貌及其结合情况,都可以追溯到旧词中去寻找依据。

以词为基础形式产生新词,可以具体表现为如下几个方面。

（1）旧词的语音发生变化产生新词,如:盖——盖儿。

（2）旧词的意义引申产生新词,如:刻(刻画)——刻(一刻钟)。

（3）从单音词演变为双音词产生新词,如:姨——阿姨。

（4）由外语词产生外来词,原来的外语词是外来词的基础形式,如:sofa——沙发。

（5）词的构形形式转化为词,变化前的原词是它的基础形式,如:慢悠——慢悠悠。

[①] 张青松. 试论训诂学在现代汉语词汇学中的价值 [J]. 安徽大学学报(哲学社会科学版),2007（04）: 76—80.

第三章　现代汉语中词的形成及其结构形式

（二）以词组为基础形式

所谓以词组为基础形式，就是说词的形成是在以词组为语言形式的基础上进行的。这方面的情况比较复杂，大致也可表现为如下几个方面。

（1）词形成的基础是一个表示概念的词组。如：洗衣服用的机器——洗衣机。

（2）固定词组或比较常用的词组简缩成词，原来的词组就是简缩词形成的基础形式。如：外交部长——外长。

（3）常用的词组约定为词，原来的词组是新词产生的基础形式。如：国家、窗户、妻子、朋友。

此外，自然界的声音也可以成为词形成的基础形式，语言中的摹声词就是在这一基础上形成的。这是一种比较特殊的基础形式，因为它是自然界的声音，所以它本身是一种客观存在，摹声词的形成，就是对这种自然界的声音进行了语音化的模仿而形成的。如"砰的一声木板倒了"中的"砰"就是一个模仿自然界的声音而形成的摹声词，自然界的这种声音就是它赖以产生的基础形式。[①]

语言中的摹声词，都是在人们对自然界声音模仿的基础上加工而成的，这种加工就是用人类语言的语音对自然界的声音进行改造的过程。自然界的声音是各种各样的，有的比较单纯，如上例的"砰"；有的比较复杂，如人睡觉打呼噜的声音总是"呼噜呼噜"的，而不可能只有一下"呼噜"的声音，所以这类摹声词就是在人们对自然界声音的一连串模仿中截取下来约定而成的，在汉语中，"呼噜"这一形式可以作为两个词而存在，一个是表示声音的摹声词，一个则是表示这种现象的名词。这就更明显地体现了人们进行思维加工的情况。但是不管哪一种情况，都不能否认自然界的声音是这些词形成的基础。

---

① 本刊记者. 现代汉语语法专题研讨会在北京召开 [J]. 中国语文, 1996（02）: 154–154.

第二节　现代汉语中的造词研究

一、造词概说

(一)什么是造词

所谓造词,是指创制新词。它是解决一个词从无到有的问题。人们的造词目的是为了满足社会的交际需要,客观事物的发展,人们认识的提高,新事物和新现象的出现,以及语言本身的发展和调整,都能提出创造新词的要求,语言中的词就是在这种需求下,不断地从无到有地被创造出来。在语言的历史发展过程中,世世代代的人们就是这样不断地满足社会的交际需要,不断地创制出各种各样的新词来。所以,要研究一个新词如何形成的问题,就要研究它的形成条件和过程,而其中大部分的新词又都是通过创制的方法从无到有地被创制出来的,因此要研究词的产生问题,首先就要研究造词问题。[①]

和所有词的形成一样,造词也必须具备词形成的两个前提条件,那就是人们的认识和思维活动,以及已有的语言材料。关于这一点,前面已经谈到,这里不再赘述。

(二)人们的造词活动

人们的造词活动都是在社会交际的需求下进行的,社会上的每一个成员,都可以根据交际的需要来造词,所以造词活动存在的范围很广,它是一种全社会成员都可以进行的活动行为。[②] 在造词活动中,人们的认识和思维活动是非常重要的,它往往起着先导的作用,因为新词都是在新事物、新现象的不断涌现下,根据具体的环境和条件,通过人们的认识和联想,然后用语言材料使其外部现实化,才被创造出来。事实上,人们的这种造词活动就是人们为新事物、新现象命名的行为。

如:位于海南岛崖县三亚镇北郊的"落笔洞",是一座方圆约三华里、高约百米的石灰岩孤峰下的一个岩溶洞穴,因洞中有悬垂的石钟乳形如落笔而得名。

[①] 陈莹莹.假借表达与汉语造字、造词[D].中国海洋大学,2004.
[②] 蔡静.简论汉语造词法研究流变[J].科教文汇,2010(09):98、112.

二、造词法

（一）什么是造词法

造词法就是创制新词的方法。给事物命名的行为是造词问题,命名时使用的方法就是造词法问题。人们在造词时主动根据本民族的语言习惯,掌握和运用现有的语言材料组成各种各样的新词。在组成新词的过程中,人们使用的方法是多种多样的,这些为事物命名创制新词的方法,就称为造词法。

（二）汉语的造词法

汉语的造词法是多种多样的,现初步归纳为以下几种。

1. 音义任意结合法

音义任意结合的造词方法就是用某种声音形式任意为某种事物命名的方法。这样产生的新词在音义之间,开始并无必然的联系。我们知道,词是一种语言符号,语言符号的音义结合最初都是任意性的,当人们用某种语音形式去指称某种事物的时候,这种语音形式同时就获得了该事物所赋予它的某种意义,音义这样结合后就产生了语言中的词。语言中最早产生的一些词,往往就是用音义任意结合法创制出来的。例如,"山、水、人、手、树、参差、婆娑",等等,这样的词在音义组合前是无必然联系的。

随着社会和语言本身的发展,语言要素的不断丰富,为造词提供了大量的原料,因此,人们运用音义任意结合法造词的情况越来越少了。

2. 摹声法

摹声法是用人类语言的语音形式,对某种声音加以摹拟和改造,从而创制新词的方法。汉语中的摹声法造词可表现为以下两种情况:一种是摹仿自然界事物发出的声音来造词,如轰隆隆、哗啦啦;另一种是摹仿外族语言中某些词的声音来造词,平常大家都把这类词称为音译词,如夹克(jacket)、吉普(jeep)。

3. 音变法

音变法是通过语音变化的方法产生新词。

汉语中的儿化韵造词就是一种音变造词的方法。例如：

扣（kòu 扣上的扣,动词）——扣（kòur 扣子的扣,名词）;

铲（chǎn 铲除的铲,动词）——铲（chǎnr 铁铲的铲,名词）;

黄（huáng 黄色的黄,形容词）——黄（huángr 蛋黄的黄,名词）;

尖(jiān 尖细的尖,形容词)——尖(jiānr 针尖的尖,名词)。①

"儿化"只能是在一个音节中发生的音变现象,不应当把"er"作独立的后缀词素看待。当然,如果"er"在其他音节后自成音节,如儿歌"风儿吹,鸟儿叫,小宝宝,睡醒了"中"风儿""鸟儿"的"儿",就可以作后缀词素看待,因为这已不属于儿化韵的问题了。

4. 说明法

说明法是通过对事物加以说明从而产生新词的造词方法。这样产生的新词,词义一般都比较明确,容易理解,是一种为人们经常应用的造词方法。

汉语的说明造词法,往往由于人们说明的角度不同而表现出一些不同的情况。常见的有以下几种。

从事物的情状方面进行说明。如:

国营、年轻、自动、地震、口红、起草、知己、庆功、签名、争气、举重、删改、简练、赞扬、胆怯。

从事物的性质特征方面进行说明。如:

方桌、优点、弹簧、硬席、石碑、理想、午睡、晚会、甜瓜、谜语、函授、铅笔、绿茶、热爱、笔直、前进、重视、高级、国旗、钢板、木偶、戏曲、合板、丁字尺、武昌鱼、大理石、电动机、回形针、石棉瓦。②

从事物的用途方面进行说明。如:

雨衣、燃料、烤炉、洗衣粉、抽水机、吸铁石、扩音器、收割机、避雷针、消炎片、漱口水。

从事物的领属方面进行说明。如:

笔尖、床头、刀把、瓜子、衣领、灯口、屋顶、猪肝、象牙、鞋带、刀刃、火车、细胞核、桂圆肉、棉花种、白菜心。

从事物的颜色方面进行说明。如:

黑猩猩、红领巾、红绿灯、红药水。

用数量对事物进行说明。如:

两级、三角、三秋、四时、五代、五律、六书、七绝、八卦、九泉、十分、百姓、千秋、万物。③

此外,还可以通过注释的方法进行说明。

用所属物类注释说明的,如:

菊花、芹菜、茅草、淮河、蝗虫。

---

① 李媛媛. 从认知语言学的范畴观看汉语词汇的教与学 [J]. 大众文艺: 理论,2009.

② 宋丙秀. 现代汉语造词法与词素义的生成研究 [D]. 济南大学,2015.

③ 阚小红.《大金吊伐录》口语词语考 [D]. 吉林大学,2006.

第三章　现代汉语中词的形成及其结构形式

用单位名称注释说明的,如人口、纸张、房间、马匹、船只。

用事物情状进行注释说明的,如静悄悄、白茫茫、恶狠狠、亮晶晶。

运用语言中习用的虚化成分,对原有词的意义做某些改变以说明事物的,如：

聋子、日子、腰子、推子、看头、甜头、劲头、盼头、黑乎乎、酸溜溜。[1]

"静悄悄""白茫茫"中后面的重叠形式有的可以作为一个词,只是语言中习用的虚化成分而已。[2]

5. 比拟法

比拟法就是用现有的语言材料,通过比拟、比喻等手段创制新词的方法。[3]如：

龙头、龙眼、佛手、螺丝、下海、雀斑、银耳、猴头、鸡眼、虎口、蚕食、骑墙、贴金、鸡胸、琢磨、纸老虎、拴马桩(生在耳前的内柱)。

有的新词的一部分是比喻成分。例如,"煲电话粥"中的"煲"是广东方言表示长时间地煮,在这里用来比喻长时间打电话聊天。

6. 引申法

引申法是运用现有的语言材料,通过意义引申的手段创制新词的方法。如从"打开"和"关上"的动作,联想引申而把"操纵打开和关上的物件"称作"开关",就是运用了引申造词的方法。

7. 双音法

双音法是通过双音化产生新词的方法。双音造词法是随着汉语词汇向双音化发展而出现的一种造词方法,它也是在现有语言材料的基础上进行造词的。现代汉语中常见的双音化造词有以下几种情况。

（1）在原有单音词的基础上,采用重言的形式产生双音化的词,新词的意义和原单音词的意义完全一样或基本相同。如：

妈妈、爸爸、伯伯、姑姑、叔叔、嫂嫂、哥哥、姐姐、弟弟、妹妹、星星、炯炯、恰恰、渐渐、悄悄、茫茫、耿耿、草草、纷纷、蠢蠢、匆匆、常常。[4]

（2）在原有单音词的基础上,采用重言的形式产生双音化的词,新词的意义和原单音词的意义基本不同。如：

---

[1] 陈洁. 论构词法与造词法的纠结及汉语造词法的类型 [J]. 现代语文（语言研究）, 2012（011）: 12–13.
[2] 陈文鹏.《释名》所见古代造词法研究 [D]. 兰州大学, 2010.
[3] 陈洁. 论构词法与造词法的纠结及汉语造词法的类型 [J]. 现代语文（语言研究）, 2012（11）: 12–13.
[4] 葛本仪. 汉语的造词与构词 [J]. 文史哲, 1985（4）: 30–35.

爷爷、奶奶、宝宝、万万、通通、断断、往往、落落、区区、历历、斤斤、源源、翼翼、涓涓、津津、济济、昂昂、堂堂、熊熊。①

（3）将原有的意义相同、相近或相关的单音词联合而成为双音化的词，新词的意义与原来单音词的意义形成意义相同或相近的关系。如：

道路、朋友、语言、旗帜、人民、英雄、年岁、睡眠、包裹、世代、脸面、坟墓、购买、增加、依靠、更改、生产、解放、爱好、斥责、斟酌、书写、帮助、学习、批改、答复、把持、集聚、洗刷、喜悦、寒冷、弯曲、美丽、繁多、宽阔、孤独、伟大、艰难、富裕、寂静。

（4）在原有单音词的基础上，附加上语言中习用的虚化成分，从而形成双音化的词，新词的意义和原单音词的意义完全相同。如：

石头、木头、砖头、舌头、指头、桌子、椅子、帽子、裙子、碟子、尾巴、盐巴、泥巴、忽然、竟然、突然、老师、老虎、老鹰、老鼠、阿姨、阿婆、第三、初五。②

通过以上四种情况可以看出，双音法都是在原有单音词的基础上，经过双音化而产生新词。随着语言的发展，这些充当基础的单音词，有的后来仍然可以作为词被独立运用着，有的则只能充当词素而不能再成为独立的词了。但是，当这些成分最初作为基础词形成双音词的时候，应该承认，它们当时都是作为独立的单音词存在于语言之中的。

8. 简缩法

简缩法是一种把词组的形式，通过简缩而改变成词的造词方法。汉语中有部分事物的名称是用词组的形式表示的，由词组简缩成词，也是新词产生的途径之一。如"山大"就是把"山东大学"中每个词的第一个词素抽出来简缩而成的，"扫盲"则是把"扫除文盲"中第一个词的第一个词素，和第二个词的第二个词素抽出来简缩而成的。汉语中简缩造词的方法多种多样，具体分为以下几小类。

（1）提字简缩法，即从原语的词中提取有代表性的字（一般即词素）组合成词的方法。

第一种情况，从原语中提取两字成词。

土地改革——土改

文化教育——文教

旅行游览——旅游

---

① 李媛媛. 从认知语言学的范畴观看汉语词汇的教与学 [J]. 大众文艺（理论），2009（14）：144.
② 同上。

第三章 现代汉语中词的形成及其结构形式

支部书记——支书
人民警察——民警
外交部长——外长
整顿作风——整风
历史、地理——史地
政治协商会议——政协
北京电影制片厂——北影

第二种情况,从原语中提取三字成词。

青年、少年——青少年
指挥员、战斗员——指战员
支部委员会——支委会
少年先锋队——少先队
人民代表大会——人代会
供销合作社——供销社
新华通讯社——新华社

(2)合字简缩法,即从两个并列的双音节词中合并掉一个相同的字从而简缩成一个三音节词的方法。

进口、出口——进出口
军种、兵种——军兵种
中医、西医——中西医
企业、事业——企事业
海内、海外——海内外
室内、室外——室内外
国内、国外——国内外
祖父、祖母——祖父母
师兄、师弟——师兄弟

(3)数字简缩法,即用数字概括并列成分的项数,然后附上原语中并列成分的某一两个共同字或表示原语中并列成分的某一共同特征的一两个字,从而简缩成词的方法。

父亲、母亲——双亲
百花齐放、百家争鸣——双百
身体好、品德好、学习好——三好
阴平声、阳平声、上声、去声——四声
农业现代化、工业现代化、国防现代化、科学技术现代化——四化

造词活动具有广泛的社会性,社会上的任何成员都可以创制新词,这正

体现了语言全民性的一面。

第三节　现代汉语中的构词研究

　　构词是指词的内部结构问题。它的研究对象是已经存在的词。对现有词的内部结构进行观察和分析,总结出词的内部结构规律,这就是构词问题研究的范围和内容。研究构词问题就往往成了某些人科学研究范围内的事情,它的活动领域要比造词问题狭窄得多。当然这些研究成果会为人们所接受,因为它们不但使人们能够更清楚地认识词、分析词,同时也能为人们的造词活动提供可遵循的规律和科学的根据。随着科学知识的普及和人们文化水平的提高,这些科学成果将会越来越发挥出应有的作用。[1]

一、构词法

　　构词法指的是词的内部结构规律的情况。也就是词素组合的方式和方法。语言中的每一个词都是构词法研究的对象,对每一个词都可以从构词的角度作内部结构的分析。如"插秧机"一词,从构词的角度分析,它是一个偏正式的复合词,"插秧"是偏的部分,"机"是正的部分,"插秧"是限定说明"机"的。进一步分析,偏的部分"插秧"的内部结构又是一种动宾式,"插"是动的部分,"秧"是宾的部分。

　　汉语的构词法可以从以下几个方面进行分析。

　　(一)语音形式方面

　　(1)从音节的多少分析,可分为单音词和多音词。

　　由一个音节构成的词称为单音词。如:

　　天、地、人、手、树、鸟、车、船、红、绿、高、长、一、二、千、百,等等。

　　由两个或两个以上的音节构成的词称为多音词。其中两个音节的称双音词或复音词。如:

　　人民、哲学、宇宙、客观、生活、趣味、风景、建筑、鸳鸯、麒麟、凤凰、栩栩、炯炯、坦克、纽约、卡片,等等。

---

[1] 何伟. 现代汉语副词"就"字的功能视角研究[J]. 外语学刊,2016(5):78-84.

第三章　现代汉语中词的形成及其结构形式

三个音节和三个音节以上的多音词,如:

世界观、修辞学、交响乐、电视机、圆珠笔、霓虹灯、摩托车、布谷鸟、资本主义、南斯拉夫、奥林匹克、布尔什维克等。①

(2)从音节之间的结构关系分析,可分为重叠式和非重叠式。

词的语音形式是由音节重叠而成的叫作重叠式。一个词的每个音节都加以重叠的叫作全部重叠式。其中单音节重叠的,如:

弟弟、妹妹、星星、往往、哗哗、喋喋、侃侃、冉冉、巍巍、孜孜、翩翩、渐渐、耿耿、茫茫、悄悄、源源、草草、区区、娓娓、谆谆、迢迢等。

双音节分别重叠的,如:

花花绿绿、星星点点、战战兢兢、唯唯诺诺、婆婆妈妈、病病歪歪、密密麻麻、满满登登、兢兢业业、影影绰绰、浑浑噩噩等。

一个词中只有部分音节进行重叠的叫作部分重叠式,如:

绿油油、喘吁吁、雾蒙蒙、凉飕飕、冷丝丝、黑乎乎、活生生、泪汪汪、美滋滋、假惺惺、毛毛雨、哈哈镜、麻麻亮、红乎乎、滑溜溜,等等。

词的几个音节不相同的就是非重叠式的词。如:

论题、偶像、品质、人格、精神、希望、鼓动、爽快、充沛、辽阔、刊物、图书馆、打印机、天文台、日光灯、向日葵、拖拉机、吉普车,等等。

非重叠式的双音词中,有一部分词又有双声或叠韵的关系。

双音词的两个音节声母相同者称为双声。如:

伶俐、蜘蛛、参差、澎湃、坎坷、仿佛、玲珑、忐忑、蹊跷等。

双音词的两个音节韵相同者称为叠韵。如:

逍遥、混沌、嘟噜、朦胧、苗条、徘徊、霹雳、蹉跎、轱辘、葫芦、迷离等。

在我国传统语言学中,只有由一个词素构成的双音词,才分析其双声或叠韵的关系,对由两个词素构成的双音词,一般都不做双声或叠韵方面的分析。

(二)词素的数量方面

词是由词素构成的,从词素的数量方面分析,又有单纯词和合成词之分。

由一个词素构成的词称为单纯词。如:

笔、书、纸、画、看、热、琵琶、萝卜、糊涂、咖啡、夹克、意大利、喀秋沙、孟什维克、奥林匹克等。

由两个或两个以上的词素构成的词称为合成词。如:

---

① 罗文青.越南语双音节汉越词特点研究[M].广州:世界图书广东出版公司,2011.

木头、房子、老虎、阿姨、映衬、贯通、成因、欢迎、春分、槐树、文化宫、研究生、世界观、日光灯、红彤彤、亮晶晶等。

（三）词素的性质及组合方式方面

词由词素构成，由于词素的性质不同，或者词素之间的组合关系不同，就形成了各种不同的构词方式。由一个词素构成的单纯词，它的词素必然由词根词素充当，这类词当然没有组合关系问题。[①] 由两个或两个以上词素构成的合成词，情况就复杂得多。汉语中合成词的构词方式有以下几种。

1. 词根、词素和词缀词素相组合

这种合成词，通常都称作派生词。如：

前缀 + 词根：

老鹰、老虎、老师、阿姨、第一、第三、初五、初十。

词根 + 后缀：

帽子、房子、石头、锄头、猛然、忽然、泥巴、盐巴、合乎、似乎、敢于、属于、扭搭、姑娘家、孩子家、酸溜溜。

2. 词根、词素相组合

这种合成词，通常都称作复合词。这类词的几个词根都是根据句法的结构规则组合在一起的，可表现为以下几种方式。

（1）联合式：两个词素之间的关系是平等并列的。

同义联合的，如：

朋友、道路、根本、把握、将领、语言、泥土、声音、包裹、坟墓、离别、制造、行走、倒退、积累、打击、爱好、依靠、把持、斟酌、明亮、艰难、富裕、美丽、宽阔。

反义联合的，如：

来往、始终、天地、收发、出纳、是非、反正、伸缩、褒贬、贵贱、得失、长短、开关、深浅、高低、今昔、安危、反正、利害、买卖、上下、多寡、轻重、冷热、左右。

意义相关联合的，如：

豺狼、领袖、禽兽、江湖、眉目、岁月、皮毛、心血、山水、人物、窗户、干净、热闹、妻子、描写、琢磨、记载、保管、爱惜、安乐、清凉、柔软、简明、笨重。

（2）偏正式：两部分词素之间是修饰和被修饰的关系。如：

汉语、红旗、同学、特写、奇迹、飞机、公路、电车、开水、收条、导师、宋词、西医、防线、跑鞋、重视、沉思、狂欢、欢迎、长跑、热情、绝妙、美观、雪白、笔

---

① 李秀. 现代汉语语法专题述要 [M]. 北京：中国社会科学出版社，2012.

第三章 现代汉语中词的形成及其结构形式

直、生产力、人造丝、中山服、梅花鹿、木偶戏、计算机、纪念碑、羽毛画、玻璃窗、葡萄干、哈哈镜、毛毛雨。

（3）补充式：两个词素之间是补充被补充、注释被注释的关系。可分注释型和动补型两种形式。

①注释型有以下几种情况。

有用所属物类进行注释说明的，如：

松树、柳树、韭菜、芹菜、蝗虫、梅花、菊花、淮河、汾河、玉石、鲤鱼、鲫鱼、茅草、鹞鹰、糯米、月季花、水晶石、茅台酒、水仙花。

有用事物单位名称进行注释说明的，如：

船只、枪支、钢锭、书本、纸张、车辆、人口、房间、花朵、花束、马匹、布匹、米粒、钟点、银两、灯盏、田亩、事件、稿件、信件。

有用事物情状进行补充说明的，如：

白茫茫、静悄悄、凉飕飕、恶狠狠、笑嘻嘻、笑哈哈、喘吁吁、呆愣愣、雾蒙蒙、冷冰冰、泪汪汪、乐悠悠、灰蒙蒙、亮晶晶、直挺挺。

②动补型的，如：

提高、改进、离开、撕毁、降低、削弱、隔绝、揭露、放大、缩小、分清、说明、推动、改正、冲淡、促成、记住、打倒、保全、延长、推翻、推进、克服、说服、抓紧、遇见、改良、立正、革新、扩大。

（4）动宾式：两个词素之间是支配和被支配的关系。如：

知己、顶针、董事、司机、理事、描红、裹腿、围脖、护膝、迎春、隔壁、点心、立夏、管家、连襟、埋头、整风、动员、担心、负责、留意、出版、失踪、避难、剪彩、出气、接力、失眠、毕业、怀疑、冒险、抱歉、观光、吹牛、露骨、耐烦、得意、安心、吃力。

（5）主谓式：两个词素之间是陈述和被陈述的关系。如：

秋分、霜降、地震、山崩、海啸、日食、蝉蜕、口红、事变、心得、自觉、胆怯、面熟、眼红、性急、心寒、气馁、人为、风凉、发指、神往、锋利、声张、肉麻、手软、肩负、自动、目击、耳鸣、自杀、心绞痛、肾结石、肝硬化、脑溢血、肺结核、胃下垂。

（6）重叠式：两个词素之间是重合关系。汉语中的重叠形式的词比较多，复合词中的重叠式，其特点是由词根词素重叠而成，而且绝大部分的词，其意义都是与其组成成分的词根词素的意义有着一定联系。如：

妈妈、姑姑、星星、杠杠、点点、渐渐、悄悄、茫茫、婆婆妈妈、星星点点、满满登登、颤颤巍巍、战战兢兢。

二、造词构词分析

造词和构词、造词法和构词法既然都不相同,这就使人们有可能从更多的方面对词进行分析和研究。对任何一个词,我们都可以从造词和造词法的角度,去探讨和了解它的产生原因和途径,也能够从构词和构词法的角度,去探讨和了解词的存在形式及其内部结构规律。

表 3-1 就从这两个方面对某些词作一分析。

表 3-1 造词法、构词法分析

例词	造词法	构词法
人	音义任意结合法	单音词,单纯词
扣（kour）	音变法	单音词,单纯词
沙沙	摹声法	双音词,单纯词,重叠词
参差	音义任意结合法	双音词,单纯词,双声词
腼腆	音义任意结合法	双音词,单纯词,叠韵词
劲头	说明法	双音词,合成词,词根加后级的派生词
石头	双音法	双音词,合成词,词根加后级的派生词
摇篮	说明法	双音词,合成词,偏正式的复合词
龙眼	比拟法	双音词,合成词,偏正式的复合词
三好	简缩法	双音词,合成词,偏正式的复合词
扫盲	简缩法	双音词,合成词,动宾式的复合词
失望	说明法	双音词,合成词,动宾式的复合词
神往	说明法	双音词,合成词,主谓式的复合词
建筑	双音法	双音词,合成词,同义联合式的复合词
成败	引申法	双音词,合成词,反义联合式的复合词
骨肉	引申法	双音词,合成词,意义相关联合式的复合词
柳树	说明法	双音词,合成词,注释说明式的复合词
改正	说明法	双音词,合成词,动补式的复合词
眼睁睁	说明法	多音词,合成词,部分重叠式,补充说明式的复合词

在汉语实践中,词的造词和构词分析要比以上例词复杂得多。造词法的结合运用情况,如"万年青"一词是说明"一种植物是常青的"情况,可认

第三章　现代汉语中词的形成及其结构形式

为是说明法,但用"万年"来说明"常青的情况",又有比喻的性质,所以应该认为人们造"万年青"一词时,是运用了"说明"和"比拟"相结合的造词方法。又如"乒乓球"一词是表示某一种球,它是用"乒乓"说明"球"的,应属于说明法造词。但是它的说明部分"乒乓"又是摹声而来,因此,"乒乓球"一词也是用"说明"和"摹声"相结合的方法造成的。

构词法的结合运用情况,如"脑溢血"一词,它是由三个词素构成的,"脑"与"溢血"是主谓关系,"溢"与"血"又是动宾关系,事实上,"脑溢血"一词也是同时具有主谓和动宾两种结构方式,只是按照汉语语法分析的习惯,它首先应以主谓为主要方式罢了。①

此外,从词的结构层次方面进行分析,也能够发现一个词可以具有几种不同的造词法和构词法。如"三好生"一词,从造词方面看,第一层"三好"和"生"的组合是说明法,第二层"三"和"好"的组合却是简缩法。从构词方面看,第一层"三好"和"生"的组合结构是偏正式,第二层"三"和"好"的组合结构也是偏正式。又如"朝阳花"一词,从造词方面看,第一层"朝阳"和"花"的组合是说明法,第二层"朝"和"阳"的组合也是说明法。从构词方面看,第一层"朝阳"和"花"的组合结构是偏正式,第二层"朝"和"阳"的组合结构却是动宾式。由此可见,对词进行造词构词分析也是一个非常细致的问题。

(一)同位关系

同位关系是指两个不相同但却相关的概念,它们都是属于同一个类概念之下的种概念,两者处于同等位置的关系之中。汉语中凡是在这种概念的同位关系基础上造成的词,反映在构词上,就是联合式中意义相关联合式的词。例如:

豺狼、笔墨、学习、钢铁、书报、粮草。

上例中的"豺狼"是由"豺"和"狼"组成的,"豺"和"狼"表示的是两个不相同的概念,但对于"猛兽"这一类概念来说,它们却是两个处于同等位置的种概念,所以"豺"和"狼"是同位关系。人们思维规律中概念之间的同位关系,就是这类词语素组合的逻辑基础。

在同位关系的基础上组成的新词,一般来说,它的意义往往是在两个语素意义的基础上相互补充、融合深化而成,但情况又不完全相同。有一部分新词的意义,是和两个同位种概念所共同隶属的类概念意义相当或相

---

① 李媛媛. 从认知语言学的范畴观看汉语词汇的教与学[J]. 大众文艺(理论),2009(14): 144.

关。如"书报"的意义指"图书报刊",和"书""报"隶属的类概念"供学习阅读的东西"意义也是相关的。还有一部分新词,它的意义则要受到语言内部或社会使用方面的某些制约,在融合深化的过程中,得到新的发展。如"笔墨"的意义就已经不是指"书写的工具",而是引申为指称书写出来的东西——"文字或文章"了。

（二）同一关系

同一关系是指两个概念的外延相符合,或者大部分是相符合的。汉语中凡是在概念的同一关系基础上造成的词,反映在构词上就是同义联合式的词。例如：

购买、增加、积累、道路、帮助、丢失、制造、依靠、寒冷。

这类词的两个语素所表示的概念,它们的外延都是基本符合的,概念的同一关系就是这类词的语素得以组合的逻辑基础。

建立在概念的同一关系上组成的新词,一般来说,它的意义都是由语素的意义相互补充融合而成。新词的意义和各语素的意义是一致的,它们之间是一种同义的关系。

（三）对立关系

对立关系是指概念的矛盾关系和反对关系来说的。矛盾关系是指包含在同一个类概念的外延之内的两个概念,它们的外延互相排斥。而它们的外延相加就等于所属类概念的外延。如"生死"中的"生"和"死",它们的外延是互相排斥的,但两者却都包含在"生存和死亡"的类概念外延之内。反对关系是指包含在同一个类概念的外延之内的两个概念,它们在外延上也是互相排斥的,但是它们的外延相加要小于所属的类概念外延。如"甘苦"中的"甘"和"苦","甘"和"苦"在外延上互相排斥,但却都属于"味"这一类概念的外延之内,然而,"甘"和"苦"的外延相加却要小于"味"的外延。无论是矛盾概念还是反对概念,由于它们在外延上是互相排斥的,所以它们在内涵上都是对立的,都处在相互对立的关系之中。汉语中凡是在这种对立关系基础上造成的词,反映在构词上,就是联合式中反义联合式的词。例如：

长短、多少、呼吸、开关、来往、深浅。

这类词的语素都是表示了一对互相对立的概念。

在对立关系的基础上组成的新词,词义的情况比较复杂。有一部分词,它的词义就反映了语素表示的两个概念所共同从属的类概念。如"呼吸"就是"呼"和"吸"共同从属的类概念。也有一部分词,它的词义并没有表

第三章　现代汉语中词的形成及其结构形式

示类概念,而是表示了与语素所表示的概念有关的事物。如"开关"的意义就是这样,它只是表示了与"开""关"的动作有关的用来进行开关的事物名称罢了。还有一部分词,它的词义除了可以表示类概念外,同时还可在此基础上得到新的发展,进一步表示某种事物或情况。如"长短",它除可以表示类概念"长度"以外,还可以表示"意外的事故"和"是非"等。

（四）从属关系

从属关系是指外延较小的种概念,可以包含在外延较大的类概念之内,种概念从属于类概念,两者是从属关系。汉语中凡是在这种概念关系的基础上造成的词,反映在构词上,就是补充式中用物类注释说明的一类词。例如：

茅草、鲤鱼、柳树、芹菜、蝗虫、梅花。

这类词的两个语素所表示的概念就是种概念和类概念的从属关系。如"梅"原来就是一种花的名称,"梅"是"花"的种概念,"花"是"梅"的类概念,所以"梅"和"花"是从属的关系。通过从属关系组成的新词,它的意义都是和表示种概念语素的意义一致的。从构词的角度看,表示类概念的语素,对表示种概念的语素,在意义上起了注释和补充说明的作用。

（五）支配关系

支配关系是指前一个概念表示一种行为,后一个概念则表示这种行为所涉及的事物和情况,前者对后者有支配的作用。汉语词汇中有许多词就是在支配关系基础上造成的。例如：

起草、埋头、庆功、担心、动员、分红。

以上例词都是在概念之间支配关系的基础上组成的,反映在构词上就是动宾式的词。动宾式的词语素所表示的概念之间,都表现为一种行为和行为所涉及的事物的关系。

在支配关系的基础上形成的新词,其意义都是由两个语素的意义融合和进一步引申而成,其中,充当谓词性的语素往往起着更重要的作用。此外,汉语词汇中动补式的词,例如：

削弱、提高、改进、击破、降低、放大。

这类词语素组合的逻辑基础,也是概念之间的支配关系。当然,动补式的词和动宾式的词有所不同。动补式的词,它的两个语素所表示的概念之间,往往表示了一种行为和这种行为所造成的情况的关系。如"提高"是由于"提"的动作行为而造成"高"起来的情况。所以在动补式中,虽然谓词性的语素所涉及的不是它所支配的事物,但是它却涉及由它而造成的情况,没有前一种动作,就不可能产生后一种情况,从这一意义上说,后面的情况仍然是受着前面动作的支配和影响。因此,动补式的词语组合的逻辑基础,仍然是概念之间的支配关系。新词的意义也都是由两个语素的意义融合和引申而成,充当谓词性的语素,也同样起着更重要的作用。

（六）重合关系

重合关系是指一个概念重复出现之后形成的前后概念的重复关系。重合关系反映在构词上就是重叠式的词。不过在构词中,词根语素重叠后形成的新词,在意义上与词根语素的意义相比,有的意义完全相同,有的也有所融合和发展。由此可知,汉语的造词和构词与逻辑是有密切联系的,虽然一些有逻辑关系的成分不一定都能组合成词,也有一些词是根据语言本身的性质特点产生出来的,但是,凡是反映在构词上是属于句法关系的构成方式的词,它们的语素组合,却都是建立在一定的逻辑基础上。人们造词时的认识和思维规律,就是语素得以组合的根据,这些组合的方式,不但体现了语素之间的各种逻辑关系,而且也给予了这些组合以可解释性。了解了造词构词的逻辑基础,对认识和分析词的构成问题是有实际意义的。如"鲫鱼"和"带鱼"两个词,从意义上看都是鱼,但是由于它们各自的语素之间逻辑关系是不一样的,所以两者的构词方式是不同的。"鲫鱼"中的"鲫"本身就是一种鱼,"鲫"和"鱼"是种概念和类概念的关系,它的造词构词逻辑基础是概念之间的从属关系,所以在这里,"鱼"对"鲫"只起着补充和注释的作用。"带鱼"的情况却完全不同,"带"单独存在时并不表示"鱼"的意思,只有和"鱼"相组合形成"带鱼"时,才表示了一种鱼的名称。所以"带"和"鱼"的关系是根据概念间的限定关系相组合的,因此,反映在构词方式上,"带鱼"则属于偏正式结构。结合逻辑关系对词进行分析,对词的构成方式就容易了解了。当然,承认语素组合的可解释性,并不等于说这样构成的新词意义,都是语素表示的概念及其逻辑关系的简单反映。从以上分析中也可以看到,新词的意义完全可以在原有语素意义的基础上,通过引申比喻,或者根据客观事物发展的条件,以及社会运用中约定俗成的各种情况,使词义获得新的更进一步的发展。所以一个合成词的词义,是不应只从语素的意义和关系方面作简单理解的。但是尽管如此,我们也必须看到,人们最初造某个词时,从当时的认识和思维情况看,语素的组合是有逻辑规律可循的,而这种规律又必然要反映到构词方式中来,这就形成了造词构词的逻辑基础。在造词构词分析中,这种逻辑基础是决不能够忽视的。

第三章 现代汉语中词的形成及其结构形式

(七)限定关系

限定关系是指甲乙两个概念,其中甲概念是主要的,乙概念对甲概念起着限定说明的作用,从而使被限定说明的甲概念,在增加了内涵的情况下,从一个外延较大的概念,过渡成为一个外延较小的概念。所以通过限定关系形成的组合体,就会使外延较宽的类概念,形成外延较窄的种概念。从词的情况看,凡在限定的关系上组成的新词,它所表示的概念,都是它的主要语素所表示的概念的种概念。汉语中凡是在概念的限定关系基础上造成的词,反映在构词上就是偏正式的词。例如:

飞机、胶鞋、公路、红旗、电扇、台灯。

在限定关系的基础上组成的词,汉语词汇中是大量存在的。人们可以从不同的角度,对各种不同的事物进行限定,从而把两个表示不同意义的语素,组合在一起形成新词。当然,语言和逻辑是不同的,所以,语言中的词形成以后,有一部分词的意义,在社会运用和约定俗成中,往往又出现了新的变化和发展。如"红旗""白旗"等成词以后,它们的意义就不再单纯地表示"红的旗"和"白的旗"了,而是意义更加抽象化,具有了"象征革命"和"表示投降"等更加丰富深刻的新内容。

汉语的偏正式构词中还有一部分词,它的语素组合虽然也是建立在概念的限定关系基础上,但是和前面所谈的情况却不完全相同。如"雪白"等。这类词的两个语素所表示的概念之间,往往存在着一种比喻式的限定关系,表示喻体的概念对表示被喻体的概念加以限定,这样产生的新词所表示的概念,比原语素中表示的被限定概念,在意义上起了进一步加强的作用,但两者却未形成种概念和类概念的关系。

除偏正式构词外,在概念的限定关系基础上进行造词的,还有补充式中用事物单位名称注释说明的一类词。例如:

纸张、布匹、房间、船只、车辆、花朵。

这类词的语素也是表示了两个不同的概念,其中后一个表示事物单位的概念,对前一个表示事物的概念加以限定,并对被限定的概念起着注释补充的作用。这样形成的词,其意义往往都是表示着被限定事物的集体概念的意义。

(八)判断关系

判断关系是指两个概念连在一起,可以构成一个判断,前一个概念可以充当判断的主项,后一个概念可以充当判断的谓项。汉语中以判断关系为基础造成的词,反映在构词上,就是主谓式的词。例如:

国营、性急、自觉、年轻、胆怯、眼馋。

从逻辑方面分析,这类词的前后两个语素所表示的概念,完全能够充当判断中的主项和谓项,并因此而构成了一个判断。如"性急"说明了"性子是急的"就是一个判断。

第四章 现代汉语中的词义概说

词义具有社会性。在一种语言里,词的意义是使用这种语言的人共同赋予并共同理解的。如我们说"骏马在飞奔",大家都知道句中的"骏马"一词是指"跑得很快的马""好马";又如"为实现四个现代化攻克科学堡垒"中的"堡垒"一词,原义是"在冲要地点作防守用的坚固建筑物",可是在本句中是用来比喻科学上难于攻破的事物,这个比喻义也是大家都明白的。词义具有的这种社会性使人们交流思想成为可能,也只有正确地理解词义,才能很好地交流思想。

第一节 词义的内涵

一、词义的含义

每个词所表示的一定意义,这就是词义。

词义,一般地说就是词的内容、含义。词义包括多方面的因素,即词汇意义、语法意义和色彩意义。其中词汇意义以概念为基础,与词所反映的事物、现象、关系等密切联系着;语法意义是更高一层的概括意义,与词的语法类型、功能紧密联系;色彩意义则是一种跟词所反映的民族文化、历史、风俗、感情、着眼点等有关的特殊色彩意义。

词义是明确的,同时又是模糊的。如"高",与"矮"相反,是明确的,但具体到说某一物或人,就具有一定的模糊性,一米几以上的人为高?多少米的山为高?谁也答不上。

当然,不是所有的词都同时具备这两重性,也不是在任何语言环境中词义都准确或者都模糊。如"中华人民共和国"以及"一九八一年"等总是明确无误的,而"上午"之类的时间名词,"大""红""快"之类的形容词,"桌""杯""点"之类的量词则总是有点模糊性。词义的两重性给词语的运用带来方便,如"高个子"这个词,我们可以随意称呼身高较一般人为高的人,而不必具体确切地得知人们的身高后再去"一米八二的人""一米九五的人"那样称呼了。词义的这种性质,还给形容、双关等多种修辞方式提供了机会。例如,"冷"的一项意义是"温度低",而对"冷"的具体温度没有一个明确的界定,还可以用来形容一种态度,表示冷淡。

二、词义的性质

语言中的词是表示客观存在的事物或现象的。它是声音和意义结合起来的能够独立地自由运用的最小语言单位。词的声音是词的形式,它代表一定的意义;词的意义是词的内容,它反映一定的事物或现象。例如,"手"这个词,它的声音是 shǒu,这个声音代表"人使用工具的肢体"的意义,这个意义反映一种客观存在的事物。"宣传"这个词,它的声音是 xuānchuán,这个声音代表"说明讲解,使大家行动起来"的意义,这个意义反映一种客观存在的现象。

事物或现象都是客观存在。客观存在的事物或现象,包括根据现实中的事物或现象想象出来的东西,是构成词义的决定因素。没有客观存在的事物或现象,也就不可能有词义。

为了进一步说明词义的性质,下边分三个方面加以阐述。

(一)词义的概括性

词义是人们认识了的事物、现象及其关系的反映。这种反映是抽象的,即概括的概念式反映。如"人",它的词义就概括了人的一切属性(如有思维,能说话,直立行走,能制造和使用工具等),也包括古今中外一切活人和死人。

概括,就是把客观存在的事物或现象的共同特点归结在一起。词义所

第四章 现代汉语中的词义概说

反映的任何一种客观事物或现象都是进行了概括的。在概括的过程中,既抓住了共同特点,又舍掉了许多个别的具体东西。例如,"书"这个词,它的声音是 shū,它的意义是"成本的著作"。"成本的著作"是各式各样的书的共同特点。它舍掉了线装、平装、精装的区别,摩本、薄本的区别,中文、外文的区别……只剩下区别于其他事物的特点。

"旗子"这个词,它的声音是 qízi。它的意义是"用布、纸或其他材料做成的标识(zhì),多半是长方形或方形"。这个意义是从"红旗""国旗""彩旗"等概括出来的。它并不是指哪个具体的旗子。

"发表"这个词,它的声音是 fābiǎo,它的意义是"用文字或语言表达自己的意见",这个意义是从各种表达自己意见的具体活动中概括出来的共同特点。

"分析"这个词,它的声音是 fēnxī,它的意义是"把事物、现象、概念等划分成简单的部分,找出它的本质、全性或因素"。这个意义是从"化学分析""分析问题""把这件事分析一下"等活动现象概括出来的共同特点。

可以看出,词义所反映的,都是概括出来的同一类事物或现象的共同特点。它可以把这一类事物或现象同其他事物或现象区别开来。例如,发明:创造出以前没有的事物;发现:找出原先就存在而大家不知道的事物或道理。

"发明"的词义和"发现"的词义都是从人们的活动现象中概括出来的。它们都概括地反映出一类现象的共同特点。这就把客观存在的两类不同现象区别开了。

语言中的词是表示客观存在的事物或现象的。现在我们也可以这样说:一个词所表示的是具有某种共同特点的同一类事物或现象。例如:

人:能制造工具并能使用工具进行劳动的动物,它概括了一切人,不管大人、小孩、男人、女人、中国人、外国人、教员、学生等,都包括在内。

工人:从事工业劳动、机械化的农业劳动和其他一些非农业性质的体力劳动的人,它概括了一切工人,不管矿工、石工、车工、钳工,等等,都包括在内。

技工:有专门技术的工人,它概括了一切有专门技术的工人。

车工:使用车床的技术工人,它概括了一切使用车床的技术工人。

有些词所表示的客观存在看来不是一类的,而是只有一个,如"地球""太阳""泰山""长江""北京",它们的词义也是概括的,但是仅特指某一个事物。

(二)词义的社会性

语言是人类最重要的交际工具。任何语言都是为了交际的需要而创造的,并且是在全社会成员的交际中逐步发展起来的。人们运用语言交流思想,进行交际,组织社会生产和社会斗争。所以,语言既不是自然现象,也不是个人现象,而是一种社会现象。语言的社会性是显而易见的。

同样,语言中的词的词义也是使用同一种语言的社会成员共同确定下来的。它不是由个别的人任意规定的。因此,词义才能成为社会成员所共同理解的。

本来词的声音和词的意义之间没有必然联系,名称和事物之间也没有必然的联系。比如"江"的意义,现代汉语用 jiāng 的声音表示,"山"的意义,现代汉语用 shān 的声音表示。但是,英语、俄语却用了另外两组声音。可见声音和意义,名称和事物,它们之间的联系,都不是必然的。声音和意义结合在一起,成为说汉语的人共同使用的词,这个词表达了共同了解的词义,这就是所谓"约定俗成"。

约定:事物的名称本没有一定,而是由人民群众在实践中逐渐共同定下来的。

俗成:约定以后,社会上沿用成了习惯,名称就普遍流行起来。

词义既然是社会成员在使用中共同确定下来的,它就具有社会性。就是说,使用同一种语言的人所使用的词,它的词义就应该是大家共同了解的。这就给我们提出了一个学习词汇、正确理解词义的任务。如果我们不能正确理解词义,就不能正确理解别人的意思,也不能准确地表达思想。[1]例如:道路口,要慢行;繁荣区,要小心。这是写在汽车司机座位对面的一张条子上的话。这句话里的"繁荣"用得不对。"繁荣区"应该是"繁华区"。"繁荣"的意思是"蓬勃发展",是"昌盛",指的是经济或事业等各方面的状况,如说"经济繁荣""市面繁荣"。"繁华"的意思是"街市兴盛活跃的景象","繁华区"说的是兴盛热闹的市区。该用"繁华"却用了"繁荣",表明使用这个词的人没有理解"繁荣"和"繁华"这两个词的词义。

(三)词义的发展性

语言的词汇几乎处在经常变动之中。词汇的变动表现在两方面:一方面表现为新词的产生和旧词的退隐,另一方面表现为词义的发展变化。

---

[1] 嘉征. 词义解释浅谈 [J]. 江西教育, 1983 (3): 37–40.

第四章 现代汉语中的词义概说

词义的发展变化表现的形式是多种多样的。

有的是词的意义所反映的对象比以前扩大了。例如：

"江"原来只是长江的名称，后来泛指一切江水。

"河"原来只是黄河的名称，后来泛指一切河流。

"嘴"原来只指鸟嘴，后来泛指一切动物的嘴以及形状或作用像嘴的东西。

"琴"原是我国一种古乐器的名称，后来泛指一切以弦为主的乐器以及弹奏、打击或吹奏乐器。[①]

有的是词的意义所反映的对象比以前缩小了。例如："瓦"古代指一切瓦器，现在只有房顶上盖的才是"瓦"。"汤"古代泛指热水，这个意义保存在"赴汤蹈火"这个成语和"汤泉""汤池"这些词里。现在一般都指喝的汤。

有的是词义所反映的对象发生了转移。例如：

"走"古代是跑的意思，现在是"步行"。

"闻"本来是耳朵听到的意思。这个意义保存在"见闻""闻名"这些词里。现在用鼻子辨气味也叫"闻"。

词义的发展变化，也表现在一个词的义项增减方面。增加是主流。例如：

"形势"本来只有"地势"这个意义，如"形势险要"。现在有了"事物发展的状况"的意义，如"国际形势"。这是义项的增加。

"怜"古代有两项意义：一个是"怜悯"，一个是"爱怜"。现在只用"怜悯、怜惜"这个意义。这是义项的减少。

"爱"古代有两项意义：一个是现在所说的"爱"，一个是"舍不得"。"甚爱"就是"过分舍不得"。现在只用第一个意义。这也是义项的减少。

由于词义的发展变化，一个词的古代意义同现代常用的意义，区别往往很大。例如：①孟子去齐。（《孟子·公孙丑下》）；②贵宾们去上海、广州访问。

例①里的"去"是"离开"的意思。"孟子去齐"，就是说，"孟子离开齐国"。例②里的"去"是"往、到"的意思，说得详细点，就是"离开所在地方到别处，由自己一方到另一方，跟'来'相反"。现代汉语里已经不单独用"去"表示"离开"的意义，只有在"去世"这样的合成词里表示"离世"的意思。

在古代汉语里，单音词特别多，一个单音词常常用一个字表示。了解一个字的古代意义，往往可以帮助我们更准确地掌握一系列现代汉语的合成词的含义。我们懂得了"走"在古代是"跑"的意思，对"走狗""走卒"和

---

① 李媛媛. 从认知语言学的范畴观看汉语词汇的教与学 [J]. 大众文艺（理论），2009（14）：144.

"走马观花"的意义就可以了解得更具体形象一些;懂得了"徒"在古代还有"空、无所凭借"的意思,就可以比较准确地掌握"徒手""徒步"和"徒然"这些词的含义;懂得了"健"在古代还有"善于"的意思,也就可以比较透彻地理解"健步""健谈""健忘"这些词的含义了。例如:

健步:善于走路。如"健步如飞"。

健谈:善于说话,经久不倦。

健忘:容易忘,记忆力不强。

三、词义的内容

(一)概念义

概念义是词义构成的基础。它是一个词的核心意义,是人类对客观事物的性质、特征等的基本界定。通常情况下,词典对词给出的解释大多是概念义。例如:

爱国:热爱自己的国家。

查阅:查找阅读。

矮小:又矮又小。

桌子:上有平面,下有支柱,面上用以放东西或供做事情用的事物,一般作为家具。

安静:没有声音,没有吵闹和喧哗;安稳平静。

(二)附属义

附属义是指人们附加在词语上的意义,包括感情色彩和语体色彩。

1. 感情色彩

感情是人们对客观对象的主观态度、感受或评价。词在指称客观事物或现象时所表达的人们对该事物或现象的爱憎褒贬等感情,就是该词的感情色彩。概括来说,词的感情色彩可以分为褒义、贬义和中性三种类型。

(1)褒义色彩

褒义是指词语身上带有赞许、喜爱等表示肯定的主观色彩。例如:

美丽　　大方　　温柔

正直　　才干　　自信

勇敢　　干净　　诚实

(2)贬义色彩

凡是表达了批评、厌恶、轻视等感情的词,其感情色彩就是贬义的,是贬

第四章　现代汉语中的词义概说

义词。例如：

小气　　愚蠢　　自负
庸俗　　丑陋　　虚伪
无耻　　卑鄙　　欺骗

（3）中性色彩

中性词指的是没有明显感情倾向的词语，既可以用在赞美、喜爱等场合，也可以用在批评、厌恶等场合。中性词在汉语中占大多数。例如：

明白　　了解　　兴趣
下雪　　洗脸　　小孩
上网　　邮件　　钱包

2. 语体色彩

词语的语体色彩就是指这个词是惯常使用于书面语体还是口头语体中。常用于书面语的词具有书面语体色彩，常用于口语中的词具有口头语体色彩。

（1）书面语体色彩

书面语体色彩词庄重典雅，用于较为正式的场合。例如：

给予　　磋商　　文案
弊端　　沐浴　　来宾
孤高　　耿直　　亵渎

（2）口头语体色彩

口语语体色彩词一般通俗好懂，常用于日常交际。例如：

乡下　　脑袋　　估摸
拉扯　　劲头　　开心
日头　　辣子　　馍馍

（三）联想义

词的联想义是指通过联想而产生的词的新意义。简单来说，就是词除了本身带有的意思之外，还会让人们联想到一些别的意思，这些意义总是和词语的概念意义联系在一起，但是又不属于词本身的意义。联想义常出现于某种语境中，它属于隐含的意义。例如：人们一提到"天安门"，就自然而然地会联想到中国的首都北京。但是"北京"并不属于"天安门"的词义范围内，所以这些都属于词的联想义。

联想义是以经验为依据的。它因不同的文化而存在着差异，义项也较多变化，所以属于开放系统。例如："妇女"这个词，可以让人联想到"养儿育女""温柔体贴"等。在一种文化下，"妇女"的联想义可以是"脆弱的""需要庇护的";而在另一种文化下,"妇女"的联想义也可以是"干练的"等。

世界上其他民族的语言同样存在着联想义。例如英语中的起重机"crane"原义是鹤,这完全是取两者之间的形似而给予命名的。命名的始因是联想,手法是比喻。有些词看来只是有比喻义而无本义,其实它们是由联想专为比喻而创造出来的。例如:"黑心"字面义为"黑色的心脏",实际上是用来比喻"人心的阴险狠毒"。

（四）社会义

词的社会义是指由于社会环境、时代背景、思想、职业、语言或方言等的不同而产生的意义。例如:在中国处于封建社会阶段的时期,"女性"的联想义之一是"柔弱",它的社会义之一是"地位低下,是男性的附庸"。通常情况下,词的社会义和联想义是相互交织在一起的。

四、怎样解说词义

了解一个词的意义,不能只是心知其意,还要善于解说。怎样解说词义呢?

（一）概括要准确

解说词义有一个传统的方法,就是"字不离词,词不离句"。这种方法的好处是不脱离语言运用的实际,不脱离上下文。因为学习一篇文章,或者讲解一篇文章,是要把文章的内容弄懂,着重领会它的精神实质。搞清楚文章中一些词的词义,目的也是为了理解全篇的内容。解说词义,当然不能脱离这样的目的。但是,这样解说词义,也要注意防止把词义解说得支离破碎或者概括不准确的倾向。

"字不离词",是解说合成词的词义的方法。"字"指构成合成词的词素,分析词素,对理解合成词有时候很有帮助。例如:

"错"单独作为一个词来用,是"不正确,不对,与实际不符"的意思。"错"和"误"同义,构成"错误"这个词。但是,充当合成词词素的"错",还有一个"交叉着"的意思,如"交错""错综""错杂""错落"里的"错"。结合着"交错"等合成词解说"错"的"交叉着"的意义,既可讲明"错"这个字的意义,又可讲明用"错"构成的合成词的词义。

"举"单独作为一个词来用,是"向上抬,向上托"的意思,还有"选出"和"推选"的意思。但是,充当合成词词素的"举"还有一个"全"的意思,如"举国欢腾"里的"举国",是"全国"的意思;"举世闻名"里的"举世",是

第四章 现代汉语中的词义概说

"全世"的意思。结合着"举国"等合成词,解说"举"是"全"的意义,既可讲明"举"这个字的意义,又可讲明用"举"构成的合成词的词义。

"洞"单独作为一个词来用,是"物体中间空着的部分"的意思,是"窟窿"的意思。但是,充当合成词词素的"洞"还有一个"透彻、清楚"的意思。如"洞察一切"里的"洞察",是"观察得很清楚"的意思;"洞悉其中利益"里的"洞悉",是"知道得很清楚"的意思。成语"洞若观火",是"形容看得很明白"。

"信"有"信任""崇奉"和"书信"等意义,都是常用的。但是,充当合成词词素的"信"还有一个"随意"的意思。如"闲庭信步"里的"信步",意思是"随意散步";"信手拈来"里的"信手",意思是"随手(拿来)"。

分析词素不能望文生义,解说要合乎科学。不注意准确地概括,单就字面进行解说,就会发生错误。如曾有人把"一个高尚的人"里的"高尚"解为"崇高而不俗凡",把"一个有道德的人"里的"道德"解为"道是道理,德是品德,有道德的人就是讲道理有品德的人",这样的解说都不合乎科学,都不能反映客观实际和事物本质。应该说,"高尚"是"达到高度道德水平的或有高贵品质的"。"道德"是"人们共同生活及其行为的准则和规范,是社会意识形态之一。在阶级社会里,道德具有鲜明的阶级性"。"有道德"指具有无产阶级道德,那就是一心为革命,一切为革命,毫无自私自利之心,为解放全人类,实现共产主义而奋斗。还曾有人硬搬某些词典上的错误解释,把"减色"解为"减少成色",把"和解"解为"和平解决"。应该说,"减色"是"指事物的精彩成分降低","和解"是"结束对抗或争执,改善关系"。

"词不离句",是结合上下文解说词义的方法。一个词只有在具体的上下文里才有明确的意义。离开上下文,就很难解说它的准确含义。

当然,结合上下文、不脱离句子解说词义,也要防止另一种偏向:把词义局限于某一具体的句子上,片面理解词义。比如"国际主义"这个词,本来是"各国无产阶级、劳动人民在民族解放、消灭资本主义制度的斗争中互相支持紧密团结在一起的思想"的意思,但由于这个词出现在"罗盛教烈士的国际主义精神与朝鲜人民共存"这句话中,联想到罗盛教是出国去抗美援朝的战士,就曾有人想当然地把"国际主义"的意义解为"出国去援助别人"。这就是片面地理解词义。

所以,必须注意词义概括的准确性。再比如"净"这个词,在"净重十公斤"里,可以解作"纯粹的";在"净剩下棉花了"里,可以解作"单只、仅只",在"地上净是水"里,可以解作"全"。其实,这看起来在具体的句子里意义有些区别的"净",概括起来只是"单纯,没有别的"这个意义。

（二）表达要明确

词义的解说，可以有详有略。不论怎样解说，表达都应该明确。比方"思维"和"思想"两个词，《新华字典》是这样解说的：

思维，在表象、概念的基础上进行分析、综合、判断、推理等认识活动的过程。

思想，即理的认识。(1)正确的思想来自社会实践，是经过实践到认识，由认识到实践多次的反复而形成的。(2)某一阶级或某一政党所持的一定的观点、概念、观念的体系，例如思想改造、工人阶级的思想。(3)思考。(4)想法、念头。

一般解说，又可以说得简单点。简单地说，思维就是动脑筋，进行思考，思想是动脑筋产生的结果。

也可以举例说明它们的某一方面特点。思维是人脑活动的能力，它是没有阶级性的，我们不能说"资产阶级的思维"和"无产阶级的思维"。思想是思维活动的结果。比如经过思考，我们说，"帝国主义和一切反动派都是纸老虎"，这就是思想。任何思想都是客观存在的反映，所以在阶级社会中思想总是具有阶级性的。

这两个词，在哲学词典里，一般要用很大的篇幅来解说，那就更详尽了。

我们解说词义，应该根据需要，力求简明扼要，避免烦琐。过去有人解说一个词的词义，不是扣紧上下文的文意，而是不必要地列举词的出处，甚至追溯到字源，或者不分主次地把一个词的几个意义都罗列出来，这就太烦琐了。如曾有人讲"宪法"这个词，他不说明"宪法是国家的根本法，反映一个国家中阶级力量的对比，确定符合统治阶级利益的社会、经济制度，国家机关活动的原则，公民的权利义务等"这样的重要内容，而是旁征博引，孤立地讲解"宪"字的字义，这就变成了牵强附会。

五、词的比喻义

有的词还有一种通过比喻而产生出来的引申义，就是词的"比喻义"。比喻义跟一般的引申义不同之处，在于它不是直接从词的基本义转化而来的，而是通过基本义的借喻而形成的。如"壁"的基本义是"墙"，我们说"壁画"，是说画在墙上的画；我们说"解放军是保卫祖国的铜墙铁壁"，"壁"比喻"强大的保障"；我们说"旧社会穷苦知识分子为找工作到处碰壁"，"壁"比喻"人为的障碍"。又如"包袱"和"机器"原指物体和装置，"放下包袱，开动机器"这句话里的"包袱"比喻精神上的负担，"机器"比喻思想。

第四章　现代汉语中的词义概说

　　我们应该注意的是：词的比喻义与词在修辞上的比喻用法是不同的，应该明确地加以区别。比喻义是词的一种已经固定下来的意义，人们已经不觉得它是一种比喻了。而修辞学上的比喻却是不确定的，只有在特定的语言环境中才加以应用。如："少年儿童是祖国的花朵"中的"花朵"，并未转化出固定的"少年儿童"的新义，而属于修辞学上的比喻。

　　那么，词的比喻义与修辞学上的比喻义存在什么联系呢？联系还是有的，从语言发展的历史看来，比喻义是由比喻用法发展而来的，但后来比喻义成了词的一种固定意义，它们中间就有了差别，不能混淆。

　　词的引申义和比喻义都是转义。因为一个词既可以有它本来的意义，又可以有多种的引申义（包括比喻义），所以一个词可以有好几个互相关联的意义，而且在语言的发展过程中，词的转义会不断增多。如果一个词的几个意义没有关联或原来虽有关联，但因为时间久远无从理解，就应该作同音词对待。例如，汉语的"皮毛"本来指"带毛的兽皮"，由于带毛的兽皮"和"表面的知识"在"表面的，不深入的"这个特征上是相近的，因此人们就用同一个词去指称这两个对象，从而使"皮毛"衍生出"表面的知识"这个新的意义。

第二节　单义词和多义词

　　每个词都具有一定的意义，有的词只具有一个意义，有的词具有两个或两个以上的意义。我们根据一个词所包含的意义多少不同，把词分为单义词和多义词两种。只具有一个意义的词叫单义词，具有多种意义的词叫多义词。

一、单义词

　　单义词无论用在什么地方都只表示一个意义。单义词一般有以下三种。

（一）科学术语

　　术语，是某门科学中的专门用语，要求意义明确、固定。因此，科学术语一般都是单义词。如：数学中的"直角、锐角、钝角、圆柱、圆周、圆锥、正弦、余弦、直弦、正切、余切"等；物理学中的"原子、电子、质子、中子、电场、磁场、导体、半导体、绝缘体"等；医学中的"理疗、电疗、磁疗、血压、舒张压、收缩压、泌尿科、神经科、五官科、皮肤科、放射科"等；文学上的"小说、诗歌、戏剧"等；哲学上的"人生观、唯物论、唯心论、唯物辩证法"等。

（二）专有名称

人名、地名等专有名称也是单义词。如："北京、上海、广州、武汉、杭州、长沙、株洲、韶山；长江、黄河、珠江、湘江、资江；李白、杜甫、白居易、鲁迅、郭沫若、茅盾"等。

（三）常见事物名称

常见事物名称也是单义词。如："熊猫、白熊、海豹、金丝猴、丹顶鹤；汽车、拖拉机、火车、飞机、轮船、雪橇；牦牛、黄牛、水牛、奶牛、马、驴"等。

二、多义词

（一）什么是多义词

多义词大部分有两个或两个以上不同的意义，但这几个不同的意义又互有联系。如"想"这个词，主要有下列几种意义：

（1）开动脑筋；思考；思索。如"想个办法"；"让我想一想"。

（2）想象。如"小林林多么想长上翅膀飞到妈妈身边去啊"！

（3）推测、认为。如"我想他一定会这样做"！

（4）希望、打算。如"方方想加入共青团"；"我想明天就到颐和园去看看"。

（5）怀念、想念。如"朝思暮想"；"想亲人"。

又如"刺激"这个词，主要有下列几种意义：

（1）现实的物体和现象作用于感觉器官的过程；声、光、热等引起物体活动或变化的作用。[1]如："浓烟刺激得他眼泪直流，使得他连眼睛都睁不开了。"

（2）推动事物发展，使之起变化，有"推动""促使""促进"的意思。如："轻工业的发展，刺激了重工业和农业的发展。"

（3）使人激动，使人精神上受到挫折或打击。如："地主的残酷迫害使

---

[1] 董杰.汉译日中同形词的翻译问题[J].吉林省教育学院学报,2009（5）:141-142.

第四章　现代汉语中的词义概说

他在精神上受了严重的刺激。"

再如"倾倒"这个词,主要有如下两种意义。

(1)由歪斜而倒下。如:"为了防止中外驰名的虎丘斜塔倾倒,国家文物部门特地拨款加固塔基,修复塔身。"

(2)倒转或倾斜容器使里面的东西全部出来。如:"他猛一使劲儿就把一车土全部倾倒到沟里去了。"又如:"谈到新中国成立前的悲惨生活,他把那一连串的苦难都倾倒出来了。"

多义词里面有单音词,也有多音词。例如,"想"是单音词,"刺激""倾倒"是多音词。现代汉语的多义词以形容词与动词居多。其他如"病""博""不""裁""采""参""到""分配""豪华""回春""建议""借口""牢靠""劳动""局面"等词,都有两种或两种以上的意义,这些都说明一词多义是词义所具有的特点之一。

(二)多义词产生的原因

多义词是怎样产生的呢?多义词的产生是语言发展的必然结果。每一个词在刚出现时都是单义的,但由于客观事物不断地发展变化,而语言中表达客观事物的词汇相对来说数量却是有限的,远远不能满足表达客观事物的需要,又不能无限制地制造新词,[①]所以,必然要用原有的一些词来表示与原义有关的其他一些事物,这样就产生了词的多义现象。因此,词汇中的一些古老的基本词,往往一词多义,而新词的意义则常常是单一的。如"木"的原义是"树木",后来又产生了"木料"(如松木、杉木)、"用木料制成的东西"(如木器、木犁、木偶)、"棺材"(如寿木、行将就木)等新义。

(三)多义词的内部联系

多义词的内部联系,是指一个词的几个不同意义之间的联系。这种联系是多种多样的。[②]概括起来,大致可以分为三种情况。

1. 意义内容具有互相类似的关系

多义词的几个不同意义之间的联系,一般是可以感觉得到的。最容易看得出来的,是意义内容互相类似的关系。拿"学"的意义来说,第一个意义"学习"和第二个意义"模仿",它们所反映的行为是十分类似的,但意义内容范围大小不同,程度深浅不同。

[①] 宋婷.汉哈多义词对比[D].伊犁师范学院,2013.
[②] 徐永清.从"且"的字义看"且行且珍惜"[J].语文教学通讯·D刊(学术刊),2015(7):47–49.

再拿"文化"这个词的意义来说,第一个意义"精神财富",如文学、艺术、教育、科学等,第二个意义"考古学用语",如"仰韶文化、龙山文化",两个意义是很不相同的,但是它们所反映的对象,却是在某些方面也有互相类似的地方。

2. 意义内容具有互相对立的关系

有一些多义词的几个不同的意义,反映好的和坏的两方面内容,形成互相对立的关系。"骄傲"这个词就是这样。它有两个互相有联系的意义:自高自大,看不起别人,如"骄傲自满是一定要失败的";自豪,如"这些伟大的成就是我们中国人民的光荣和骄傲"。第一个意义"自高自大,看不起别人"是坏的表现,第二个意义"自豪"是好的表现。又如"天真"这个词,也有两个互相有联系的意义:心地坦白纯洁,没有做作和虚伪,如"天真烂漫";用一般的、简单的事理去推断特殊的复杂事物,头脑想得简单,如"与虎谋皮,可不能太天真"。这两个意义的联系,也是互相对立的。

3. 意义内容具有互相关联的关系

多义词各个不同的意义之间存在一定的联系,如"学":

第一个意义"学习",它反映的是行为活动产生的结果之一;

第二个意义"学问、学到的知识";

第三个意义"学校",是"学习"的一种处所。

这些意义是由表示行为的第一个意义发展出来的,它们是互相关联的。又如"分"这个词,它有几个互相有联系的不同意义:划开,跟"合"相反,如"一分为二""分兵出击";从整体中发出一部分或取得一部分,如"分任务""分粮食";从总机构中划出来的部分,如"分会""分队""分局""分社";辨别,如"分清是非""不能不分青红皂白";区划而成的相等部分,如"十分之一";长度、地积、重量、币制、时间等较小单位名称,如"十分是一寸""十分是一亩""十分是一钱""六十分是一小时"。[①] 其中,"分"的第二个意义是以第一个意义"划开"为基础产生的。必须先"划开",然后才能"发出",才能"取得"。"分"的第三个意义是"划开"之后的一种结果,用于机构,跟"总"相对。"分"的第四个意义是把"划开"用于比较容易混淆的对象,所以需要"辨别"。这个意义反映的行为同第一个意义是相类似的。"分"的第五个意义"区划而成的相等部分",也是在第一个意义的基础上产生的,因为"部分"是整体划分的结果。"分"的第六个意义同第五个意义联系最近,因为"区划而成的相等部分"的较小单位构成了长度、地积、重量、币制、

---

① 王立廷. 关于多义词的几个问题[J]. 山东师范大学学报(人文社会科学版),1981(2):41-45.

第四章 现代汉语中的词义概说

时间等单位名称。它当然同第一个意义有联系,因为单位名称反映的是较小的部分,是把整体划开再划开的结果。"分"的几个不同意义之间的联系,大都是由于互相关联而产生的。

（四）多义词的基本义和引申义

虽然多义词的几个意义彼此有联系,但其地位并不相等。其中,在语言中长期使用并固定下来的最常用、最基本的那一个意义,叫作"基本义";其他意义都是从基本义转化、发展出来的,叫作"引申义"。一般地说,词的"基本义"和词的"本义"是一致的,但是随着社会的发展,有些词在现实中最常用的那个意义不再是该词最初、最原始的那个意义了,这种现象就是我们常说的古今异义词,这一点一定要搞清楚。例如"兵"的基本意义是"士兵",而它最初的意义是"兵器"。我们说的"基本义",主要是就词的应用方面而言,不是就它的来源说的,二者既有联系,但又不能混淆起来。前面所举的例子中,"思考、思索"是"想"的基本义,其他是"想"的引申义。又如"汇"的基本义是"众水汇合"(如"汇起巨流"),其引申义是:①把款项从甲地划付到乙地(如"电汇");②类聚(如"字汇""词汇""语汇"),也就是所谓"品类";③综合,合并(如"汇报""汇刊")。再如,"动"的基本义是"改变原来的位置或状态",与"静"相对(如"转动""摇动""风吹草动""运动")。其引申义是:①动作;行动(如"一举一动","静极思动");②使用,运用(如"动笔""动脑");③起始,发动(如"动工""动身""兴师动众");④感动、变动、动摇(如"他动心了");⑤每每,往往(如"动辄训人")。

一般说来,词义的引申义有如下几种情况。

（1）引申义与基本义相类似或相接近。如:"深"是形容词,它的基本义是"从上到下或从外到里的距离大",如"这口井很深"。可引申为"深度",如"这口井有十几丈深"。还可以引申为"深奥""不易懂",如"这本书中所讲的道理很深,不容易看懂"。也可以引申为时间的长久,如"年深月久,这件事渐渐被人忘记了"。还可以引申为程度之高,如:"老王和老李之间的关系很深。"

又如"曲"(qū)是形容词,它的基本义是"弯曲"(跟"直"相对),如"曲线、曲尺、弯腰曲背"等。但可以引申为"使弯曲",如:"曲肱而枕""曲突徙薪"。也可以引申为"弯曲的地方",如"河曲"。还可以引申为"理亏",如"是非曲直"。

（2）引申义是由基本义引发出来的。如"尽"的基本义是"完","完"是"已经用尽,不再有了"的意思,由这个意义引发出来,可以引申为"达到极端"的意思,如:"这件事真是做得尽善尽美。"

· 77 ·

（3）引申义是由基本义比较具体的意义转指别的有类似现象的抽象意义上去的。如"果"的基本义是"果子""果实",转引到"事情的结局或结果"也叫作"果",如"前因后果"。

(五)多义词与同音词的区别

多义词跟同音词不同。多义词是一个词有几个不同意义,但这几个不同意义又互有联系。同音词又称"同音异义词",是语音形式完全相同而意义完全不同的词。同音词有的借用了相同的字形,如"花钱"的"花"跟"鲜花"的"花","开了一个会"的"会"跟"学会写字"的"会","别了故乡"的"别"跟"把奖章别在胸前"的"别"以及跟"千万别这样"的"别"。表面上看来,这一类同音词读音和字形都完全相同,容易跟一词多义混淆,但因为它们相互间的意义根本没有联系,还是可以明确分辨的。

还有的同音词字形的写法不同。如"禾"跟"合","负"跟"赋","祸"跟"豁","树木"跟"数目","公式"跟"工事"等,它们虽然同音,但字形不同,词义毫无联系,比较容易跟多义词区别。同音词在修辞上可以用来表达双关的意义,加强语言表达效果。如"东边日出西边雨,道是无晴却有晴"这两句诗中的"晴"字,表面上是写天气,实际上是写青年男女之间的甜蜜爱情,"晴""情"二字同音,也是一语双关,诙谐幽默,其味无穷。总之,意义上有联系、写法相同和读音相同的词是多义词,如果意义上没有联系而仅读音相同,就是同音词。

(六)辨别多义词的词义

在学习词义的时候,对单义词要确切地了解它的意义,对多义词更要确切地了解它包含哪些意义,要懂得这些意义是怎样运用在具体的语言环境中。为了弄清一个多义词能表示几个意义,必须多查字典或词典,不能望文生义。在阅读时,可以根据上、下文辨别一个词在句子中所用的意思,在写作时,要注意"词能达意"。日久天长,就能掌握词的正确用法,准确地表达自己的思想。

一般说来,要想做到准确地辨别多义词的词义,必须做到如下几点。

（1）从词义的基本义和转义上去理解词的不同意义的性质。这一点前面已有说明,不再赘述。

（2）从具体的上下文准确地确定词的意义。一个多义词孤立地看有多种意义,但一般说来,在具体的上、下文中却只有单一的意义,也就是说只用了多义词的某一个意义,至于到底用了哪一个意义,则要看它跟别的词的联系怎样。借助上、下文的帮助,我们可以明确地确定一个词在实际的语言环境中的意义。如"停"字。"雨停了,我们继续赶路"中的"停"字是"停止"的意思,用原义;"我在爱晚亭里停了半天,面对满山红叶流连忘返"中的"停"是"停留"的意思,用的是转义;"门口停了一辆自行车"中的"停"是"停放"的意思,也是用的转义。又如"东"字。"旭日东升"里的"东"是"东方"的意思,表方向,用的是原义;"东家在高楼,佃户们来秋收"中的"东"是"主人"(此处是指地主)的意思,用的是转义;"我做东,今天中午请各位吃饭"里的"东"是临时主人即"东道"的意思。

(3)注意语法形式。有的多义词的某一个意义只限于用在一定的语法形式里边,如"而"和"及"都可以作"到"用,但这种意义只能局限在"由～"这一固定的语法形式里,如"由武汉而北京,由北京而上海""由此及彼""由外及里"等。这同样说明根据上、下文辨别词义的必要性。

在某些特定的情况下,为了达到一定的表达效果,一个词也可以表示双重意义,这种故意使自己的话含有双重意义,以收得"一箭双雕"效果的表达方法,就是我们前面曾经讲过的修辞学上的"双关"手法。

第三节 同义词、近义词和反义词

一、同义词

语言意义相同或相近的词,叫作同义词。意义相同的词,一般是指那些由于来源不同而产生的同义词。这类词的使用也要看在什么场合。在上下文中随便替换而不觉得有丝毫差别的意义相同的词,语言里是很少的,如"应当"和"应该","衣服"和"衣裳"。即使是这样的词,也还是要注意选用,如一般文章多用"衣服",口语或文艺作品多用"衣裳"。

(一)什么是同义词

由于语言的不断发展,为了准确地表达思想的需要,人们往往用不同的语言形式来表示相同或相近的意义,这就产生了词的同义现象。语言中这种语音形式不同而意义相同或相近的词叫作同义词。

同义词有两种:一种是意义完全相同的等义词,一般说来,应用上能够任意互相对换,如"爸爸"和"父亲";一种是意义相近的近义词,但有细微差别,应用上不能任意对换,如"发挥"和"发扬"等。

1. 意义完全相同的同义词

在现代汉语普通话里,意义完全相同的同义词一般指因为来源不同而产生的等义词。这种等义词严格地说起来是很少的。它们的产生,主要有以下几种原因。

(1)新旧词的并存。例如"眼"和"目"。它们是同义词,"目"是旧词,"眼"是比较新的词。我们现在说人的视觉器官,多称为"眼睛"。但在某种场合也可以称"眼",如"一眼看见""眼底云烟"等,而不称为"目"。"目"在现代汉语中一般是不独立存在的,但在某些复合词或成语中却还用"目",不能用"眼"来代替,如"一目了然""目空一切""目瞪口呆""目不识丁""瞠目结舌"等。

(2)普通话词语与方言词语的并存。例如"儿子"和"崽","伯伯"和"大爷","玉米"和"苞谷"等。

(3)学名、术语、委婉词和俗语的并存。例如"玉蜀黍"和"玉米","腮腺炎"和"痄腮","大便"和"屎"等。这类同义词一般说可以互相对换而不改变原句的意思,不太容易混淆,应用上也很少出差错,但也不是在任何地方都能代替。如:"母亲到庐山休养去了",也可以说"妈妈到庐山休养去了"。"母亲"跟"妈妈"两个等义词互相对换而不影响句子原义的表达。但是,在"小妹妹高兴地说:"妈妈,我当了三好学生啦!"这个句子里,如果把"妈妈"换成"母亲"就不大恰当。

这说明意义完全相同的等义词,用法也不完全相同。有的用于日常口语,有的用于较郑重的书面语言;有的作一般用语,有的作专门用语;有的根据句子结构匀称和音节和谐的需要适宜用此去彼;有的是约定俗成的成语,其中的词语不能更换。

(4)外来词的音译词和意译词并存。例如"麦克风"和"扩音器","引擎"和"发动机","盘尼西林"和"青霉素"等。

此外,还有书面语词与口头语词同时并存和个别词语的创新等,也是产生这种同义词的原因。例如,"料峭"和"微寒","吓唬"和"恫吓","估摸"和"估计",等等。

2. 意义相近的同义词

大多数同义词是意义相近,但有细微差别,应用上不能任意对换的词。如"顽强""顽固""固执"都有"坚定、不易变化、不易动摇"的意思,但在感情色彩和用法上有区别,不能互相对换。例如,"他是个食古不化的顽固分子"和"这个人非常固执,没有人能说服他"。

在研究同义词的时候,应该把意义的共同性当作确定同义词的主要依

第四章 现代汉语中的词义概说

据,准确认识同义词的性质和范围。有些词虽然意义上有某些联系,在特定条件下也能互相对换,但因为所表示的概念不同,不能算作同义词,关于这方面的问题,主要有如下几种情况。

(1)种和类不同的词不是同义词。如"学生"和"留学生""研究生""中专生""大学生""进修生""中学生""小学生"不是同义词,它们之间是类和种的关系。"留学生""研究生""大学生""中专生""选修生""中学生""小学生"是"学生"这一类人中的一些种,所指不是同一对象。

(2)代表同一类中不同种的词不是同义词。如"大豆、扁豆、蚕豆、绿豆、黄豆、红豆"不是同义词,因为它们都是"豆类"中不同种的东西。同样道理,"鲜红、粉红、淡红"也不是同义词。

(3)未加否定修饰语的词和加了否定修饰语的词或词组不是同义词。如:"好"和"不好","记者"和"不称职的记者";"苹果"和"烂苹果"不是同义词。它们有本质的区别。

(4)原词和超出它的本义范围并且具有特殊补充色彩的词不是同义词。如"练习"和"苦练"不是同义词,"苦练"在"练习"的基础上加了"刻苦"的意思,超出了"练习"的范围。

(5)代表属于不同时代和不同社会制度的词不是同义词。
如"警卫员"和"保镖","营业员"和"伙计"都不是同义词,前者是新社会对首长的保卫人员和服务行业人员的称呼;后者是对旧社会反动统治阶级的狗腿子和商店雇员的称呼。它们之间有本质上的差别。

(二)同义词的性质

同义词是指语言中意义相同或相近的词。有些同义词概念意义、附属意义及词性都完全相同,例如:

演讲——讲演

妒忌——忌妒

喇叭——扬声器

相互——互相

有些同义词概念意义、词性相同,但是概念义和附属义略有差异,例如:

江——河

吞——咽

妨碍——妨害

表扬——表彰

广大——宽广

含糊——模糊

改进——改正

有些同义词概念相同,但不是任何语境都可以替换,例如:

西红柿(北方流行)——番茄(南方流行)

暖壶(北方流行)——热水瓶(南方流行)

(三)同义词形成方式

现代汉语的同义词有如下几种形成方式。

1. 单音词与单音词同义

例如:"亏"和"欠","走"和"行"(xíng),"爬"和"攀","到"和"至"等。

2. 单音词与双音词同义

例如:"上"和"上面","叫"和"叫喊","煤"和"煤炭","送"和"赠送","给"和"给予"等。

3. 双音词与双音词同义

例如:"严格"和"严厉","启示"和"启发","苍凉"和"凄凉"等。

双音同义词的构成方式又可分为三种类型:

(1)构成的词素相同,但前后次序相反。如:

士兵	兵士	匪盗	盗匪
辨证	证辨	阻拦	拦阻
气力	力气	直爽	爽直
和平	平和	灵魂	魂灵
叫喊	喊叫	承担	担承
紧要	要紧	迟延	延迟
合适	适合	互相	相互
到达	达到	查询	询查

(2)构成的词素部分相同。如:

爱护	爱惜	表现	体现
策反	策动	表露	吐露
分别	区别	处决	处理
确定	决定	领会	领悟
光辉	辉煌	担任	担负
惊慌	惊恐	扩大	扩充
局部	部分	热情	热心
适合	符合	自动	主动
明白	明确	保重	珍重
必然	必定	猜度	猜想

（3）构成的词素不同。如：

允诺	应承	郁闷	愁苦
蓄意	存心	牢骚	怨言
几乎	简直	新闻	消息
崎岖	坎坷	协同	配合
缺点	毛病	必然	一定
抱歉	负疚	低落	消沉
花招	把戏	节气	时令

（四）同义词的表达效果

同义词的丰富多样性，是语言发达完善的具体体现。汉语同义词极其丰富，它们之间同中有异的细微差别，表现了汉语的严密性和精确性。依靠这些细微的差别，可以把细致入微的思想感情准确地表达出来，取得特殊的交际效果。同义词的表达效果具体体现在以下几方面。

（1）使语言表达更加精确严密。例如，"回顾""展望""瞻仰"这一组近义词都表示"看"，但所表达的具体意义和情感是有区别的。

"回顾"指的是回头看，回想过去，如"回顾过去"。

"展望"指看未来，如"展望未来"。

"瞻仰"指怀着严肃而崇敬的心情往上看，如"瞻仰人民英雄纪念碑"。

（2）同义词连用时可以加强气势，突出语义，增强文章表现力，使得节奏更加和谐。例如：只要我们心中有了希望，那么一切艰难险阻都难不倒我们。

句中"艰难"和"险阻"是同义词，两个同义词连用强调人们心中有了希望以后，可以产生强大的力量，一切困难都不怕了。

再如：送我去车站的路上，爸爸妈妈千叮咛、万嘱咐，要我注意身体，到学校后好好学习。

句中的"叮咛"和"嘱咐"是近义词，都是吩咐、要求某人做某事的意思。句中将"叮咛"和"嘱咐"连用，表现出爸爸妈妈送"我"去车站时希望"我"注意身体、好好学习的殷切期望，更流露出爸爸妈妈对孩子的深深爱意。

（3）适应不同感情色彩和语体风格的表达，满足委婉、避讳等修辞需要。所谓"委婉"和"避讳"就是将一些对方不愿意看到的事情换成更客气、更礼貌的表达方式。如说一个人死了，我们一般不直接说"他死了"，这样不太礼貌；一般说成"他去世了""他走了""他驾鹤西去了""他永远离开了我们"等。

（4）避免用词重复，使语言表达生动，富于变化。例如：春天来了，大地长满了碧绿的小草,远远望去,绿油油的一片,好像给大地铺上了一床绿茸茸的毯子。

句中的"碧绿""绿油油""绿茸茸"都是形容绿绿的春草。如果所有的地方都用"绿绿的",就让读者有一种重复啰嗦、词汇匮乏的感觉,现在分别使用了不同的词语,既描写出春草的颜色,又使得句子富于变化,表达生动。

留学生在汉语学习中常常会在同义词的使用上犯一些错误,例如:

①今天我们班的足球队夺得了全校冠军,大家都很自满。

应将句中的"自满"改为"自豪"。虽然"自满"和"自豪"是近义词,都是对自己做的事情感到骄傲,感到满意,但是"自满"是贬义词,应改为褒义词"自豪"。

②现在外面在下暴雨,幸好马老师武断决定取消今天的出游计划。

应将句中的"武断"改为"果断"。虽然"武断""果断"是近义词,都表示遇到事情迅速作出决定或采取行动,但"武断"是贬义词,应改为褒义词"果断"。

③第二次世界大战是20世纪规模最大的战斗。

应将句中的"战斗"改为"战争"。虽然"战斗"和"战争"是近义词,但是"战争"包括无数的"战斗",第二次世界大战是一场战争,而不是其中的某一次具体的战斗。

④这件事情来得太忽然了,我没有一点准备。

"忽然"和"突然"都表示事情发生得很仓促,是近义词,但是"忽然"是副词,而"突然"是形容词,不能说"太忽然",只能说"太突然"。

(五)同义词的相同部分

同义词之所以成为同义词,是因为在一组同义词之间,意义内容有相同的部分。既有相同部分,又有细微差别,这是同义词的主要性质。从每组同义词里,我们也可以看到这两种东西:一般的东西和个别的东西。例如"看、瞄、瞟、望、见"五个词,它们中间一般的东西是"看"的本义,个别的东西是每个词所表示的"看"义的某一字面。

"看"是一般的看;

"瞄(miáo)"是注意看,如"远远地瞄着他";

"瞟(piǎo)"是斜着眼看,如"瞟了他一眼";

"望"是抬头往远处看;

"见"是已经看到。

这些词表现出来的差别,都是个别的东西。

第四章　现代汉语中的词义概说

几个不同的词形成一组同义词,就是因为它们有共同的"一般"的东西作基础。有了这种共同的"一般"的东西,几个不同的词才能联系起来形成一组同义词。例如:

"传染"通常指把疾病从一个人传给另一个人。

"感染"可以指受疾病的传染,也可以指人们通过写作、谈话或行动,用自己的见解或体验去感动或影响别人,引起别人的共鸣。

"沾染"通常指物体染上了脏东西,也指人们染上不良习惯。

这三个词在意义上是有差别的。可是,它们都有通过一定的事物染上一些东西的意思。因此,它们形成了一组同义词。又如:

"单纯"表示单一、不复杂。"单纯"着重在单一。

"纯洁"表示干净、没有污点。纯洁"着重在于干净。

"纯粹"表示精粹而不夹杂别的东西。"纯粹"着重在不杂。

可见,这三个词都有纯一不杂的共同的"一般"的意思,因此,它们也形成了一组同义词。

同义词在意义上必须有这种共同的东西,没有这种共同的东西就不能形成同义词。例如:

"繁华"指街市兴盛活跃的景象。

"奢华"指建筑、器物的华丽而名贵。

这两个词没有共同的意义。

"工作"指某种劳动、某种职务或某种职业。

"义务"指法律上或道义上应尽的职责。

这两个词也没有相同的意义,它们都不是同义词。

此外,有些词虽然有共同的东西,如"麦"和"大麦""小麦""黑麦""燕麦",但它们是"类"和"种"的从属关系。就是说,"大麦""小麦""黑麦""燕麦"各是"麦"类的一种,它们之间已经有了本质的而不是细微的差别。同理,把"狼"和"野兽"看成同义词,也是不妥当的。还有,"大麦"和"小麦"、"黑麦"和"燕麦"也不是同义词,它们是同一类的不同种的东西。

(六)同义词的作用

1. 从同义词的产生方面看

研究一下同义词是怎样产生的,对于我们了解同义词在语言中的作用,是有帮助的。

同义词能帮助我们准确、鲜明地表达某种立场、观点。这在论事说理中是很重要的。同义词的产生是有多方面原因的。但主要是为了表达细致的思想感情而不断创造的结果,为了表现不同的风格色彩而吸收方言词的结果,为了适应各种文体而吸收文言词的结果。

比如同是一种"拉"的动作,表示"用力拉",就创造了"拽(zhuài)";表示用力往前拉或者用力拉住不叫向前动,就创造了"拖";表示不规则的"拉",又创造了"扯"。"拉、拽、拖、扯"就形成了一组同义词。

又比如同是表示"去掉"的意思,说去掉迷信用"破除",说去掉痛苦、顾虑或职务用"解除",说去掉条约或法律就用"废除"。同是表示"不注意"的意思,无意的用"忽视",看得不重要用"蔑视",故意不注意就用"无视"。同是表示"诚意地说出对人对事的美好愿望",用在比较大的、具有普遍意义的事情上,用"庆祝";一方对一方、集体对集体或个人对集体、集体对个人或个人对个人,就用"祝贺"。同是表示"为了达到一定的目的所作的努力",为变革现实达到积极目的所作的不屈不挠的努力用"奋斗",对矛盾的力量或敌对的势力进行搏斗,就用"斗争"。

再比如,已经有了"什么",又从方言中吸收跟它同义的"啥";已经有了"做"和"干",又从方言中吸收跟它们同义的"搞";已经有了"谈(话)",又从方言中吸收跟它同义的"拉(话)";已经有了"交谈",又从方言中吸收了同它义近的"搭腔",等等。这都是为了表现不同的风格色彩。

同义词可以用来解释同义词语。如:

薪——柴火

即——就是

行——走

跋扈——骄横

运用这种方法解释词义,明确而简练,是经常使用的一种好方法。

还有,有了"多少",又从文言词语里吸收"若干";有了"这样",又从文言词语里吸收"如此";有了"早晨",又从文言词语里吸收"黎明"和"拂晓";有了"打算",又从文言词语里吸收"企图";有了"按照",又从文言词语里吸收"遵循",等等。这都是为了适应各种文体风格特点。

同义词能帮助我们形象、生动地表达不同的感情和态度。同义词可以反映和表现事物细微的差别,使人们自由地选择最恰当的词语表达自己的感情和态度。由于讲究礼貌或其他原因,需要把话说得委婉一些,因而产生了一些委婉语。这也是同义词产生的一个原因。如有了"落后",又创造了"后进",说"后进单位"就比较委婉。有了"负伤""受伤",又创造了"挂彩""挂花"。

同义词可以避免重复,使语言富于变化。不仅避免了用词的单调,而且使音韵和谐,读来朗朗上口,便于记诵。同义词的大量产生,大大丰富了词

第四章 现代汉语中的词义概说

汇,就为语言表达创造了有利条件。比如表示"看"的动作的,在汉语里就有数十个。其中:

表示一般的"看"的,有"看""瞅(chǒu)""瞧(qiáo)";

表示已经看到的,有"见""看见""瞩目";

表示向远处看的,有"望""眺(tiào)""眺望""瞭望""瞩(zhǔ)";

表示向上看的,有"瞻仰""仰视""仰望";

表示向下看的,有"鸟瞰(kàn)""俯视";

表示回头看和向四方看的,有"顾""张""张望";

表示偷偷地看的,有"窥(kuī)";

表示集中注意地看的,有"盯(dīng)""瞄(miáo)""注视";

表示睁大眼睛怀着愤怒看的,有"瞪(dèng)""瞠(chēng)";

表示略略一看的,有"瞟(piǎo)""瞥(piē)""望""浏览";

表示仔细看的,有"察""观察""察看";

表示下级看上级的,有"觐(jìn)""省(xǐng)";

表示上级对下级看的,如"鉴""视察""检阅";

表示到各处看的,有"巡视";

表示看望亲友的,有"探视""探望";

表示所看的对象场面大的,有"观""览";

表示看的对象是文字、图画、图表的,有"阅""阅览""阅读";

表示亲自看到的,有"目击"。

从上述内容可以看出,同义词对客观事物和现象的反映是多么细致。

2. 从同义词的运用方面看

第一,同义词选用恰当,表意准确。从同义词的产生方面,我们已经了解到,汉语的同义词是十分丰富的。这有助于我们细致地区别客观事物或思想感情的细微差别,从而使思想表达更加精确、严密。[①] 问题是在我们用词造句的时候,要注意恰当地选用。

第二,同义词前后换用,富于变化。同义词用在同句话里,同一段上下文中,或同一段唱词里,既可表达细致的思想感情,又可使词句生动灵活,富于变化。

第三,同义词并列连用,意义明朗。两个双音词,意义相近,并列连用,可以使意义更加明朗。有的多义词,可能有几个意义,如"光明",既有"亮光"的意义,又有"明亮"的意义,既有"比喻正义的或有希望的事物"的意义,又有"象征胸襟坦白,没有私心"的意义。它们只有放在上下文中,意义

---

① 李媛媛. 从认知语言学的范畴观看汉语词汇的教与学 [J]. 大众文艺(理论),2009.

才明确起来,如说"光明磊落","光明"和"磊落"是同义词,"光明"在这里只有一个意义,那就是"胸襟坦白,没有私心"。这并不是重复,而是语言表达的一种方式,叫作"同义连用"。这种表达方式是人民群众所创造的,它既可使意义明朗,又可加强语言的表现力。

第四,同义词数量多,用途广。学习同义词,对提高阅读欣赏能力和写作水平,对提高语文教学质量都有十分重要的意义。同义词可以使语言丰富多彩而又灵活多变,可以准确而又细致地表达思想感情。例如:"他对母亲说:'妈妈,我走了,您要多多保重!'"这句话中的"母亲"和"妈妈"是同义词,用得贴切自然,既不能互换,也不能都用"母亲"或"妈妈"。

第五,意义相近,但有细微差别。不能互相对换的同义词,可以帮助我们严格地、明确地区别千差万别的事物和精确地表达自己的思想感情。

同义词的发达与否,是语言发达与否的重要标志。汉语中同义词数量极多,绚丽多姿,同一个概念或事物往往可以用几个、十几个乃至几十个同义词表现出来。这就从一个侧面雄辩地证明了汉语是世界上最发达、最完美的语言之一。如"薄弱""脆弱""软弱""衰弱""虚弱"五个词都是同义形容词,都有"不强"的意思,但意义上,用法上又有差别。

"薄弱"往往表示实力单薄而不雄厚,气氛稀薄而不浓厚,意志不坚强而经不起考验的意思,如:意志薄弱者在科学研究上是不会有所成就的。

"脆弱"往往表示"物体不结实或感情脆弱,不坚强,经受不起刺激"的意思,如:"感情脆弱的林道静在革命的大熔炉中变得坚强了。"

"软弱"表示"体弱、无能"的意思,如:"她性格软弱,你要好好帮助她。"

"衰弱"往往表示"精力不健旺或声势没落、不兴旺"的意思,如:"他的衰弱的神经再也经受不住刺激了。"

"虚弱"往往表示"体质不健康、气血不足或势力不足、内部空虚"的意思,如:"如果长期不参加体力劳动或运动,人的身体就可能变得虚弱起来。"

它们在意义上有相同之处,在使用上有相通或相似之点,如说实力(声势、势力),可以用"赢弱、衰弱、虚弱",说体力、精力,可以用"软弱、衰弱、虚弱"。但表达的意思仍有差距,不能随意互换。

3. 在词语构成上的作用

第一,同义连用,构成合成词。

两个单音的意义相同或相近的词(现代汉语中有的只能说是词素),并列连用,发展成为跟单音词大致同义的双音词。这样构成的词,数量相当大。如:"纯洁""变换""生产""制作""使用""丢失""躲避""推敲""记录""沉重""新鲜""古老""思考""戏剧""歌曲""道路""房屋"等。

第二,词义搭配,构成成语。

两个同义词交叉搭配,并列连用,构成成语,具有加重语气、突出形象、增强力量的作用。利用同义词构成的合成词和"生动活泼""并驾齐驱""左顾右盼""深恶痛绝""惟妙惟肖""诚惶诚恐""丰功伟绩""雄心壮志""千辛万苦""说长道短""赤手空拳"等利用同义词构成的成语,可起到加重语气的作用,使语言具有生动活泼的特殊色彩。

第三,同义词可以构成"委婉语"。

根据我们民族的习惯,出于礼貌或者心理方面的原因,为了不伤害对方的自尊心或避免"触犯忌讳",可以用同义词构成"委婉语"用以满足修辞上的婉曲或讳饰的需要。前者是为了某种需要,把话说得委婉些,如把"坏"说成"不太好";把"落后"说成"后进"等。后者是用特殊的说法代替"禁忌语",如把"死了"说成"老了"或者"去世""逝世""牺牲",把"受伤"说成"挂彩""挂花";把"伤员"叫作"彩号"等。

正因为汉语中同义词如此丰富多彩,所以它们在增强语言表达能力,避免重复和单调,准确地表达思想等方面有十分重要的意义。

(七)怎样辨析同义词

大部分同义词在词义上有细微的差别,这种差别往往表现在语义的轻重有别、范围的大小不一或词义的性质不同上。

1. 为什么要辨析同义词

如前所说,同义词一般都是"同中有异"或"大同小异"的语言现象。我们讲同义词辨析,就是要做"求同""辨异"的工作,也就是说要找出同义词的共性和个性。这种辨析的工作很重要,人们常常说某篇文章"用词不当",所谓"用词不当",就是"词不达意"。而在书面和口头语言中,很多用词不当的毛病,多半是由于对同义词的词义了解不清,不会辨析同义词,只知其"同",不解其"异"。同义词中意义完全相同的等义词很少。在辨析同义词的工作中,找出其意义相同的部分比较容易,"存异"的工作就较为难一些。为了正确区别和掌握大体意义相近而有细微差别的同义词的词义,以利于准确地描绘事物和表达思想,就必须准确地解析同义词。辨析同义词可以帮助我们在意义上、用法上,确切地理解它们相同的地方和不同的地方,提高我们理解和运用语言的能力,这是研究同义词的主要任务。

2. 辨析同义词的方法

(1)联系上下文全面分析比较

同义词的细微差别表现在词义、色彩、用法三个方面。这三个方面是紧密联系在一起的,辨别同义词的时候,必须联系上下文全面地分析、比较,着重揭示同义词之间的主要差别。上下文的一个重要方面,是词和词的搭配关系,在全面分析比较的时候,应当充分注意。

①意义的轻重不同。有的同义词所表达的事物概念虽然相同,但在表现的程度或它们的某些特征方面有轻重的不同。

如"进步"和"先进"都是形容词,都有"向正确的、合理的方面发展"的意思,但"进步"的语意轻些,"先进"的语意重些。"进步"指人或事物向着合乎真理、公平正义的方面前进,一般用来表示人的思想认识的提高或在工作、学习等活动中的积极表现;"先进"指进步很快、成绩很好。或者觉悟很高,在工作上、思想上走在前面,能对别人起推动作用。说一个人"思想进步"和"思想先进"有明显的程度上的差别。

又如"明显"和"显著"也都是形容词,都有"显露出来,能使人看得明白,了解得清楚"的意思,但"明显"比"显著"的语意轻些。"明显"指事物的情况明白地显露出来,不模糊,不费解;"显著"指鲜明而突出地显现出来。"明显"只把明摆着的事情提示一下,"显著"则着重突出其中的特点,强调和肯定的意思更重,程度更深。说"成绩明显"和"功绩显著"有程度上的差别。其他如"诚挚"和"诚恳","爱好"和"嗜好","生疏"和"陌生","妨碍"和"妨害","轻视"和"蔑视",各个词语(都有)语气轻重和程度深浅的不同。

使用这类同义词时要注意避免出现换用不当的毛病。如把"他嗜好烟酒"说成"他爱好烟酒"就不够恰当了。

②褒贬色彩不同。有的同义词基本意义相同,但在感情色彩上有鲜明的差别。有的表示好的一面,有表扬的意思,叫褒义词;有的表示坏的一面,有贬斥的意思,叫贬义词;有的不带任何褒贬的意思,叫中性词。这种同义词一般一看就明白,不难分辨。

如"沾染"和"感染"是同义词,都有"由于一定的事物媒介,给人染上什么东西"的意思。但它们的感情色彩不同。

"沾染"本指物体染上了脏的东西,引申为指人们染上了不良的习惯。因为"沾染"的一般都是不好的东西,所以都带有贬义。如"小虎经常跟一些不三不四的人鬼混,沾染了不少坏习惯","沾染"带有明显的贬义。

"感染"本指人或动植物染上疾病,引申为指人们通过作品、语言或行动,用见解、理想或生活体验等去感动或影响别人,使人产生思想上的共鸣,甚至行动起来,通常指对别人产生好的影响。如《青春之歌》以它展开的壮阔的历史画面和深刻的艺术魅力感染着读者","感染"一词具有明显的褒义。

第四章 现代汉语中的词义概说

又如"大力""大举"和"大肆"是一组同义词,都含有"大规模"的意思。但它们在感情色彩上有明显的差别:

"大力"指"用最大的力量"去做,带有褒义,比如"农村大力推行生产责任制","通过大力推广先进的教学经验,老师教学水平有所提高","各级各类学校都应该大力推广普通话"。

"大举"通常指"大规模的军事行动",是中性词,如"我人民解放军大举反攻","1488年1月,法王查理八世大举进攻布列塔尼,严重威胁了英国的利益"。

"大肆"指"不顾一切,任意妄为"的肆无忌惮的行为,是贬义词,如"高老爷子整天抽大烟也无暇顾及他那败家儿子,高善德自以为老爹有的是钱便大肆挥霍"。"对于部分幸运的囤积者们,这是洋洋得意并大肆朵颐的天赐良机。"

再如"结果""成果"和"后果"是同义词,但"结果"可以有好有坏,是中性词,如:"做坏事的人决不会有好结果"和"他学习刻苦努力,结果考上了重点大学"。"成果"指收获到的果实,是褒义词,如"劳动的成果是所有果实中最甜美的"。"后果"专指坏的结果,是贬义词,如:"工厂中如果忽视安全生产,后果将不堪设想。"

此外,"鼓动"和"煽动","抵抗"和"抗拒","技能"和"伎俩","保护"和"庇护"都是这种类型的同义词。词义的褒贬不同,用法也不同,不能用错了。用错了会产生两种情况,一种是使人对作者的立场、观点产生误解,另一种是由于读者对作品中所说的实际情况不了解而对作品所描写的人和事,所说明的道理得出完全相反的结论。

③范围的大小不同。有的同义词所指的事物相同,但因为所指的范围大小不同而产生差异。

如"事情""事件"和"事故"都是名词,都是指事,是一组同义词。但所指范围大小不同,"事情"指一切事,如"凡是对群众有利的事情,雷锋都争着去做";"事件"是由于某种原因所引起的较重大的事情,如"一二·九事件""九一八事件""匈牙利事件";"事故"则指偶然发生的、不应有的事,如"工伤事故""安全事故"。"事情"范围大,"事件"和"事故"范围小。又如"战争""战役"和"战斗"是一组同义名词,但所包括的时间范围不同,"战争"最长,如"抗美援朝战争""两伊战争";"战役"次之,如"淮海战役","战斗"最短,如"松骨峰战斗"。其他如"时代"和"时期","品质"和"品德","森林"和"树林"等,也都属于这一类同义词。

④适用的对象不同。有的同义词虽然所代表的概念相同,但适应对象也不同。

如"克制"和"压制"是同义动词,都能表示"用一种力量对思想感情或某种行动加以限制"的意思,但"克制"一般指用内在的力量(理智等)限制自己的思想感情上的活动,不用在其他方面,如"她极力克制着自己的感情,不让眼泪流出来";"压制"有用强力或暴力限制的意思,一般用在对人方面,如"作为一个领导,压制别人的批评是不对的,应该虚心听取群众的意见"。"克制"着重在抑止,使某种情况发展不起来;"压制"着重在压服,把某种情况硬压下去。又如"充足"和"充分"是一对同义词,但"充足"多用于说明具体事物,如:"夏季日照时间长,水稻生长所需的阳光充足";"充分"则多用于说明比较抽象的事物,如:"他要求调动工作的理由很充分,应予考虑。"

一般说来,这种同义词比较容易辨析,它们的相同处是在构词上有一部分相同,其差别就表现在另一个不相同的成分上。这种从构词成分上来辨析同义词的方法,叫作"词素对比法"。如"空虚"和"空洞"是一对同义形容词,都表示"内部不充实"的意思,但所指不同。"空虚"指精神和物质上的力量不足,多用于实力方面,如"整日沉迷于游戏,只会让人内心空虚,失去生命应有的光彩"。"没有远大理想的人精神上一定空虚";"空洞"指没有具体的内容,多用于表达方面,如"这篇发言稿太空洞了,应该补充一些具体内容","永别了,空洞的欢乐,你是涂金的虚无,华丽的玩具"。

(2)分析比较同义词中合成词词素意义的异同

现代汉语同义词里面,有好些合成词的词素一个相同、一个不同。相同的词素往往表示同义词相同方面的意义,不同的词素往往表示同义词之间的细微差别。所以分析合成词的词素,比较同义词的意义,是可以适当用的一种辨别同义词的方法。

例如,"爱护"和"爱惜"是同义词。"爱"是"珍爱"的意思,这是相同的。"爱护"着重在"护",是"珍爱保护,不使受到损伤"的意思,如"互相爱护、爱护干部、爱护集体、爱护人民、爱护荣誉、爱护国家财产"。"爱惜"着重在"惜",是"珍爱重视,不使受到损失",常用于能够逐渐消耗掉的事物上,所以要"惜",表示"不挫伤、不浪费"的意思,如"爱惜人力物力、爱惜时间、爱惜群众的社会主义积极性"。

又如"保护"和"保卫"是同义词。"保"是"看守住,护着不让受到损害或丧失"的意思,这是"保护"和"保卫"的相同部分。但是,"保护"着重在"护","保卫"着重在"卫"。这样,由于词素"卫"有"防护、捍卫"的意思,"保卫"就是"竭尽全力,加以防护、捍卫",只能用于大的事物,如"祖国""权力",不能用于小的事物。"保护"既可用于大的事物,如"人民利益""生命财产",

第四章 现代汉语中的词义概说

又可用于小的事物,如"庄稼""秧苗"。

从合成词的词素辨析同义词的细微差别,有助于同义词的掌握。如"品质、品德","区别、区分","领会、领悟","创造、制造","精确、准确","光辉、辉煌","保证、保障","整理、整顿","消灭、歼灭","名望、声望","堆积、积聚",都可以这样辨别它们的词义。但有些同义词不能单凭词素分析,有些同义词有色彩差别,如"把握、把持","积存、积压",等等,这是应当注意的。

（3）分析比较多义词和同义词的意义联系

同义词并不是简单的一对一的关系。一个多义词,由于有好几个意义,就可能有好几个不同的同义词。例如"深"是个多义词,说"年深日久","深"和"久"是同义词;说"交情很深","深"和"厚"是同义词;说"颜色很深","深"和"浓""重"是同义词。

又如"送"这个词,它有四个常用的意义,也就有四个不同的同义词。一个是"把东西从甲地运到乙地",如"送肥"的"送"。这个意义与"搬送"意义的"运"构成同义词;一个是"陪伴人走到某一地点",如"送孩子上学"的"送",这个意义与"陪"构成同义词;一个是"赠给",如"他送我一部书"的"送",这个意义与"给"构成同义词;一个是"供应",如"送电"的"送",这个意义跟"供"构成同义词。

"研究"这个词也是多义词。它有两个意义:一个是"探求事物的规律",如"从哲学史中研究和汲取前人在认识上的经验教训";一个是"考虑或商讨",如"你的意见领导正在研究"。第一个意义的"研究",同义词是"钻研";第二个意义的"研究",同义词是"考虑"。就它们的同义词来看,"钻研"和"考虑"在程度上有很大差别。

"明白"这个词,常用的意义也有两个:一个是"内容、意思等使人容易了解",如"他讲得十分明白";一个是"懂得",如"我明白了"。第一个意义的"明白",同义词是"清楚";第二个意义的"明白",同义词是"知道""了解""懂得"。

辨别不同的同义词时,可以分组进行。如"骄傲"和"自大"一组,"骄傲"和"自豪"一组,辨析它们之间的差别。又如"糟蹋"这个词,现在常用的有两个意义:一个是"损坏",如"狗熊出来糟蹋庄稼";一个是"浪费",如"不许糟蹋粮食"。"糟蹋"和"损坏"是同义词,"糟蹋"和"浪费"也是同义词,可以分两组加以辨别。

（4）分析比较单音节和双音节同义词的差别

现代汉语里单音词和双音词同义的很多。它们之间的细微差别也表现在词义、色彩、用法各方面。

例如,"学"和"学习"是同义词,但意义和用法有差别。习是"学"的对象。

这样用法的"学",一般可以换用"学习",如"要学习中国历史,还要特别重视学习鸦片战争以来的中国"中提到的"学习",如"全党同志,要坚持不懈地认真学习?"这样用法的"学习",意义范围就广得多。它的意义是"从阅读、听讲、研究、实践中提高认识或觉悟,获得知识或技能"。"看书"是"学习"的一种方式。

单音词和双音词构成的同义词,总的说来,单音词词义宽一些,灵活一些,双音词词义窄一些,固定一些。例如,单音词"亲",可以表示"关系近,感情好"的意义。双音词"亲密"只有前一个意义,"密切"只有后一个意义。又如单音词"烂",可以表示"东西腐坏"的意义,也可以表示"破碎"的意义。双音词"腐烂"只有前一个意义,"破烂"只有后一个意义。这种现象体现了汉语发展越来越精密的趋势。

从语意轻重来看,双音词常常比单音词重一些,气派大一些,例如"冷"和"寒冷"、"稀"和"稀疏"、"看"和"观看"、"选"和"选择",都有这种差别。

就语体色彩来看,有些双音词常常用于文艺作品,例如"飞"和"飞翔"、"静"和"寂静"。有些双音词用于公文,例如"给"和"给予"。

此外,单音词和双音词构成的同义词还有一类有个体、集体的区别,如"河"和"河流"、"纸"和"纸张"、"布"和"布匹",等等。"河"一般指具体的某一条河,"河流"是集体名词,如说"祖国大地河流很多","河流"包括大大小小的河。"纸"一般指片状的东西,多用植物纤维制成,"纸张"是纸的总称,如说"纸张是印刷四大要素之一","纸"以张计故称"纸张"。"布"一般指某一具体的布料,"布匹"是对各类织物的总称,如说"印第安人用毛皮换取枪支和布匹","布匹"包括各种布。

(5)同义词风格的差别

"风格"是指一种民族语言内各种表达思想感情的手段的使用方法的综合。为了使语言更加形象化,就必须选用恰当的词语,而表现不同的语体风格,这正是同义词的作用之一。同义词之间的细微差别,可以从它们的语体风格上来辨析。

同义词的风格差别主要表现在感情意味和语体风格上,辨析这类同义词要注意以下几点。

第一,从感情意味的差别上来辨析语言中的词。

同义词有的是一般性的,有的却带有严肃、亲切、嘲讽、诅咒等各种不同的风格色彩,用法也各不相同。如前边提到的"逝世""去世""牺牲"与"死"是同义词,但从感情意味上说,前者庄重,表示对死者的尊重和哀悼,后者属于一般通称。

第二,从语体风格的差别上来辨析。

第四章 现代汉语中的词义概说

　　同义词语体风格上的差别很多,主要表现在普通用语和特殊用语、口头语和书面语、普通话语词和方言语词、专业语词和一般语词等的差别上。

　　由于有的词只适用于某种语体,不能或不适合用于其他语体,所以造成了普通用语和特殊用语的差别。这些词有的属于普通用语与公文的特殊用语的不同,如在公文中把"办法"写成"措施",把"安排"写成"部署",把"送"写成"呈",等等。有的词带有通俗的语体色彩,一般适用于口头语言;有的词具有庄重的风格色彩,适用于书面语言。如将口头语言"爷爷"写成书面语言"祖父",将"溜达"写成"散步",将"小气"写成"吝啬",将"剃头"写成"理发",将"吃饭"写成"进餐"等。有的属于普通用语与文艺作品中的特殊用语的不同,如在文艺作品中一般把"好"写成"美好",把"明亮"写成"清澈",把"半夜"写成"午夜"或"子夜",把"正月"写成"孟春",等等。有的属于普通用语跟军事特殊用语的不同,如把"爬行"说成"匍匐",把"拿枪"说成"持枪",等等。有的属于普通话与方言词语的不同,如湖南某些地方把"祖母"说成"娭毑"(āi jiě),把"灯"说成"亮"等。有的属于一般语词和专业语词的区别,如把"绘图"称为"制图";把"食盐"称为"氯化钠"等。

　　(6)同义词搭配关系上的不同

　　尽管同义词意义相同或相近,但在具体的词与词的搭配上,却受语言习惯的约束,也就是说,在同义词中,哪些词与哪些词或词组搭配不是任意的,而是有一定限制和不能混淆的。我们可以从词的搭配上来辨析一部分同义词。

　　如"修改"跟"修正"意义相近,是同义动词,都有把已经形成的事物加以变动,使之趋于完善或者由不合适变为合适的意思,但"修改"着重在"改","修正"着重在"正","修改"一般跟"文章""稿件"等词搭配,"修正"一般跟"错误"等词搭配。又如"发扬"和"发挥"是同义动词,都有"发展、扩大"的意思,但"发扬"一般跟"优点""传统""作风""风格""民主"等词相搭配,而"发挥"则与"创造性""积极性""作用""干劲""天才""威力"等词相搭配。

　　(7)同义词的词性和句法功能上的不同

　　有的同义词意义相近,但因为词性不同,句法功能也不同。如"索性"和"干脆"都有"直截了当"的意思。但它们的词性不同,"索性"是副词,"干脆"是形容词。"干脆"一般用来作谓语,如"哥哥性格干脆,办事从不优柔寡断";"索性"一般用来作状语,如"如果得不到全部,他索性全部都不要"。

　　还有的同义词虽然词性相同,句法功能却不一致,如"出现"和"呈现"是同义动词,都有"显露出来"的意思,但"出现"可以不带定语或补语,如"雷锋才在主席台上出现又不见了"。"呈现"一般需要带宾语或补语,如"祖国到处呈现一派兴旺景象"。

总之,同义词词义上、风格上、用法上的区别是我们辨析同义词的主要依据和方法,但它们之间仍有各种各样的联系,我们还应该注意到同义词跟其他的多义词、反义词的交叉关系,从它们同这些词的关系来确定其准确含义,如"坚强"与"软弱"相对;"坚定"跟"动摇"相对,不能互换。

二、等义词和近义词

(一)等义词

等义词就是指语言中意义完全相同的词,这里的意义包括词的概念意义、附属意义等。在现代汉语中等义词的数量很少。主要有以下几类。

1. 因翻译方式不同而形成的等义词

维他命——维生素
拜拜——再见
麦克风——扩音器
镭射——激光
桑拿浴——蒸汽浴
拷贝——复印
马达——发动机
芝士——奶酪

根据汉语的习惯,外来词进入汉语之后一般都会经历从音译(根据读音翻译)到意译(根据意义翻译)的过程。比如上面每组例子中破折号左边的词都是根据读音翻译的词,而例子中(破折号)右边的词是根据意义翻译的词,那些最早以音译形式借入的外来词后来基本上都按照汉语习惯的意译法改造过了,这些改造前后的词语所指的都是同一种事物、行为动作,因此它们是一组等义词。

2. 因顺序相反而形成的等义词

在现代汉语中有一些等义词是因为两个词语间顺序相反造成的。这类等义词也叫作"同素逆序词"。这类等义词虽然顺序相反,但因为其概念义及附属义均相同,所以在语言的发展过程中,这类等义词不断消亡。在《现代汉语词典》中只有"吞并——并吞""代替——替代"等不多的几组"同素逆序词"。但是进入新时期以来,这一传统的造词方式重新活跃,以旧有或新生的某个词为原词,颠倒其前后顺序而新造的相对词比较多见。例如

第四章 现代汉语中的词义概说

（破折号左边的为原词，右边的为相对词）：

资财——财资
聚餐——餐聚
检测——测检
测查——查测
测评——评测
储存——存储
谦恭——恭谦
架构——构架
评估——估评
恐慌——慌恐
建构——构建
讲评——评讲
冲扩——扩冲
藏匿——匿藏
呈送——送呈
缩微——微缩
疲软——软疲
保安——安保

3. 普通话词语与方言词构成的等义词

红薯——洋芋
苦瓜——凉瓜
知道——晓得
馒头——馍馍
太阳——日头
外婆——姥姥
玉米——珍珠米
土豆——马铃薯

由于等义词的概念义、附属义及其搭配对象、词性和句法功能等完全一样，因此在使用时可以相互替换。但也正是由于这一特点，等义词在语言交际过程中不能起到积极的作用，反而给人们增加记忆负担，不利于语言交际的进行，所以向来是语言规范的对象。

等义词大致有两种发展趋向：

一是等义词的规范化，即一组等义词，除保留一个之外，其余的都成为了语言规范化的对象，而不再在普通话中使用。早期的一些音译词后来被

意译词所取代,例如:

  盘尼西林——青霉素

  布拉吉——连衣裙

  水门汀——水泥

  这三组等义词中,破折号前面的词语都已被后面的词语代替了,在现代汉语普通话中已不再使用。此外,像现代广为使用的移动电话,在产生之初,人们称它为"大哥大",但这一名称现在已经作为不规范的用法而被淘汰了。在口语中,移动电话还有另一名称为"手机",却因为具有鲜明的口头语体色彩,与书面色彩的"移动电话"互补,而在现代汉语中并存下来了。

  二是等义词的意义开始出现分化,并逐步转变为近义词。例如,"批评"和"批判"原本为一组等义词,都表示对错误或缺点提出意见。如:

老师批评了小朋友们乱扔垃圾的行为。

老师批判了不尊重别人劳动的行为。

  例中"乱扔垃圾"和"不尊重别人劳动"都是不正确的行为。"批评"和"批判"都指出该行为是错误的。虽然"批评"和"批判"原来是等义词,但现在已经发生了意义上的分化,词义上存在着明显的差异,虽然两者都表示"不赞同、不支持对方的观点或看法,指出存在的错误和不足",但是"批评"和"批判"语义轻重程度不一样,"批评"比"批判"的语义要轻得多。比如小王今天迟到了,这是不太严重的错误,老师对这种行为一般是采取批评教育的方式。如果小王考试作弊,这就是非常严重的错误,老师就要对这种行为予以批判了。此外"批评"和"批判"的搭配对象也有区别:"批判"的对象一般是抽象的,比如某种错误的观点、思想等;而"批评"的对象一般是具体的行为。

  (二)近义词

  近义词指的是意义相近的词语。"相近",是指词语之间存在着某些方面的差异,具体体现在概念义、附属义和用法(如搭配对象、词性和句法功能)等三方面。在现代汉语里,与等义词相近的是近义词,它构成了汉语同义词的主体部分。也就是说,绝大多数同义词实际上指的是近义词。

  意义相近的词是指基本意义相同,但有比较细微的意思差别的同义词。例如"天气"和"气候"都是说的大气中发生的各种自然现象的变化情况,可是它们在意义上是有细微差别的。"天气"是大气在短时间内的变化现象,"气候"是一定地区里长时期概括出来的气象情况。"勇敢"和"英勇"都是说的有胆量、不怕困难和危险,但"英勇"在"勇敢"之外还有"英雄气概"的意思。"滥用"和"乱用"都有随便使用、造成不好结果的意思,但"滥用"

第四章　现代汉语中的词义概说

是指超过范围、漫无限制地使用,"乱用"是指不加选择、不合规则地使用。"误解"和"曲解"都有误会、错怪别人的意思,但"误解"是指偶然误会别人的意思,"曲解"是指故意歪曲别人的原意。"坚决"和"坚定"都有拿定主意,不为外力所动摇的意思,但"坚决"是指人在态度、行动方面有决心,"坚定"是指人在立场、主张方面稳定、不动摇。"亲热"和"亲切"都有亲近密切的意思,但"亲热"是指人的态度方面的表现,"亲切"是指内心流露出来的真挚、恳切的情感。

从这些例子可以看出,意义相近的同义词是我们应该努力学习和研究的主要对象,对它们之间的意义差别要着重加以辨析。

汉语中的近义词数量非常丰富。按照近义词构成语素的特点,可以分为两大类。

（1）含有一个相同语素的近义词

有些近义词含有一个相同的语素。有些是前一语素相同,有些是后一语素相同。

①前一语素相同的近义词有：

反映——反应
变换——变幻
检查——检察
必须——必需
惊讶——惊奇
包含——包括
温和——温顺
优秀——优异
食品——食物
权利——权力
熟习——熟悉

②后一语素相同的近义词有：

安静——平静
骄傲——高傲
把握——掌握
爆发——暴发
抱怨——埋怨
常常——经常
喜爱——酷爱
恰当——适当

理想——梦想

生怕——害怕

急躁——暴躁

连忙——急忙

这些含有同一语素的近义词,如果根据它们之间的读音是否相同,又可以将近义词分为三类。

①读音相同的近义词,即同音近义词

例如:"包含"和"包涵"(bāohán):

包含:包括、含有。如:"中国的传统文化主要包含了哪些?"

包涵:原谅、宽恕。如:"如果有做得不对的地方,请多包涵。"

"宏大"和"洪大"(hóngdà):

宏大:巨大、宏伟。如:"我从小就有一个宏大的志愿。"

洪大:(声音等)大。如:"海浪拍打着礁石,发出洪大的回声。"

"本义"和"本意"(běnyì):

本义:词语本来的意义。如:"兵的本义是武器,引申为战士。"

本意:原来的意义或意图。如:"你误会了我的本意。"

此外还有"权利"和"权力"、"事物"与"事务"、"定金"和"订金"、"启用"和"起用"、"树立"和"竖立",等等。

②读音相近的近义词

常常表现为声母、韵母相同,声调不同。例如:"熟悉"(shúxi)和"熟习"(shúxí):

熟悉:知道得很清楚。如:"我对这条街道很熟悉。"

熟习:(对某种技术或学问)学习得很熟练或了解得很深刻。如:"他非常熟习电脑程序设计知识。"

"实验"(shíyàn)和"试验"(shìyàn):

实验:为了检验某种科学理论或假设而进行某种操作或从事某种活动。[①]如:"王博士常常在实验室里做化学实验。"

试验:为了察看某事的结果或某物的性能而从事某种活动。如:"新办法要经过试验然后再进行全面推广。"

"实力"(shílì)和"势力"(shìlì):

实力:实在的力量(多指军事或经济方面)。如:"这个公司实力雄厚,很有竞争力。"

[①] 吴鸿雅,WU Hong-ya. 朱载堉新法密率的科学怀疑与批判精神研究[J]. 科学技术哲学研究,2006,23(1):88-92.

第四章 现代汉语中的词义概说

势力：政治、经济、军事等方面的力量。如："听说这个家族在当地很有势力。"

③读音不同的近义词

例如："误解"（wùjiě）和"曲解"（qūjiě）：

误解：错误地理解。如："你误解我的意思了。"

曲解：歪曲事实，常指故意作出错误的解释。如："为什么你总是曲解我的意思？"

此外，还有"安静"和"平静"，"懊悔"和"懊恼"等都是读音不同的近义词。

（2）语素完全不同的近义词

例如："办法"和"措施"：

办法：指一般的办法，多用于口语。如："王秘书很快就找到了解决问题的办法。"

措施：一般指针对较大事情而采取的办法，多用于书面语词。如："为了应对洪水，政府出台了一系列紧急措施。"

"病人"和"患者"：

病人：生活用语，多用于口语中。如："医生正在给一位病人做检查。"

患者：医疗专业用语，多用于书面语。如："李爷爷是一名心脏病患者。"

此外，这类近义词还有"崩溃"和"瓦解"、"便宜"和"廉价"、"迟疑"和"犹豫"、"胆怯"和"害怕"等。

三、反义词

汉语中有一部分词或短语就是由反义词构成的。例如：

反正、是非、恩怨、进退、盈亏、左右、早晚、多少、动静、长短、大小、取舍、输赢、胜败、前后、得失、利弊、方圆、古今、开关、横竖、首尾、去留、咸淡、虚实。

此外，汉语中还有一个有趣的现象，那就是有些成语中包含着成对的反义词。例如：

（ ）上（ ）下：七上八下、不上不下、能上能下、瞒上欺下；

东（ ）西（ ）：东奔西走、东张西望、东倒西歪、东征西讨；

南（ ）北（ ）：南辕北辙、南腔北调、南征北战、南来北往；

前（ ）后（ ）：前呼后拥、前仆后继、前仰后合、前因后果；

大（ ）小（ ）：大惊小怪、大街小巷、大材小用、大同小异；

有（ ）无（ ）：有去无回、有气无力、有口无心、有头无尾；

( )是( )非：今是昨非、口是心非、似是而非、面从腹诽；

长( )短( )：截长补短、家长里短、取长补短、三长两短、说长道短、扬长避短；

( )天( )地：经天纬地、开天辟地、翻天覆地、改天换地、惊天动地、顶天立地、欢天喜地、花天酒地、呼天抢地、上天入地。

(一) 什么是反义词

语言中意义相反或相对的词叫反义词。一般说来，反义词在意义上是互相矛盾、互相排斥、互相对立的。如：

"好、坏"，"高、低"，"长、短"，"大、小"，"美、丑"，"深、浅"，"厚、薄"，"远、近"，"快、慢"，"进、退"，"出、入"，"开、关"，"反对、赞成"，"勇敢、怯懦"，"胜利、失败"，"伟大、渺小"等都是反义词。

还有一些词，虽然意义上并没有严格的对立关系，也并不互相排斥，但由于人们习惯于在语言中并举对比，把它们看作相互对立的概念，也叫它作反义词。如：

"冬"和"夏"，"黑"和"白"，"古"和"今"，"南"和"北"，"内容"和"形式"等。

我们说意义相反或相对的词叫反义词，并不是说一切矛盾对立的事物、相反的概念都要用反义词表现出来。如"坏"与"不坏"、"伟大"与"不伟大"、"高兴"与"不高兴"就不是反义词，原因是它们意义上虽然相反，但由于"不坏""不伟大""不高兴"都不是一个词，而是加上了否定词"不"组成的词组，所以不是"坏""伟大""高兴"的反义词。

由于事物的矛盾、对立现象表现在它们的性状和运动之中，所以反义词大量存在于表示事物性质、状态的形容词和表示行为动作的动词之中。名词中也有反义词，但数量较少。名词中的方位词和时间词往往表示对立的概念，但没有完全相反的意义，如"东"与"西"，"上"与"下"，"早"与"晚"，"春"与"秋"等。另有一些名词习惯上常常并举对比，也可当反义词看。如"政治"和"经济"，"革命现实主义"和"革命浪漫主义"等。一个词可能只有一个反义词，但也可能有几个反义词。如"快乐"的反义词可以是"悲哀、悲伤、忧伤、忧郁、愁闷"等。

多义词的每一义项都可能有反义词，如"爱"的反义词有"恨""损坏""讨厌"等。

(二) 反义词的性质及构成条件

反义词指的是意义相反或相对的词。例如："高"和"矮"，"胖"和"瘦"

第四章　现代汉语中的词义概说

等。在汉语中,反义词的构成是有条件的。主要表现在以下五个方面。

1. 两个词如果构成反义词,必须属于同一个意义范畴,如果不属于同一个意义范畴,就不能构成反义词

例如:"多"和"冷",前者是表示数量的概念,后者是表示温度的概念,所以不能构成反义词。"马虎"和"美丽"也不构成反义词,"马虎"的意义是"不认真",而"美丽"的意思是"好看",两者明显不是同一意义范畴的词语,所以也不能构成反义词。下面这些都是同一意义范畴的反义词:

轻——重(重量)

多——少(数量)

冷——热(温度)

高——低(高度)

快——慢(速度)

强——弱(强度)

浓——淡(浓度)

厚——薄(厚度)

稀——密(密度)

长——短(长度)

亮——暗(亮度)

大——小(体积)

2. 构成反义词的词必须词性也相同

反义词中以形容词占大多数,其次是动词,名词较少,许多表示具体事物的名词(如"桌子""椅子""水""火""人""饭"等)没有相应的反义词。

在词性上都属于形容词的反义词有:

好——坏

长——短

软——硬

甜——苦

大方——小气

谦虚——骄傲

危险——安全

成熟——幼稚

高尚——卑鄙

伟大——渺小

粗糙——精致

热闹——冷清

富裕——贫困
宽敞——狭窄
清醒——迷糊
平实——花哨
在词性上属于动词的反义词有：
爱——恨
升——降
开——关
迎——送
进——退
问——答
醒——睡
买——卖
借——还
赚——赔
推——拉
来——回
喜欢——讨厌
表扬——批评
惩罚——奖励
承认——否认
拒绝——同意
怀疑——相信
讨价——还价
在词性上属于名词的反义词有：
天——地
昼——夜
男——女
日——月
开头——结尾
权利——义务

3.构成反义词的词的附属意义必须相同

构成反义词的一组词,除了概念意义必须是同一范畴之外,其附属意义也必须属于同一范畴。比如："大方"和"吝啬"就不构成反义词,因为二者的语体色彩不同,"大方"是口语词,而"吝啬"是书面语词。"大方"的反义词是同属口语词的"小气","吝啬"的反义词是同属书面语词的"慷慨"。其他类似的还有：

长——短

快——慢

白皙——黝黑

雪白——乌黑

愉快——悲伤

开心——难过

迅速——缓慢

前进——后退

高尚——卑鄙

简洁——冗长

慎重——冒失

伟大——渺小

4. 词只能和词构成反义词,词不能和短语构成反义词

要构成反义词,除了必须属于同一意义范畴,且词性相同之外,还需要注意的是：反义词表示的是词语和词语之间的关系。所以一个词不能和一个短语构成反义词,同时也不能和它的否定形式构成反义词。例如："好"与"不好"的意义是相反的,但是"不好"属于短语,而不是词,所以不能构成反义词。类似的例子还有以下词语,这些都不能构成反义词。

漂亮——不漂亮

高兴——不高兴

存在——不存在

5. 构成反义词的词必须音节数相同

构成反义词的词必须是单音节的词对单音节的,双音节的对双音节的,多音节的对多音节的词,不能够混搭。例如：

快——慢

紧——松

南——北

黑——白

迅速——缓慢

低沉——响亮

清楚——模糊

急匆匆——慢腾腾

白茫茫——黑乎乎

一心一意——三心二意

无足轻重——举足轻重

以上破折号两边的词的音节数是一样的,因此可以构成反义词。而"快"和"缓慢"、"黑"和"白茫茫"、"急匆匆"和"慢"、"三心二意"和"专注"就不能构成反义词。

(三)反义词的类型

按照反义词之间意义是相反还是相对,可以将反义词划分为两大类:绝对反义词和相对反义词。

1. 绝对反义词

绝对反义词是指两个词之间的意义绝对相反,在意义上处于非此即彼(不是这一个,就是那一个)的状态,没有中间状态。如果肯定了A,就否定了B;而且如果否定了A,就肯定了B。

例如"真"和"假"是一对绝对反义词。如果是"真"的,那么就不会是"假"的;如果是"假"的,那么就不会是"真"的。肯定了一方,也就意味着否定了另一方。再比如"生"和"死",一个人要么已经死去了,要么还活着,不可能"又生又死",也不可能"不生不死"。

汉语中绝对反义词的例子还有很多,例如:

是——非

正确——错误

正——反

合法——非法

动——静

部分——整体

有——无

进来——出去

男——女

完整——残缺

2. 相对反义词

相对反义词指的是两个词之间的意义是相对的,也就是说会有中间状态,并不是像绝对反义词那样的处于"非此即彼"的关系。如果肯定了A,那么就否定了B;但是如果否定了A,并不一定就肯定了B。

例如"黑"和"白"是一对相对反义词。物体的颜色有很多种,如果是黑色,那就肯定不是白色(如果肯定了A,那么就否定了B)。但是如果不是黑色,并不一定就是白色,还可能是红色、黄色、蓝色、绿色等其他颜色(如果

第四章　现代汉语中的词义概说

否定了 A,并不一定就肯定了 B)。

再如"春"和"秋"也是一对相对反义词。一年有四个季节,不是春天,并不一定就是秋天,还可能是夏天或冬天。

又如:不是"早晨",并不一定就是"晚上",也有可能是中午或傍晚。所以"早晨"和"晚上"也构成一对相对反义词。

类似的例子还有:

松——紧
闲——忙
宽——窄
强——弱
浓——淡
胖——瘦
饥——饱
爱——恨
大——小
高——低
远——近
冷——热
新——旧
苦——甜
深——浅
哭——笑
进步——落后
开头——结尾
伟大——渺小
前进——后退
快乐——痛苦
熟悉——陌生
寒冷——温暖
紧张——轻松
简单——复杂
强大——弱小
容易——困难
美丽——丑陋

（四）反义词之间的对应关系

一个词可以有多个反义词，反义词之间的对应关系主要有两种情况。

（1）这个词所对应的多个反义词之间是同义词的关系。例如：

胜——负、败

是——否、非

老——小、少、幼、嫩

干燥——潮湿、湿润

持续——停顿、中断

出现——消失、消逝

丑陋——美丽、漂亮、俊俏

反对——拥护、赞成、支持

灵活——呆板、死板、固执

粗糙——光滑、细腻、光润、细致、精细

破折号左边和右边的词语之间是反义词的关系，破折号右边的各词语之间是同义词的关系。如"呆板""死板"和"固执"都指说话做事不灵活，听不进别人的意见。再如"美丽""漂亮"和"俊俏"都是指人的容貌秀美。

（2）当这个词是多义词时，它的不同义项会分别对应于不同的反义词，在这种情况下，这些反义词之间就不是同义词的关系了。例如"清淡"这个多义词的不同义项分别对应的反义词为：

①食物含油脂少。

他喜欢在吃饭前喝几口清淡的汤。

反义词是"油腻"（指含有很多油脂）。

如：食物太过油腻对身体健康不利。

②颜色、气味等不浓。

他总是喜欢坐在午后的阳光下看书，身旁的一杯绿茶散发出一丝丝清淡的香味。

反义词是"浓郁、浓烈"（气味浓重、浓厚）。如：漫步在花园的小路上，能闻到阵阵浓郁的茉莉花香。

③生意不兴旺，顾客少。

这家店刚开业，可惜来买东西的人太少，生意清淡。

反义词是"兴隆、兴旺"。如：这家餐厅自开业以来，生意一直都很兴旺，据说里面的饭菜很可口。

因为"清淡"的各义项之间关系较远，如"味道清淡"是指"食物含油脂

第四章 现代汉语中的词义概说

少""生意清淡"是指"生意不兴旺,生意少",一个义项是说"油脂"的含量,一个义项是说"生意"的状况,关系较远,因此它们彼此对应的反义词之间也不是近义词的关系。

（五）反义词的作用

由于反义词能够准确地表达相反或相对的概念,能够鲜明地揭露事物中的矛盾对立面,所以能使人在强烈对比之中,获得深刻的印象,增强文章的说服力。

1. 反义词在表达方面的作用

反义词在汉语中用得相当频繁,这与反义词所具备的表达作用密切有关。主要体现在以下几个方面。

（1）反义词可以在句子里构成修辞上的对比,突出事物间的矛盾关系,对比强烈,印象深刻。

反义词是语言中一种能够很好地表达意义相反或相对的概念或事物的工具。为了使不同的现象鲜明对照,修辞上经常运用反义词来作为对比或反衬的手段,更鲜明地突出事物的矛盾。运用反义词(同一句中下面打了着重点的词)构成对比,使所说的道理准确、清楚,所叙述的事情鲜明感人,能使读者在对立概念的强烈对比之中获得深刻的印象,加强了说服力。

例如：考试结束的铃声响了,父亲在校门外面焦急而又耐心地等待着自己的儿子。父亲迫切希望马上见到儿子,希望能马上了解儿子的考试情况,但儿子还没有从考场出来,父亲虽然有些担心,还是要耐心等待。通过"焦急"和"耐心"这一对反义词,将父亲的心理活动形象鲜明地揭示出来了。

（2）使用反义词可以构成对偶句式,常见于各类格言警句中。语言简洁,但寓意深刻。例如：失败是成功之母。谦虚使人进步,骄傲使人落后。

（3）反义词可以构成修辞上的反语。为了加强文章的战斗力,我们可以利用反义词意义间的矛盾对立关系,构成反语这种修辞手法,以增强语言色彩,加强文章的战斗力。

例如：也有解散辫子,盘得平平的,除下帽来,油光可鉴,宛如小姑娘的发髻一般,还要将脖子扭几扭,实在标致极了。(鲁迅《藤野先生》)句中的"标致"是反语,真实语义是它的反义词"丑陋"。

褒义词构成指称反面事物的反语,突出地表现了作者憎恨、蔑视或辛辣嘲讽的感情。上面所举例子是利用含有褒义的反义词来代替原来相应

· 109 ·

的贬义词。还有一种情况是利用含有贬义的反义词来代替原来相应的褒义词,表示更深一层的亲昵、深刻的感情,如用"小鬼""小嘎子""小沟气""小鬼头"来称呼自己喜爱的小孩子,用"该死的""冤家""对头"等来称呼关系较近的人等。

(4)多组反义词连用,加重语气,加强表达效果。例如:

①这件事情的是非曲直还需要仔细调查才知道。

②要勇敢,不要怯懦;要诚实,不要虚伪;要文明,不要愚昧。

例①中"是非曲直"本身就是一个成语,它是由"是非"和"曲直"两对反义词构成的,而"是"和"非"、"曲"和"直"本身又是反义词。多组反义词的连用为的是强调"到底是正确还是不正确,是有理还是无理"这样一种意思。例②中三对反义词连用,突出了句子的主题,即教育人们要做一个勇敢、诚实、讲文明的人。

(5)反义词的对立使用有助于营造对称和谐的形式美。例如:

①两只小船,一左一右。你追我赶,一前一后。

②元宵节的灯会真是热闹极了,一眼望去,远远近近、高高低低、或明或暗的都是花灯。

例①中"左"和"右"、"前"和"后"是两组反义词,一起连用,很好地描绘出两只小船互相比赛的场景。例②中"远"和"近"、"高"和"低"、"明"和"暗"等多组反义词连用,很好地描绘出灯会里的灯品种多样、各具特色且热闹非常的场面。这些反义词的连用,不仅凸显了语义,而且音节匀称,句式完整,给人留下和谐的形式美感。

2. 反义词在造句上的作用

(1)构成鲜明对比。常有这种情况:把好的东西和坏的东西放在一起,好的显得更好,坏的显得更坏。在上下文中,反义词对举,形成对照,矛盾对立的现象可以表现得更鲜明。例如:"虚心"和"骄傲"、"进步"和"落后",都是反义词,它们都表示事物的性质,两两对照,意思十分突出。"赞成"和"反对"是一对反映行为矛盾对立的反义词。用这一对反义词可以表现出赞成什么、反对什么,立场和态度非常明朗。"丧失"和"取得"是一对反义词,用这一对反义词说明了得和失的辩证关系。"破坏"和"建设"也形成明显的对比。

(2)加强逻辑力量。在论证或者驳论的文章中,运用反义词阐明观点,表示赞成什么、反对什么,除了构成鲜明对比之外,还能加强逻辑力量。

3. 反义词在构词上的作用

由于反义词在语言中可以构成修辞上的对比和反语,反映在词语结构中,就经常构成新的合成词和成语。

第四章　现代汉语中的词义概说

（1）构成合成词，结构精密。单音节的成对儿的反义词，可以作为词素结合起来，构成一种既抽象概括又生动具体的合成词。

这些词，从它们的词素看，每个词素的意义都很具体，好像是两个矛盾对立的事物的复合，但是就合成一个词以后的含义说，它们的意义却又非常概括，这样的意义是从矛盾对立的统一中抽象出来的。"胜负"指胜败这件事，"东西"指一种事物，"多少"表示数量，"左右"表示概数。（"左右"在"不要为人所左右"里还有"支配"的意思。）"甘苦"比喻处境的顺利和不顺利。（在"他深知创作的甘苦"里，"甘苦"指在工作中或经历中体会到的滋味。）"动静"指侦察的情况。（在"屋子里一点动静也没有"里，"动静"指动作或说话的声音。）

（2）构成成语，表意丰富。汉语里有许多成语是用反义词构成的"反对儿"。这样的成语，前后对照，表意上往往比单用丰富而有力。

成语的结构特殊，它们不是一个词，但结构严密，不能随便拆换，在句子里作一个词用。人们常常利用反义词构成成语，突出对事物的对比，加强词语的表现力。利用反义词构成成语有以下一些情况。

①反义词与同义词交叉使用构成成语。如：

生离死别、左顾右盼、长吁短叹、来踪去迹、里应外合、南辕北辙、同甘共苦。

②反义词交叉使用构成成语。如：

大同小异、苦尽甜来、此起彼伏、避实就虚、深入浅出、无独有偶、阳奉阴违、有始无终、吐故纳新。

③反义词跟其他词构成成语。如：

良莠不齐、弱肉强食、新陈代谢、真伪难辨、积少成多。

此外，反义词还可以与其他词构成成语，如"知己知彼""不破不立"，等等。

反义词还有修辞作用，如可以构成"对偶"。报纸上常用这种方式作标题。"不夸大成绩，不缩小缺点"，"不务虚名讲求实效"，就是这种对偶。又可以构成相反连用格式，如"不多不少""不早不迟"，大多数表示恰到好处、正是时候之类的意思。

4. 区分多义词和同义词

一般说来，一个词在不同用法上可以有不同的反义词。多义词的几个不同意义往往有相应的反义词与之相对。所以，我们可以借用反义词来区分多义词的几个不同意义。

运用反义词辨析同义词有下列两种情况。

（1）运用反义词区别都有反义词的同义词的意义和用法。如在"详细"

和"仔细"这一组同义词中,"详细"的反义词是"简略";"仔细"的反义词是"粗略"或"马虎"。辨析时可以从不同的反义词判断这一组同义词在意义和用法上的差别。

（2）运用反义词区别有的有反义词,有的没有反义词的同义词的意义和用法。如："庄重"与"庄严"是一组同义词,"庄重"的反义词是"轻佻";"庄严"没有相对的反义词。辨析时可以从有无反义词来辨析这一组同义词意义和用法上的区别。

第五章　现代汉语词汇的各种成分研究

　　语言是长期的社会产物,语言的词汇就是在语言的长期发展过程中逐渐发展、逐渐累积而成的。我们知道语言的发展不是用消灭旧的和建设新的那种方法来实现的,而是在原有的基础上用扩大和改进的方法来实现的,这在词汇方面表现得最为明显。在词汇学中,根据现代汉语普通话中词汇构成的性质不同,往往把词汇分成基本词汇和一般词汇。根据来源的不同,一般词汇中的词又可以分为文言词、方言词、外来词、专门用语、社会习惯语、新生词等。

第一节　基本词汇和一般词汇

　　从不同的角度对现代汉语词汇进行分类,可以分为不同的类别。如果从词的不同交际功能角度来分类,可以分为书面语词汇和口语词汇;如果从词存在的历史长短和是否普遍常用角度进行分类,可以将其分为基本词汇和一般词汇两类。下面我们主要对基本词汇和一般词汇的相关知识进行简要阐述。

一、基本词汇

基本词在普通话词汇中表达最基本的概念,是在全民族使用最广、使用率最高、意义最明确、生活中最重要、几乎不用解释就能为大家所理解的词。

基本词有的是实词,有的是虚词。如:

"斧、锯、网、锄、刀、镰、锹"等,用来表示劳动工具的名称;

"衣、帽、饭、菜、桌、椅、烟、酒、茶"等用来表示生活用品的名称;

"父亲、母亲、叔叔、伯伯、哥哥、姐姐、弟弟、妹妹"等用来表示亲属关系的名称;

"田、土、山、水、江、河、湖、海"等用来表示自然界事物的名称;

"手、足、躯干、头、心、肝、肠、胃"等用来表示人体组织的名称;

"我、你、他、这儿、那儿、这样、那样"等用来表示指代;

"大、小、高、低、红、黄、蓝、白"等用来表示事物的一般性质和状态;

"走、跑、跳、吃、喝、玩"等用来表示事物一般的动作和变化;

"上、下、前、后、东、西、南、北、东边、西边、南面、北面"等用来表示方位和处所名称;

"春天、夏天、秋天、冬天、年、月、日"等用来表示时间的名称;

"五、七百、千、斤、两、尺、寸"等用来表示数量;

"很、都、太、最"等用来表示程度、范围;

"和、跟、同、与"等用来表示关联;

"了、呢、吗、啦、唉"等用来表示语气。

基本词汇是基本词的总和,基本词汇在词汇中占的比例虽然不大,但却是词汇的核心部分,它是人们进行交际的基础。基本词汇包括所有的根词,根词是基本词汇的核心,是构成新词的基础。

基本词汇具有以下几个特点。

1. 稳定性

由于有些在人们生活中极为普遍又极为重要的事物在自然界、社会历史发展过程中本身的稳定性和人们相互间最起码的交际需要,使得基本词汇中数量众多的表示这些事物的基本词具有长时间的稳定性,自古至今一直存在于我们的语言之中。如"土、地、天、人、马、牛、羊、鸡、犬、大、小、上、下、兵、走"等,古汉语中早已有之,一直到现在仍然是现代汉语普通话词汇中的主要成分。它们虽然来源古老,但现在人们使用起来一点也不觉得它们是古老的东西,这就是基本词的稳定性。

应该指出的是,这些自古相传的基本词跟那些在现代汉语中很少用而

第五章　现代汉语词汇的各种成分研究

只在古典作品里见到的古语词是不同的,如"若夫、朕、皇帝、御史、尚书"等古语词就不是现代汉语的基本词。

2. 全民性

我们讲现代汉语基本词的全民性,是指凡是使用汉语的人,都必须掌握并经常运用这些词进行社会交际,任何人都不能例外。因为这些词是生活中必不可少的词,是语言组织中必不可少的成分。

3. 构词性

构词性主要是指基本词汇的构词力。随着社会历史和社会生产力的不断发展,新的事物、新的概念不断出现,普通话词汇中也不断产生反映它们的新词,而原有的基本词往往作为新词的构词成分,这就是基本词的构词性。如用基本词"火"作词根,跟别的成分结合起来,可以造出"火灾、火柴、火药、火锅、火烧、火炉、火车、火警、火花、火炮、火焰、火力、柴火、炮火、焰火、恼火、接火、开火、停火、战火"等词;又如用"山"作词根,跟别的成分结合起来,可以造出"山地、山谷、山城、山包、山岗、山巅、山头、山腰、山峰、山岚、山坡、山脊、山墙、山火、山魈、火山、石山、庐山、衡山、岳麓山"等词。这些基本词作为构造新词的基础,具有很强的构词性。

构词能力强的基本词往往本身既是独立的词,又经常当作各种词的词根,如"天、地、人"等都可以做词根。现代汉语普通话用这些根词做核心,吸收其他成分,不断构造并积累新词,产生出大量的合成词,形成以根词为核心的庞大而完整的词汇系统,以适应日益发展的社会需要。

以上只是基本词所具有的一般性质,但并非每个基本词都同时具备这些性质,一部分实词如"父、子、兄、弟、姐、妹"和虚词如"得、啊、吧、吗、呀"等具有很强的稳定性和常用性,但构词能力很差。基本词的稳定性和全民性以及它们的构词能力都是随着社会的变化而有所变化的,如"电"这个词,过去并不属于基本词汇,但现代却成了基本词汇"电"的根词,可以跟其他成分构成"电流、电压、电阻、电源、电子、电脑、电灯、电话、电影、电冰箱、电视机、电唱机、电车、电熨斗、电扇、电池、电机、手电、强电、弱电、静电、交流电、直流电、触电、充电"等词,这与现代有关电的技术的发展是密不可分的,它既具有很强的构词能力,又有明显的全民性。

普通话基本词汇不是一成不变而是不断发展变化的。用基本词构造出来的新词很多都进入基本词汇里去了。如"航线、公路、铁路、飞机、大炮、轮船、计算机、录音机、电唱机、电冰箱"等现代出现的词语都已进入基本词汇。

二、一般词汇

一般词汇是相对于基本词汇来说的。词汇里基本词汇以外的部分叫一般词汇。一般词汇里头的词包括由基本词构造的新词的大部分,以及文言词、方言词、外来词、成语、谚语等。

一般词的数量大大多于基本词,它有以下几个特点。

（1）一般词汇不一定具有基本词汇所具有的全民性。一般词汇里有的词只适用于一定的交际场合或专业、行业,但其作用仍然十分重要。如古书中多用文言词语,科学论文中多用专门词语,同乡谈话时习惯用方言词语,等等。

（2）一般词汇不具有基本词汇那样的稳定性。一般词汇中经常有新词产生,有旧词退隐,处于不断发展变化的状态中。一般词汇里的词大都不具有或很少有构词能力。

随着社会生活的发展,某个属于基本词汇的词所表示的某些事物、某些概念在人们的社会生活中已经显得不甚重要,或成为过时的东西,则表示这些事物的词也随着消失了。如古代饮酒用的器皿"爵"(一种兽形酒壶)、"觚"(用兽角做的酒杯)现在不用了,代表这两种器皿名称的词也就消失了;古代用的官吏职称如"刺史、知县、总兵、卑将"等现在不用了;旧社会对剥削者的称呼如"东家、老板、掌柜、老爷、少爷"等现在不存在了;旧社会对劳动人民诬蔑性的称呼"仆人、下人、听差、看门的、脚夫、邮差、车夫"等废弃不用了;旧社会被侮辱、损害的对象如"妓女、娼妇"等没有了。这些词除在古书和文学作品中可以见到外,现在都不使用了。

有的词很早以来就存在,但词义有了变化或发展。如"兵",古代专指兵器,如"短兵相接",现在则多指"军人";"汤"古代指"热水",现在一般指"菜汤";"走"古代专指"跑",现在则指"步行";"检讨"从前指"对某种学说或某个问题的检查研讨",现在则指"检查本人或本单位的生活、思想或工作上的缺点或错误,并追究根源"。有的事物过去和现在都存在,但名称变了。如过去说"薪资",现在说"工资";过去说"老叟",现在说"老人";过去说"堂倌、店小二",现在说"服务员";过去说"矣",现在说"了"等。

第五章　现代汉语词汇的各种成分研究

第二节　古语词和新词

一、古语词及其作用

古语词也就是通常所说的文言词语。在现代汉语的口语和书面语中，文言词语已经被新的词语所代替，一般情况下很少用。只有在书面上，为了达到某种修辞的目的，人们才选用一些文言词语。

（一）文言词语

文言文是古汉语书面语言，文言词是文言文中经常使用的一些词语，因为它们是从文言文中流传至今的，所以叫文言词，又叫"文言词语"或"古语词"，文言词跟现代汉语中古已有之的基本词不同，它们一般只在古文中见到，在现代汉语普通话中不用或很少用。

对于现代汉语普通话来说，文言词有的除作为修辞手段外，已经陈旧过时，如"俸禄、庶民、匹夫"等；有的只能在有关历史著作中看到，如"天子、诸侯、刺史、县令、驸马、社稷"等；有的只在书面语言中为表示特殊的感情时才使用，如"邂逅、盘桓、乎、哉、汝、尔"等。但是，由于古典文学和文言作品在现代广泛传播的影响，一些有生命的文言词在现代汉语普通话特别是书面语言（如文学作品、政治文件所使用的语言）里仍然有很大的作用，有时甚至非用文言词语不足以准确地表达作者所需要表达的意思，如"首（头）、卒（士兵）、忤（违背）、缄（封闭）、倦（疲劳）、巨（大）"。因此，尽管它们来自古代书面语言，却仍然是现代汉语词汇不可缺少的组成部分。

现代汉语词汇中使用的文言词包括实词和虚词。实词如"磐石、目送、谢绝、渊博、聘用"等，虚词如"所、于、则、而、之、与、及、以及"等。

现代汉语中使用的文言词有的用来表示特殊的感情色彩，如用"公子哥儿、千金小姐、土皇帝、钦差大臣、御用文人"等表示嘲讽的意义，用"典范、铭记、寿诞、逝世、终年、安息、与世长辞、致哀、哀悼、千古"等表示庄重的意义；用"殿下、公子、皇后、公主、王子、觐见、回拜"等以适应外交礼仪的需要等。使用文言词语还有助于说理透彻、言简意赅，如"失之毫厘，谬以千里"等。

有的用来丰富意义相近而有细微差别的同义词，如"觊觎、企图"作为"希望"的同义词，"拂晓、黎明"作为"早晨"的同义词等。有的跟其他词组成习用词语，如"以"可以组成"以东、以西、以南、以北、以前、以后、以上、以下、以期、以使、以免、以防、加以、用以"，等等。有的当作构造新词的词素，如"民"跟其他的词构成"民众、民主、选民、公民、人民"，等等。

应用文言词语，必须注意吸收古人语言中有生命的东西，避免使用已经过时或陈腐无用的词，如"不才、不佞、卑职"等，如非修辞的特殊需要，一般不用。

(二)文言词语的作用

(1)文言词语最常见的用途是表示庄严的色彩。

例如：

①获悉埃德加·斯诺先生不幸病逝，我谨向你表示沉痛的哀悼。(毛泽东《致斯诺夫人唁电》)

②人民解放军所到之处，深望各界人民予以协助。兹特宣布约法八章，愿与我全体人民共同遵守之。

例①是外事活动方面的电文。例②是党政军的重要文告。这类文体从内容到语体风格都是十分庄重严肃的。文中选用的文言词语，如"获悉""病逝""谨""哀悼""予以""兹""特""约法"等，都具有庄严色彩。[①] 它们同整个文体的风格是和谐的。我们平时从一些有关外事活动的报道中，从一些颂诗中常看到的一些文言词语，如"会晤""拜谒""瞻仰""光临""抵达""铭记""聆听""朝觐"，等等，都带有庄严的色彩。

(2)文言词语也常用来表示讽刺。

例如：

然而速胜论者也是不对的。……这些朋友们的心是好的，他们也是爱国志士。但是"先生之志则大矣"，先生的看法则不对，照了做去，一定碰壁。因为估计不符合真相，行动就无法达到目的；勉强行去，败军亡国，结果和失败主义者没有两样。所以也是要不得的。(《毛泽东选集》第二卷，人民出版社1991年第2版，第458页)

在整段通俗的语体文中插进一些文言词语，如例"先生之志则大矣"。我们读到这个地方，常常获得格外深刻的印象，并且为洋溢在字里行间的革命乐观主义精神所感染。

(3)文言词语用得适当，能使行文言简意赅，有音乐美。

例如：

①穷则思变，要干，要革命。一张白纸，没有负担，好写最新最美的文字，好画最新最美的画图。(毛泽东《介绍一个合作社》)

---

① 李丽远. 现代汉语"程度副词 + 名词"结构研究 [D]. 天津大学, 2007.

第五章　现代汉语词汇的各种成分研究

②无数事实证明,得道多助,失道寡助。(毛主席《全世界人民团结起来,打败美国侵略者及其一切走狗》)

③惟独共产主义的思想体系和社会制度,正以排山倒海之势,雷霆万钧之力,磅礴于全世界,而葆其美妙之青春。(《毛泽东选集》一卷本第647页)

这三个例句中的文言词语,都能以最简炼的文字表达丰富、深刻的内容:前两例分别以四个字、八个字,各概括了一条历史规律;后一例则以二十八个字,把共产主义的思想体系和社会制度蓬勃兴旺的景象和势不可挡的发展趋势,描绘得淋漓尽致。而且,这几个句子念起来都朗朗上口,铿锵有力。恩格斯说:"言简意赅的句子,一经了解,就能牢牢记住,变成口号"。毛主席善于把马克思主义的一些原理,历史的规律,党的政策,党的经验,概括在几个字或几句话中,使人牢记不忘。其中有一些是用文言词语组成的。除了上面举的以外,如"知己知彼,百战不殆","不入虎穴,焉得虎子","将欲取之,必先与之","星星之火,可以燎原","惩前毖后,治病救人","知无不言,言无不尽","言者无罪,闻者足戒","有则改之,无则加勉","凡事预则立,不预则废","实事求是","有的放矢","兼听则明,偏信则暗","行成于思",等等,文字简炼,寓意深刻,已经深深地印在广大革命群众的脑子里,成为大家的指导思想和行动口号了。

(4)在文艺作品中,文言词语常被用来加强抒情的色彩。

例如:

在傲然的露骨峰顶,俯视群山,君临天下,总会让人有种"无限风光在险峰"的快感。进入盛夏时,山下,百花齐放,牛羊成群,珍禽异兽,漫山遍野,疯狂的绿色在这广阔的草地上肆意铺陈。就在这里,孕育了一条生生不息的河,当地人都称之为漫坝河。

在这段文字中,作者有意选用了一些文言词语,如"傲然""肆意",等等,以增强抒情的色彩。

二、历史词语及其作用

有些词语代表某一历史时期曾经存在过、现在已经消亡了的事物,如尧、舜、太守、状元、驸马、租界等。这样的词语称为历史词语。

历史词语与现代生活很少联系,如果不牵涉历史,一般用不到历史词语。但是,为了达到某种修辞的目的,也使用历史词语。例如:

①自以为是,老子天下第一,"钦差大臣"满天飞。这就是我们队伍中若干同志的作风。(《毛泽东选集》一卷·第758页)

②上班族每天要参加点名或签到,因为点名时间设在卯时,故称"点

卯"；如果不点名，就搞签到，时间也设在卯时，故又叫"画卯"。

"钦差大臣"是由皇帝亲自派出巡视工作或专门办理某项事情的大臣。例①用来批评某些人，他们自以为是上级派下来的，比普通人高明，不深入群众，不调查研究，瞎指挥，给革命事业带来很大的危害。毛主席称他们为"钦差大臣"，是对这种人的辛辣讽刺，目的是教育我们痛恨并反对这种恶劣作风。

古代朝廷每天早晨都要进行朝会，也就是常说的早朝，朝会时一般定在黎明时分，也就是"卯时"。"卯时"即清晨五时至七时。上班族每天天一亮就准时出发，上班打卡，因此把这个点叫"点卯"。

在人民群众的习惯用语中，也有一些历史词语。例如"行行出状元"，"三个臭皮匠，赛过诸葛亮"，"只许州官放火，不许百姓点灯"，等等。使用这些历史词语，能使语言含蓄凝练，形象生动。但是，历史词语代表的是历史上的事物，如果没有有关的历史知识，就不能很好地领会有历史词语的语句含义。例如，不知道什么是"钦差大臣"，什么叫"点卯"，什么是"状元"，"诸葛亮"是什么人，等等，就不可能透彻领会那些语句的含义。因此，我们在阅读中碰到历史词语，应尽可能地借助工具书搞清楚它的意义。

三、新词语及其作用

新词语就是新产生的词语。例如，最近出现的科技术语"激光"、农业技术用语"茬秧"，等等。有的是由一些词组简缩而成的，如"居委会""妇联"，等等。

从产生的原因看，新词语有两种类型。

一种新词是同它所代表的事物或现象同时出现的；造出这种新词是为了把反映新事物新现象的新概念用语言材料固定下来，并在交际中把它表达出来。"激光""茬秧""居委会""妇联"等词都是这样产生的新词。

另一种新词是为了修辞或其他目的而创造的，它只是表示早已存在的概念的新名称。例如，"落实""蹲点"等词都是这样产生的新词。这种新词从新的方面表现事物和现象，或者能使表达更形象生动，或者能使我们对事物有新的、更深刻的认识。

创造新词是丰富语言词汇的主要途径。但是，创造新词要根据实际需要，要符合构词规律，要意义明确，能为人们共同理解。如果任意拼凑词素，就叫生造词语。例如：

①最近姚大爷显得格外频忙。

②经过一场激烈的战斗，敌舰艇被我毙获了，我艇大队胜利返航。

③他的发言很精绝。
④敌机来了,人们习惯地分散待避。

这几个例句中的"频忙""毙获""精绝""待避"等,都是生造词。这些生造词,都不是语言所需要的。例如,语言词汇里已经有了"忙""忙碌""繁忙""精彩""绝妙"等现成的词,完全能满足交际的需要,包括文体、风格的多样化需要,用不着再造出"频忙""毙获""精绝"这样的新词,因为它并不能给语言词汇增添什么有益的东西。有的不仅是不需要,而且意义也不明确。如例②的"毙获",例④的"待避",究竟是什么意思,不容易理解。看上下文,例④的"待避"应是"隐蔽"或"躲避"的意思。单从词素的意义上看,就不容易想到"隐蔽"或"躲避"上去。至于例②的"毙获",从上下文去推想,也许是包括了"击毙"敌人和"缴获"敌舰两个意思,但把这两个意思硬塞在一个词里,是谁也无法懂得的。总之,生造词语是语言的赘疣,为了语言的纯洁和健康,应该反对。

第三节 方言词、社会习惯语、外来词

方言是语言的地域变体,所以又叫"地域方言"。社会方言(socialdialect)是语言的社会变体,是社会分化的产物。社会方言是多种多样的。性别、年龄、职业、集团、阶级、政党、行业、社区、宗教等因素都能导致社会方言的产生。阶级习惯语、性别用语、青少年用语、时尚用语、职业用语、俚俗语、粗话、詈词、隐语等都是社会方言。

社会方言词汇中最值得注意的是:行话、术语等。行话指行业内部专用词。社会有职业分工。三百六十行,行行有自己的专门用词。隔行如隔山,首先表现在行话上。行话中有些是不对外公开的,是秘密性的行业隐语。

一、方言词

(一)方言词概念

跟现代汉语普通话是全民族的共同语不同,方言是只在某一个地区使用的、区域性很强的语言。现代汉语方言十分复杂,甚至有"十里不同音"的现象。汉语方言主要分北方话、吴语、湘语、赣语、客家话(分布在广东、广

西、福建及江西等省区部分地区)、闽北话、闽南话和粤语八种。方言里除了普通话词汇外,还有本方言区特有的词汇。这种普通话里不用而只在某个区域里流行并为这个地区的人共同使用的词叫"方言词"。

方言区有大有小,方言词使用的范围也有广有狭。那些在狭小范围内使用的方言词叫土语词。如上海话中的"白相"(玩),广州话中的"靓"(漂亮);晋中话的"吉灵"(聪明伶俐);莆田话中的"纸字"(钞票);福清话中的"卡溜"(玩);长沙话中的"勒死哒"(诙谐、幽默)等。

不同的方言区在使用词语时往往有分歧现象。如"肥皂",北方叫"胰子"、广州话叫"备桃",福州话叫"胰皂",湖南话叫"洋碱"。又如"太阳",湖南话叫"日头",湖北话叫"日亮",北京土语里还有一种叫法是"老爷儿"等。

对于上述用词分歧的现象,普通话词汇里一般采用北方方言中最通行的词做标准,如普通话里说"祖母",不说"娭毑";说"他",不说"低""其""伊";说"青蛙",不说"麻拐"。

(二)方言在现代汉语中的应用

普通话词汇从北方方言中吸收了主要成分,扩大了词语的共同性。同时,又从其他方言中吸收了许多适用和需要的词来丰富自己的词汇。

(1)吸收基础方言中的方言词。

现代汉语普通话是以北方方言为基础而形成的汉民族共同语。普通话的一般词汇以基础方言北方话中具有全民性的词为主,也吸收了北方方言中的一些方言词。如"棒子"(玉米)、"山药"(马铃薯)、"妞"(小女孩)等。

(2)吸收其他方言里的方言词。

普通话词汇在形成和发展过程中,吸收了数量不少的方言词,使之成为普通话词汇的一部分,使得普通话词汇更丰富,更具有严密性,因而也就更具有表现力。

普通话吸收方言词的方式一般说来有如下几个方面。

第一,吸收方言里某些表示特殊意义的词作为补充词汇,如"里手、名堂、把戏、叫花子、铁公鸡、瘪三、尴尬、蹩脚、龌龊"等词,生动活泼,表现力强,普通话中又没有相应的词能表达出它们的意思,于是就吸收它们作为普通话词汇。

第二,集合方言词作为意义相同或相近的同义词,如江浙话把"炒菜"叫作"烧菜","烧"在这里的意义跟"炒"的意义相同,在普通话词汇中得到普遍应用。又如"睡",有的方言说"困",有的方言说"鼾",有的方言说"眠"。普通集合"睡、困、鼾、眠"作为"睡"的有细微差别的同义词。"睡觉"用"睡",疲劳了很"困倦"用"困";"睡觉"时鼾声如雷叫"鼾";睡不着"失眠"叫"眠"。

第五章　现代汉语词汇的各种成分研究

第三,吸收富有地方特征的方言词,在文学作品中,为了塑造出人物的生动形象,经常使用一些具有地方特征的方言词语,以便使语言更加生动活泼。如普通话里的"做什么",四川话说"做啥子",湖南话说"做么子";普通话里的"小孩子",湖南话说"细伢子",湖北话说"小伢们",都富有鲜明的地方色彩,给人亲切之感。又如周立波同志在小说《山乡巨变》中用了大量的益阳地区方言,使作品具有浓郁的乡土气息。

第四,吸收方言词为构造新词的材料,如"桌子",江浙方言叫"台"。普通话中不单独说"台",也不说"台子",却将"台"作为构词成分,组成"台面""台布""写字台""乒乓台",丰富了普通话词汇。

(三)吸收方言词要注意的问题

普通话词汇由于吸收部分方言词而加强了表现力,但吸收方言词时却不能毫无限制,应该遵循一定的标准,特别是文艺作品中应防止滥用方言词,以免因读者不懂造成阅读上的障碍而缩小作品的影响力。在吸收方言词时要注意以下几个问题。

(1)充分了解普通话词汇跟方言词汇之间的差异。在吸收各方言中生动活泼、表现力强的方言词的同时,坚持以采用普通话词汇中常用词为主的原则,促进汉语的规范化。

普通话词汇与方言词汇的不同主要集中在以下几个方面,有的词同音异义,如"大风",湘南有的地方叫"太风"等。

有的义同而称谓说法不同,如"爸爸",湖南话中有的地方叫"爹爹";"夫妻",莆田话叫"老公妈";"什么"广东话叫"乜野",湖南隆回话叫"么个"。有的词同而含义广狭不同,在某些情况下用法一样,在另一情况下用法又不一样。如"得意",北方话为"称心如意",广州话除了这个用法外,还有"有趣、逗"的意思。如说"呢个细佬高女子得意"(这个小孩儿很有趣)。有的词同而所指各异,如"米粉",北方话指用大米磨成的粉末,湘方言中却专指用大米粉末制成的面条。又如"姐",湖南耒阳叫"妈妈"作"姐"。我们了解了以上种种差异,才能区别普通话词汇与方言词汇,并在吸收方言词时做到取其精华,去其糟粕。

(2)充分了解普通话词汇跟方言词汇构词法的不同,吸收其合理部分。如普通话词汇中有一部分名词带词尾"儿",这种情况在南方方言中很少见。普通话中带"儿"的名词往往表示"小"的意思,含有"可爱"的意味,如"瓜子儿""果皮儿""小石头子儿""小房儿""小孩儿"等,而同一意思在广州客家话里都用"仔"表示,如"瓜仔""国仔"等。又如普通话名词迭音形式不多(如"年年""月月""日日"等),但四川等地方言中迭音的名词却较多,如"罐罐儿""瓶瓶儿""圈圈儿""帽帽儿"等,其词尾儿化音包含有"小"的意思。再如普通话一般在动物名词前加上"公""母"等形容词以区分性别,如"公牛、母牛"等,但方言中却往往把那些表示性别的词放在动物名称的后面,如湖南隆回话把"公牛、母牛"叫作"牛公、牛婆"等。还如有些构词成分在方言中比普通话中用得广泛,如普通话中的"很",北方方言中可以用"死""稀""精"等表示,如"死板、死硬;稀碎、稀烂;精瘦、精薄、精湿"等。

对于这些词语,我们应加以比较,吸收它们中广泛应用的部分,排除生涩的词语。

(四)方言词语及其运用

方言词语是普通话里少用,只在某一方言区大量使用的词语。在一个大方言区里,还可以有若干土语区。只在狭小的土语区里使用的词语,叫土语词。例如,"太阳"有些地方叫"日头",个别地方叫"热头"。"跑"广州话叫"走","行"。"给"广州话叫"畀",武汉话叫"把"。"时候"上海话叫"辰光",福州话叫"前后"。在这里,"日头""热头""走""行""畀""把""辰光""前后",都是方言词语。

方言词语有地区的限制,没有全民族的共同性。因此,文学语言(指一切文体的书面语和经过加工提炼的讲演报告等)一般不宜用方言土语词汇。只有在某一特定区域为交流方便而说,某一地方性概念在普通话中没有相当的词语,或有不能准确地表达出地方色彩或感情色彩的时候,才可以使用。

小说、戏剧、电影之类的文艺作品的语言跟其他体裁作品的语言有不同特点,不同要求。它要反映复杂多样的社会生活,塑造各种各样的人物形象,因此必须采取各种语言手段,其中包括适当采用方言词语、社会习惯语、行业语以及某些粗俗词语。方言词语多数用在人物的对话里,有时也用在作者的叙述语言里。用在对话里,它可以显示人物的籍贯,甚至反映出他所属的社会阶层。在对话里偶尔用几个方言词,跟许多电影或小说在刻画外国人的形象时偶尔让他们说一两句外国话或带着外国话特点的中国话一样,可以使人物形象更加生动,更有真实感。

方言词语在艺术创作上有一定的作用。在文艺作品中应用严格,这是一方面。另一方面,方言词语毕竟有地域的限制,出了方言区,往往一定要用,有些也应加上注解。对于一些作品拥有最广泛的读者,对读者的语言影响最大,所以,在推广普通话,促进汉语规范化,维护祖国语言的纯洁、健康方面,文艺作品可少用方言词语。

二、社会习惯语

社会习惯语包括行业语、阶级习惯语和隐语等。行业语词汇指各行业特有的专门用语,又叫行话。行话有专指调性、板式的术语"二黄""西皮""流水""二六""逻龙"等,表示锣鼓点的术语"抽头""扭丝""串子""圆场"等,表示台步或舞蹈动作的"横蹉步""后蹉步"等,舞蹈行业中表示舞蹈动作的术语如"劈叉跳""扑步""掖腿转""倒踢紫金冠""吊腰",等等。社会上的行业很多,各行各业都有自己的行话,这里就不一一列举了。

(一)术语词汇

专门用语又叫社会习惯语,包括专门术语和行业语。专门术语是某门学科中的专门用语。每一门学科都有各自特定的术语。专门术语包括自然科学用语和社会科学用语。

1. 自成系统的专门术语

对各种术语,外行人是绝对不可望文生义的。现代科学技术越来越专门,每个学科都有自成系统的专门术语。

(1)自然科学中的术语。

数学上的术语:微分、积分、概率、几何、三角、函数、代数、正数、负数、升幂、降幂。

物理学上的术语:短波、中波、长波、频道、电子、质子、反射、折射、功率。

化学上的术语:溶液、溶解度、酸性、碱性、分解、氧化。

天文学上的术语:恒星、行星、卫星、大气层、月蚀、日蚀。

地理学、气象学上的术语:高原、平原、沼泽、河流、盆地、经度、纬度、气压、雨量、风速。

生物学上的术语:年轮、细胞、细胞核、胚胎、胎盘。

生理学、医学上的术语:肿瘤、血型、抗菌素。

(2)哲学和社会科学上的术语,如:矛盾、质变、量变、多元论、一元论、君主制、价值、生产力、生产关系、商品、流通、古诗、乐府、近体诗、小说、散文、白描、雕塑、交响乐、爵士乐、奏鸣曲、实词、虚词。

行业语是社会上某一行业使用的词语,这种词语是某种职业或某些特殊生活的专门用语。各行各业的成员所使用的行业语因其职业不同而各不相同。

行业语的种类很多。

工业用语:转子、锭子、轧制、电焊、切削、平炉、钻机、车床、加工、成品。

农业用语：密植、间作、套种、晚造、抗旱。
商业银行用语：存款、利率、支票、头寸。
医药业用语：理疗、透视、注射。
军事用语：军种、兵种、军区、驱逐规、鱼雷艇、游击队。
印刷业用语：纸型、校样、制版、印张、开本。
教育用语：作业、讲义、肄业、奖学金、优秀学生、特级教师。
交通运输业用语：海运、满载、搁浅、站台、列车员。
戏剧用语：主角、配角、化妆、道具、台词。
特殊生活用语，如：
宗教用语：方丈、住持、浮屠、沙弥、头陀、洗礼、忏悔、神通。
秘密团体的秘密用语，如小说《智取威虎山》中土匪见面时用的黑话"么哈、溜子、蘑菇"等。
特殊阶级的阶级同行语，如地主资产阶级用的"少爷、老爷、仆人"等。
专门术语跟行业语的不同点主要在于使用的范围有差别，专门术语具有全民性、国际性，大部分可在全球通行。如"细胞、胰岛素"等生物学上的术语就可在全世界生物界通行。行业语不具有全民性，一般只在一定集团或行业内部通行。

专门术语跟行业语性质上的共同点是：

a. 专门术语跟行业语都不受地区限制，不同于方言，但又都不能成为独立的语言，只能依附于民族共同语而存在。

b. 专门术语跟行业语具有明确的单义性，每一个词语都有特定的意义。这是跟科学研究的需要和各行各业分工的明确，以及特殊社会生活的需要分不开的。

2. 佛教术语

术语是某一个学科中的专门用语。例如，道教术语"命门、出阙、密户（肾）、赤龙（精气）、龙宫（元神）、河车（北方正气）、泥丸（人脑）、黄婆（意念）圣胎（精、气、神凝聚而成的内丹）"等。

佛教术语，如"色、色界、劫、业、一念、三业、四大、五时、解脱、方便、众生、有情、意识、本质、顿悟、菩提、圆寂、涅槃、三生、随缘、智慧、世间、因缘、法眼、肉眼、无间道"等，对汉语的影响是极其巨大的，绝不可以低估。许多佛教词汇已经进入汉语的日常语言，成为汉语的一般词汇，甚至基本词汇。但是佛教术语和汉语普通语词是有区别的，例如：

色：①颜色。②脸上表现的神情。③种类。④情景，景象。⑤物品的质量。⑥指妇女美貌。⑦色欲。（《现代汉语词典》）

色：梵文 Rupa 的意译。教义名词。相当于物质的概念，但并非全

第五章　现代汉语词汇的各种成分研究

指物质现象。《俱舍论》卷一："变碍故名为色。"指一切能变坏并且有质碍之事物。《百法明门论忠疏》："质碍名色。"唯指具有不可入性之事物。①作为"五蕴"之一，称为"色蕴"，或与"心法"相对，称为"色法"。泛指"十二处""十八界"中的眼、耳、鼻、舌、身五根，色、声、香、味、触五境以及所谓"无表色"，故云："色者唯五根、五境及无表。"（《俱舍论》卷一）其中"无表色"是一种精神现象。②作为"六境""十二处""十八界"之一的"色境"，简称为"色"，是专指"眼"所识别的对象而言，范围较窄："眼所取故名为色。"（《俱舍论》卷一）此种"色"又分多种。《大乘五蕴论》分为三类：（1）"显色"：颜色、明暗等。（2）"形色"：长短、高下等。（3）"表色"：人体伸曲坐卧等。

3. 使用时注意事项

使用专门用语要注意的问题如下：

（1）确切地理解专门用语的含义。专门用语具有单义性，只有确切地了解它们的含义，才能准确地使用它们。如"皴"是国画画法的一种，即用墨画出山石的折皱、纹理。如果不了解它的含义，使用时就会出错。

（2）注意专门用语的发展。随着科学技术的逐渐普及，人们常常将专门用语作为一般词语使用，使专门词语具有扩大化的用法，甚至逐渐变为一般词语，成为全民共同语词汇的一部分。如：

"瘫痪"原系生理学上的专用词语，现在说"敌人的指挥机构被我们打得瘫痪了"，"瘫痪"指敌人的指挥机构失去了作用。

"进军"一词原系军事上的专门用语，现在说"向四个现代化进军"，"进军"一词被用来说明为实现"四化"而采取的行动。

（3）不滥用专门用语。专门用语是普通话词汇的源流之一，但由于它专业性强，局外人不易掌握，所以在写给一般人看的文章里，除非必要，不要用专门用语。使用专门用语时，一定要遵循规范化的原则。

4. 不同学科中的应用

术语从属于、生存在特定学科之中。表面相同的术语，在不同学科中的含义是不一样的。例如：

①角（angle），从一点引出的两条射线所夹的平面部分。两条射线的公共端点，称为"角的顶点"；两条射线，都称为"角的边"。

②角（angle），在三角学、解析几何、微积分等学科中，角是指一条射线绕着它的端点旋转到一定位置所形成的图形。旋转开始时，射线所在的位置称为"角的始边"；旋转终止时，射线所在的位置称为"角的顶点"。

再如：形态、风化等来源于日常语言的术语，其词义严格区别于日常语言中的词义。例如：零、角、点、场等。

各门学科的术语规范化是学科进步的重要保证。科学技术术语的规范不是词汇学家所能够单独进行的,主要依靠本学科的专家。只有熟悉本学科的发展史,把握了学科的学术体系的人才有资格进行一门学科的术语规范工作。

以术语为研究对象的是术语学。术语规范化、标准化是科学技术进步所必须的。编纂各个学科的专门术语词典是规范化、标准化的重要环节。

(二) 隐语

"隐语",也叫作"黑话",是流行于某个社团内部、对外不公开的秘密语。它并不是一种语言,而是一套词汇。《辞海》释为"旧时有的社会集团为避免局外人的了解而制造的秘密词语"。说到"黑话",必然联想到黑帮、黑社会。《辞海》加上"旧时"是想说,新社会里没有黑社会,所以没有"黑话"。其实,隐语并不限于黑帮、黑社会,革命团体也使用秘密语。情侣夫妻之间也有秘密语言。性别也会产生隐语,如女性用词"大姨妈"等。闻一多《说"鱼"》疑问中说:"隐语古人只称'隐',它的手法和喻一样,而目的完全相反。喻训晓,是借一事物来把本来就不明白的说得明白点;隐训藏,是借另一事物来把本来可以说得明白的事物说得不明白点。""鱼"是古代情侣之间的隐语。

隐语词汇是对全民语言词汇的偏离。例如,旧时有关行业对数字一至十所使用的隐语见表 5-1。

表 5-1 旧时有关行业隐语

隐语 通语	米行	药行	典当	杂货铺	丝行	线行	绸绫行	估衣铺
一	子	羌	口	平头	岳	田	叉	大
二	力	独	仁	空工	卓	伊	计	土
三	削	前	工	眼川	南	寸	沙	田
四	类	柴	比	睡目	长	水	子	东
五	香	梗	才	缺丑	人	丁	固	里
六	竹	参	回	断大	龙	木	羽	春
七	才	苓	寸	皂底	青	才	落	轩
八	发	壳	本	分头	豁	戈	末	书
九	丁	草	巾	未丸	底	成	各	籍
十	足	芎	—	—	—	—	汤	—

第五章　现代汉语词汇的各种成分研究

"隐语词"和"黑话"的区别是:"隐语词"是秘密性的词,"黑话"是短语或句子。黑话是具有保密性的话语,黑话的构成成分可以是隐语词,但不一定都用隐语词。

隐语并不局限于黑帮、黑社会,例如,月经的隐语:"大姨妈""好朋友""月经""月信""月水","月有盈亏,朝有朝夕,月事一月一行,与之相符,故谓月水、月信、月经"。"月事","内塞,月事不下也"。(《史记·仓公传》)"红铅","邪术家谓之红铅,谬名也"。(李时珍《本草纲目》)"天癸","且说孔慧娘,那一次与茅家官司,已气得天癸不调"。(《歧路灯》第 47 回)"红潮","红潮,谓桃花癸水也,又名入月"。(张泌《妆楼记·红潮》)

三、外来词

随着交通工具和现代科学技术的发展,根据政治、经济、文化的需要,国家与国家以及一个国家内部各民族间的交往日渐频繁。在这种日益增强的交往中,一个民族的语言往往从别国或别民族语言词汇中借用或吸收一些成分。这种从外国或其他民族的词汇中吸收进来的词叫作外来词。吸收外来词是丰富充实汉语词汇宝库的途径之一。

(一)现代汉语词汇中的外来词形式

现代汉语词汇中吸收来的外来词主要有以下三种形式。

1. 音译外来词

直接按照外国或别民族语言中的词的读音翻译过来的词叫音译外来词。"柠檬""罗曼蒂克""歇斯底里""布尔什维克""斯大林""卢布"等都是汉语从外国语言中吸收过来的音译外来词;"哈达""娃子""喇嘛""戈壁""噶嘎""阿訇"等都是汉语从我国兄弟民族语言中吸收过来的音译外来词。

这里要注意的一个问题是,因为各种语言的语音系统不同,从外来词译音而来的词不可能跟原来词语的声音绝对相同,而往往只是用一些近似的语言形式来代替。

2. 音意兼译外来词

这种外来词有两种表现形式:一种是音译词本身兼有表意作用,音意相关,如"逻辑""维他命""乌托邦""俱乐部"等。一种是在音译词上增加汉语的表意成分,如"卡宾枪""摩托车""卡片""卡车""沙丁鱼""霓虹灯"等。这种形式是兼有音译跟表意作用的最常见形式。

3. 从日文中借用的词

从日文中吸收过来的外来词,原词是用汉字书写的,汉语把它的形和义借用过来,但不用它的音而按汉语的发音读。如"集团""目的""抽象"等。

在学习外来词时要注意的一个问题是,汉语词汇本着"洋为中用"的原则,根据汉民族的语言习惯,在输入外来词后,往往开始产生借词,后来就改用仿译词代替借词,如把"哀的美敦书"改成"最后通牒";"歇斯底里"改为"癔病"等。准确地说来,后者这种纯粹运用意译法仿造外国或别民族语言的新词,虽然代表着新的概念,但它是用汉语的构词成分和构词法造出来的,不是真正的外来词,这种情况的词还有很多,如"蜜月""劳动日""好望角"等。

(二)吸收外来词的原则

使用外来词要注意规范。在输入外来词的过程中,由于翻译的人不同,翻译的时间、地区不同和采用的方式不同,常常造成异名同实的等义词。例如,同一种长度单位,有"米达""米""公尺"三个不同名称,这都是由于对同一个外语词采取不同的译法而造成。前两个是音译,后一个是义译。义译就是根据外语词的意义,用汉语词素造出一个新词。义译词不算外来词,但与外来词的规范化问题有关系。

外来词的吸收大大丰富和充实了汉语词汇,特别是在为实现四个现代化而努力奋斗的今天,为了学习外国的先进技术和建设经验,国际交往日益增多,汉语外来词的成分也不断增多。但是,吸收外来词并不是无止境的,必须遵循一定的原则,以保证祖国语言的纯洁,防止造成混乱。一般说来,吸收外来词主要遵循两个原则。

(1)吸收的外来词的词语形式应和汉语的词语形式尽量协调一致。

为了适合现代汉语普通话的词语形式和双音词占绝对优势的趋势,不少外来词由借词变成了仿译词,如把"罗曼蒂克"变成了"浪漫","德谟克拉西"变成了"民主","烟土披里纯"变成了"灵感";"德律风"变成了"电话"等。

(2)要注意根据语言的规范化原则吸收外来词。

我们谈吸收外来词,主要是指吸收外国或外民族语言词汇中有用的词语,不能生搬或滥用外国词语,如果某些事物汉语中已有合适的词语表示,就不要搬用外国词语。如:"再见",除特殊文艺作品中的特殊情况外,就用不着写成"拜拜"了。

第五章　现代汉语词汇的各种成分研究

第四节　口语词汇和书面语词汇

在语言词汇里,有许多词语,口语、书面语都通用,人们感觉不出它们有什么语体色彩,如"头""身材""办法""打""看""笑""发抖",等等。但是,也有一些词语通常只用在口语里,带口语色彩,如"脑袋瓜""法儿(法子)""个儿(个子)""揍""瞧""乐""哆嗦",等等。[1] 还有一些词语通常只用在书面上,带书面语色彩,如"头颅""身躯""措施""殴打""观看""欢笑""颤抖",等等。通常只用在口语里,带口语色彩的词语,统称为口语词汇,通常只用于书面,带书面语色彩的词语,统称书面语词汇。

在口语词汇中,既有前面谈到的俗语词汇,也有不具备俗语词汇所特有的风格的一般口语词汇,如前面提到的"个儿""个子""法儿""法子""揍""瞧""乐""哆嗦",等等。在书面语词汇中,有文言词语,也有现代书面语词汇。文言词语的书面语色彩最浓。现代书面语词汇大多是现代产生的双音节词。这些双音节词大都有口语里常用的单音节词与之相应。例如:

阅读——读
挑选——挑
歌唱——唱
疾病——病
睡眠——睡
书写——写
运输——运
居住——住
偷窃——偷
修改——改
甜蜜——甜
美好——好
美丽——美
飞翔——飞
关闭——闭
请求——求

---

[1] 高艳. 现代汉语口语词的主要类型及基本特征 [J]. 海外华文教育, 2017（09）: 1188–1199.

寒冷——冷
凝结——结
浑浊——浑
安静——静
涂抹——涂
增添——添
堵塞——堵
捕捉——捉
等待——等
……

这些双音节词,比起许多文言词语来,书面语色彩不那么浓,但比起口语里常用的相应的单音节词来,显得"气派",要大一些,"文"一些。

一、口语词[①]

"口语词""书面语词"等是从语体的角度提出的概念,而目前关于"语体"的分类,学术界并未完全达成一致。关于口语词的研究,不论是在本体方面还是在教学方面(包括母语者的语文教育),都很缺乏。口语词在音节、结构、风格等方面都有着与通用词和书面语词不同的特征。

(一)单音节

现代汉语中,单音节词记录了日常生活的方方面面,因而比较常用,在口语中颇具活力。单双音节的对立是现代汉语口语词汇与书面语词汇的一个重要区别,书面语色彩越浓,双音节动作动词的出现频率越高。反之,口语色彩越浓,单音节动作动词的出现频率越高。尽管单音节词在数量上不占优势,但其作用不可小视。据张安娜统计,单音节词在口语词中所占比例为5.38%,单音节词在书面语词中所占的比例为3.15%。可见,口语中的单音节词要多于书面语。需要指出的是,很多"儿"化词也是单音节词,如"昨儿""空儿""响儿""托儿"等,"儿"化词是典型的口语词。受此影响,单音节口语词汇的实际数量比一些学者统计的数量要大。更为重要的是,单音节词使用频率显著高于复音节词,"在日常口语中,单音节词的使用频率高达61%,而双音节词的使用频率只有37%。这就是说,就现代汉语口语

---

① 高艳.现代汉语口语词的主要类型及基本特征[J].海外华文教育,2017(09):1188–1199.

第五章 现代汉语词汇的各种成分研究

而言,单音节词的使用频率仍然大大高于双音节词"。无须赘言,单音节词是口语词的重要组成部分,在口语中占有举足轻重的地位。这是因为口语中的单音节词主要是基本词,具有全民常用性,历史悠久,生命力强。总而言之,单音节词是口语词汇的源头和基础,是最典型的口语词。

(二)派生

与复合词比较而言,派生词的口语体特征十分鲜明,比如:形容词尾音节作为后缀读轻声时,为口语词;作为词根语素读本音时,则为书面语词或通用词。词末"儿"使其前附音节的韵母卷舌化即"儿"化所形成的"儿"化词都是口语词。

(1)"儿"化改变词性衍生出名词,从而改变词义,如:

箍儿、卷儿、活儿、塞儿、缝儿、托儿、个儿、块儿、错儿、亮儿、尖儿、干儿、短儿、好儿、空儿、香儿、撮儿、串儿、截儿、堆儿、捆儿、吃喝儿、摆设儿、围嘴儿。

(2)"儿"化不改变名词词性,但词义发生改变,如:

眼儿、头儿、面儿、腿儿、嘴儿、丝儿、皮儿、根儿、门儿、信儿、心肝儿、白面儿。

(3)"儿"化不改变词性和词义,只是增加附加意义。

①有的"儿"化可以表示"小"义,如:

瓶儿、鱼儿、碟儿、烟儿、瓣儿、洞儿、肚脐儿、水珠儿、树枝儿。

②有的带有亲切、喜爱的情感色彩,如:

小孩儿、毛驴儿、宝贝儿、蝴蝶儿、板凳儿、树根儿、公园儿。

③有的表示厌恶轻蔑的感情色彩,如:

小偷儿、败家子儿、病根儿、混球儿、窑姐儿。

(4)部分时间名词和表示处所的指示代词省略原词末尾音节后"儿"化,词义不变,完全口语化,如:

今天——今儿

明天——明儿

昨天——昨儿

前天——前儿

后天——后儿

这里——这儿

那里——那儿

哪里——哪儿

(5)词末的"儿"先天依附于前面的成分,没有非"儿"化形式,既无辨

133

义作用,也无附加色彩,为造词之初的原始形式,如:[1]

胡同儿、打鸣儿、蛐蛐儿、纳闷儿、较真儿、玩意儿、门墩儿、抓阄儿、包圆儿、没准儿、存晃儿、盖帽儿、字眼儿、药方儿、宝盖儿、肉月儿、老伴儿、脸蛋儿、合群儿、打盹儿、挨个儿、大伙儿、大腕儿、找碴儿、吃香儿、一会儿、嗓门儿、光棍儿、打嗝儿、豁嘴儿、月牙儿、压根儿、一个劲儿、一股脑儿、馅儿。

需要注意的是,"宠儿""健儿""女儿""乳儿""胎儿""小儿""婴儿""幼儿"等不是"儿"化词,也不是口语词,其中的"儿"是词根语素,独立成音节,读"ér"。

(三)重叠

重叠词大多为口语词汇,有 AAB 式、ABB 式、AABB 式构词重叠,有 AA 式、ABAB 式、A 里 AB 式以及"A 来 A 去"等多种构形重叠形式。

(1)"A 里 AB"式以及"A 不 BC""A 了 BC"等形式的形容词为口语词,多为贬义,其中的"里""不""了"读轻声,如:

邋里邋遢、妖里妖气、傻里傻气、土里土气、慌里慌张、糊里糊涂、黑不溜秋、酸不拉叽、傻了吧唧、土了吧唧。

(2)ABB 式、AAB 式以及一些 AABB 式为口语词。

AABB 式口语词,多为形容词,"BB"为叠音后缀,如:

绿油油、红彤彤、眼巴巴、香喷喷、硬邦邦、热乎乎、臭烘烘、热腾腾、黑黝黝、黄澄澄、娇滴滴、急匆匆、酸溜溜、羞答答、沉甸甸、亮晶晶、白花花、乐滋滋、孤零零、活生生、光秃秃、泪汪汪、黑压压、灰溜溜、血淋淋、轻飘飘、懒洋洋、直挺挺、脏兮兮、气昂昂、笑嘻嘻。

AAB 式口语词,多为状态形容词,如:

梆梆硬、蒙蒙亮、毛毛雨。

(3)一些 AABB 式为口语词,"AB"不是词,也不是短语,"AABB"是构词重叠,不是构形重叠,如:

婆婆妈妈、瓶瓶罐罐、坑坑洼洼、病病歪歪、家家户户、三三两两、丝丝缕缕、花花绿绿、哭哭啼啼、骂骂咧咧、大大咧咧、慢慢腾腾、歪歪扭扭、磕磕绊绊、跌跌撞撞、沟沟坎坎、沸沸扬扬、口口声声。

(4)动词的重叠形式一般是口语词。

动词的重叠形式一般用于口语中。动词重叠是一种构形,不形成新的

---

[1] 高艳. 现代汉语口语词的主要类型及基本特征 [J]. 海外华文教育, 2017(09): 1188–1199.

第五章 现代汉语词汇的各种成分研究

词位,表示短暂、尝试、重复等意义,后面的音节读轻声。单音节动词、述宾式动词及双音节动词各有不同的重叠形式。如:

看看、说说、走走、听听、问问、试试、聊聊、谈谈、试试、洗洗澡、散散步、理理发、散散心、跑跑步、唱唱歌、跳跳舞、打打球、下下棋、打听打听、关心关心、活动活动、锻炼锻炼、敲打敲打、眨巴眨巴、了解了解、磕磕碰碰、疯疯癫癫、搂搂抱抱、溜溜达达、蹦蹦跳跳、犹犹豫豫、游游逛逛、说说笑笑、打打闹闹、缝缝补补、进进出出。

此外,动词的"A 来 A 去"式重叠也用于口语中,如:

跑来跑去、想来想去、走来走去、讨论来讨论去、挑来挑去。

(5)部分形容词的重叠式为口语词。形容词重叠也是一种构形,不形成新的词位,具有强化语义的作用,表示程度增强。

①性质形容词的重叠式为口语词。

单音节性质形容词重叠后加"的",表示状态,用于口语中,如:

薄薄的、硬硬的、暖暖的、甜甜的、憨憨的、凉凉的、傻傻的、瘪瘪的。

部分双音节性质形容词为口语词,其 AABB 重叠式也用于口语中。如:

慌张——慌慌张张

开心——开开心心

和气——和和气气

随便——随随便便

踏实——踏踏实实

大方——大大方方

干净——干干净净

实在——实实在在

有的性质形容词可作 ABAB 式重叠,具有致使义,用于口语中。如:

热闹——热闹热闹

凉快——凉快凉快

痛快——痛快痛快

舒服——舒服舒服

②状态形容词的重叠式为口语词。

状态形容词含有描摹性语素,形象生动,其重叠式对此进一步加以强化。如:

雪白——雪白雪白

冰凉——冰凉冰凉

笔直——笔直笔直

漆黑——漆黑漆黑

滚圆——滚圆滚圆

蜡黄——蜡黄蜡黄

通红——通红通红

瓦蓝——瓦蓝瓦蓝

③两个语义相反的单音节形容词对举重叠,一般为口语词。

两个语义相反的单音节形容词对举重叠,表示某一范围的全部,具有描写性,用于口语中。如:

高高低低、大大小小、远远近近、老老少少、长长短短。

(6)单音节名词、量词及数量短语的重叠式多用于口语中。单音节名词、量词的重叠在口语中一般表示"每""每~"的意思,具有强调性,如:

家家、声声、筐筐、个个、张张、条条、回回、趟趟。

数量短语的重叠一般表示多量和逐次,如:

一个一个、一趟一趟、一步一步、三张三张。

重叠具有特殊的表达价值,可以强调程度,加强语气,突出主观感受,烘托氛围,可以表示尝试和反复及缓和语气等。

从语音的角度上说,重叠也是一种音节的重叠。口语中的重叠大多伴有轻声现象。

(四)轻声

习惯上读轻声的词一般为口语词。

(1)习惯上读轻声的名词一般为口语词。

A.指人名词,如:

闺女、外甥、亲戚、弟兄、祖宗、姑娘、家伙、伙计、学生、大夫、裁缝、奴才、奸细、徒弟。

B.指物名词,如:

屁股、衣裳、东西、油水、盘缠、柴火、招牌、胳膊、窟窿、疤癞、动静、乡下、轱辘、脑袋、巴掌、鼻涕、哈欠、畜生。

C.抽象名词,如:

岁数、出息、架势、规矩、名堂、心思、主意、累赘、饥荒、交情、本事、门路、行当、买卖、能耐、工夫。

(2)习惯上读轻声的形容词一般为口语词,如:

利落、利索、牢靠、白净、勤快、爽快、大方、舒坦、自在、精神、暖和、凉快、疲塌、糊涂、快活、别扭、窝囊、马虎、迷糊、黏糊、麻利、麻烦、稳当、顺当。

第五章　现代汉语词汇的各种成分研究

（3）习惯上读轻声的动词一般为口语词，如：

腻烦、腻味、估摸、算计、琢磨、晃荡、晃悠、颤悠、牙碜、稀罕、忽悠、哆嗦、磨蹭、勾搭、叫唤、打发、吆喝、吓唬。

轻声后缀词、习惯轻声词、各种重叠轻声词及常用语气词基本都是口语词。轻声是音节的弱化，弱化与高频率的使用有关。由于这些词在口语中反复出现，交际双方对相关词语的熟稔度高，因此即使音节模糊双方也能理解彼此的意思，这符合省力原则。音节弱化词与具有非正式性、随意性的口语交际相适应。

（五）摹声

现代汉语的语气词、叹词、拟声词多用于口语中。

（1）现代汉语的语气词多用于口语中。语气词一般用于句末，表示陈述、疑问、祈使、感叹等语气，黏着、后附、轻声。如：吗、吧、呢、啊。

（2）现代汉语的叹词多用于口语中。叹词用来表示强烈感情和招呼应答。如：

唉、呀、嗯、咦、喂、哼、哎哟、呵呵、天哪、妈呀、哈哈、嘻嘻、嘿嘿。

（3）现代汉语的拟声词多用于口语中。

拟声词是用来模拟自然界的声音或用声音对事物的情态进行描写的词，现代汉语中一般用于口语，有单音节的，也有双音节和多音节的。如：

隆隆、咔嚓、轰隆隆、咚咚咚、哗哗啦啦、叽叽喳喳、噼里啪啦。

其中有一种四音节的重叠变式拟声词只用于口语中，如：

叽里咕噜、稀里哗啦。

拟声词、叹词、语气词及某些叠音后缀是对自然界声音、人类的招呼应答感叹声的模拟，以及对各种语气、情感态度的标示和强化。李如龙指出，"口语词多因音造词，如联绵词、切脚词、叠音词、拟声词、带音缀词、合音词"。此类口语词音响形象特征突出，有的语音形式和书写形式不太固定，有的音节甚至是超音系的，如"pia""duang"等，但都可产生生动、逼真、形象的表达效果，这与口语的风格是一致的。

（六）可离散的述宾结构关系

离合词和惯用语基本都是口语词语。

（1）离合词及其插入成分后的结构一般用于口语中。

离合词一般为述宾式，大多为口语词，特别是在插入成分的时候，几乎都用于口语中。如：

磕头、洗澡、起哄、留神、帮忙、生气、操心、吃亏、省事、吹牛、着急、打针、放心、有用、吵架、倒霉、着凉、出事、发火、发愁、搞鬼、丢人、听话、闹事、害臊、找碴、支招、捧场、瞎眼、打岔、变卦、卡壳、套近乎、赔不是、出洋相、打光棍、出风头、耍嘴皮子、跷二郎腿、发什么火、操了一辈子心、丢死人了、打了两针、过把瘾。

（2）惯用语多用于口语。惯用语是人们日常习用的形式短小，结构、定型意义高度完整的固定短语，具有鲜明的口语色彩。如：

穿小鞋、走后门、拖后腿、碰钉子、开绿灯、抬轿子、戴高帽、吹喇叭、吹牛皮、放空炮、开倒车、唱高调、背黑锅、踢皮球、翘尾巴、走过场、和稀泥、扣帽子、泼冷水、半瓶醋、笑面虎、钻牛角尖、捅马蜂窝、喝西北风、碰一鼻子灰。

离合词与惯用语都以述宾结构为主，二者都可拆离，可插入相关成分，形成较为复杂的短语形式，这与口语的松散随意风格相一致。二者的构成成分中，"述"的部分大多为单音节动词性语素或动词，拆离后形成前面的单音节成分支配后面成分的形式。单音节动词性成分支配力强，可以长距离支配相关成分，因此容易拆离。汉语述宾式的这种强势功能具有类化作用，所表示的事物现象越是常见越是容易被拆离，有时甚至前面的单音节即使不是动词性的，后面的成分也不是名词性的，仍然可拆离，如："洗了一个热水澡。"

（七）标记性词根语素

口语词根语素参与构成的词以口语词居多，这些口语语素可成词，如：

～嘴：拌嘴、插嘴、吵嘴、顶嘴、斗嘴、堵嘴、多嘴、还嘴、回嘴、忌嘴、快嘴、撇嘴、贫嘴、抢嘴、亲嘴、绕嘴、顺嘴、说嘴、贪嘴。

嘴～：嘴巴、嘴笨、嘴刁、嘴乖、嘴尖、嘴紧、嘴快、嘴软、嘴松、嘴碎、嘴损、嘴甜、嘴稳、嘴严、嘴硬、嘴直、嘴急、嘴皮子。

手～：手大、手紧、手快、手气、手慢、手巧、手松、手轻、手勤、手生、手头。

～手：出手、凑手、倒手、到手、得手、丢手、动手、放手、过手、还手、回手、解手、老手、拍手、平手、上手、甩手、松手、随手、缩手、摊手、下手、歇手、信手、扎手、沾手、招手、住手、留后手、留一手。

～手(shou)：打手、拉手、把手、扶手、扳手、帮手。

由某一相同语素所构成的同素词基本也是口语词，该语素为标记性语素，一般为成词口语语素，如"馋"是一个口语动词，由其作为语素参与构成的"馋鬼""馋猫""馋嘴""眼馋"也都是口语词。又如"屁"是一个口语词，构成的"放屁""狗屁""屁股""屁眼""屁话"均为口语词。一个成词语素

第五章 现代汉语词汇的各种成分研究

既是口语词,那么同素词也都与其所表示的意义密切相关,因此这些同素词一般也为口语词。

（八）口语性固定短语种类

固定短语包括成语、惯用语、歇后语等,类固定短语指语块、常用的四字短语等相对凝固的形式。

（1）惯用语和歇后语。

惯用语和歇后语大多用于口语,结构形式独特,多采用形象的比喻等修辞方式,喻体多为表示具体的日常事物的口语词。两种固定短语为口语所独有,堪称"正宗口语词语"。惯用语的口语性前已述及,此处不赘。歇后语是人民群众创造的一种短小、风趣、形象的语句,前一部分近似谜面,后一部分近似谜底,基本只用于口语。如：

猪鼻子插大葱——装相（象）
猪八戒照镜子——里外不是人
外甥打灯笼——照旧（舅）
孔夫子搬家——净是输（书）
水仙不开花——装蒜
哑巴吃黄连——有苦说不出
黄鼠狼给鸡拜年——没安好心

（2）口语习用语。

A. 口语习用语,如：

也就、再也、这就、这不、说不定、有的、大不了、想开点儿、说了算、得了吧、过意不去、撒腿就跑、这样一来、三下五除二、脸红脖子粗、八九不离十、不是滋味儿、别往心里去。

B. 口语插入语,如：

少说、听上去、大不了、说真的、就是说、老实说、实际上、这么说、看起来、说实在的、说句心里话、不瞒你说。

C. 框架结构语,如：

东借西凑、东奔西跑、东倒西歪、东张西望、东拉西扯、连吃带拿、连哄带骗、连蹦带跳、连吃带喝、爱理不理、爱来不来、爱去不去、低三下四、丢三落四、推三阻四、说三道四、颠三倒四、七手八脚、七嘴八舌、七上八下、七拼八凑、七扭八歪、一知半解、一儿半女。

D. 口语习惯搭配,如：

拿……没办法、别跟……一般见识、拿……不当、跟……过不去。

口语习用语、口语插入语都是固定的组合,这些组合在音节数量、结构关系、语法特点等各方面内部都缺少一致性,有的超越了普通的句法关系,如"这就""有的是"等。这些超常规组合体的构成成分在口语中由于邻近、经常一起出现、高频率共现,最终跨越句法的常规组合界限,凝固为一个跨界单位。框架结构和口语习惯搭配都是待嵌形式,当嵌入符合要求的成分则形成具体的表义短语。这四种口语习用语块不论是形式固定的习用语、插入语还是待嵌结构,其中都含有口语词,这奠定了整个组合形式口语性的基础。另外,待嵌结构的双嵌入模式也具有强化主观性的作用,增强了口语色彩。

(3)口语成语和类成语。

一部分成语及类成语为人民群众所创造,内部成分大多表示日常生活的具体事物、动作行为,因此大多用于口语中,如"偷鸡摸狗"中的"鸡"和"狗"与"偷"和"摸","龇牙咧嘴"中的"龇牙"与"咧嘴"等;且大多数可以分为两个部分,结构关系一致,前后对举,形成复说模式,起到强化表达的作用,具有口语鲜明的主观性倾向。如:

一时半会、一来二去、一干二净、三长两短、三心二意、两面三刀、隔三岔五、乱七八糟、胡说八道、心直口快、坐吃山空、肥头大耳、拐弯抹角、点头哈腰、嬉皮笑脸、油腔滑调、劈头盖脸、歪门邪道、人模狗样、鸡毛蒜皮、黑灯瞎火、贼眉鼠眼、披头散发、油嘴滑舌、抓耳挠腮、晕头转向、溜须拍马、老实巴交、屁滚尿流。

(九)方言来源和粗俗色彩

(1)源于方言的词大多为口语词。

方言以口头的形式通行于特定的地区,其中有些词进入普通话中,因而具有鲜明的口语色彩。如:

忽悠、得瑟、闹心、病秧、穿帮、干仗、猫腻、咋呼、摆谱、搞笑、二百五、奋晃儿。

被普通话吸收的方言词,有的词义透明度不强,词中每个汉字记录的仅是语音,而不是对应的语义,如源于东北方言的"忽悠"和"得瑟"。

(2)粗俗语为口语词。

粗俗语是指粗鄙不雅的词语,用于口语中。粗俗语从语义上看,主要与性、粪便、智力、品行、能力等有关,如:

骚货、婊子、杂种、屁眼、拉屎、撒尿、放屁、拉稀、蠢猪、傻瓜、笨蛋、浑蛋、滚蛋、懒虫、怂包、废物、草包、饭桶、装蒜、狐狸精、龟孙子、癞皮狗、缩头乌龟。

粗俗语处于词语不雅度的极点,与书面语"势不两立,水火不容",主要

第五章　现代汉语词汇的各种成分研究

用于羞辱、咒骂、鄙视、贬损等。

以上方面分析归纳了现代汉语口语词语的基本特征。不同类型的口语词有的具有单一特征,有的兼具多种,但只要具备其中一种,其口语词的身份便可初步得到确认;若具备多种特征,则其口语词身份可从不同角度得到强化。

现代汉语口语词语音方面的基本特征是单音节、轻声、"儿"化、摹声,口语中后缀派生词及大部分重叠词也伴随着轻声现象,也属于此类;口语词的语素也具有一定的标记性,表现在口语性语素参与构成之词一般为口语词,口语后缀所构之词也为口语词;易于离散、结构不够稳定的述宾关系的离合词和惯用语多为口语词语;在固定短语或类固定短语中,惯用语、歇后语、习用语块及部分来自民间的成语和凝固性较强的常用短语也多用于口语中;在来源和风格色彩上,方言来源的词大多为口语词,而粗俗语全部都是口语词。

二、书面语词

书面语词是指主要用于正式的书面交际,带有鲜明书面语色彩的词语,具体而言是指书面语专用、书面语多用的词汇。书面语词在诸多方面具有不同于通用词尤其是口语词的典型特征。

由以上诸类型可以发现,书面语词语在音节、词缀、标记性语素、使用语域及表现风格方面具有不同于口语词和通用词的特征。

双音节是书面语词的显著特征,在我们上面所列主要类型中,除短语和个别虚词外,基本都是双音节词。周一民指出:"口语与书面语词汇的一个重要区别就是单双音节的对立。口语的单音节词往往与书面语的双音节词对应。动词尤其是这样。"根据刘春梅对单双音节同义名词差异的研究、张文贤等人基于语料库对汉语同义词语体差异的定量分析,单双音节明显存在着语体上的对立。书面语词的语素具有一定的标记性,表现在不成词词根语素参与构成之词一般为书面语词,书面语后缀所构之词为书面语词。由名词语素充当修饰性成分的偏正式复合词,多为书面语词。

在固定短语或类固定短语中,"所"字结构多用于书面语中。从来源上看,来自古代典籍的成语、典故词、凝合词基本都是书面语词;从使用的特定语域上看,专用或多用于政论、公文、外交、学术研究、社会行业及文学作品中的古语词、术语、行业词、复合量词、某些量补式复合词、叠音词及文学色彩强的词都是书面语词;从表达色彩上看,敬人抑己的敬谦词、避俗求雅的委婉语多为书面语词。

不同类型的书面语词语有的具有单一特征,有的兼具多种,但只要具备其中一种,其书面语性的身份便可初步得到确认;若具备多种特征,则其书面性身份可从不同角度得到强化。

(一)联绵词大多是书面语词

所谓联绵词,是指从古代汉语中传承下来的由两个音节连缀成义而不能分开来讲的词。

(1)两个音节声母相同的双声联绵词,如:

伶俐、玲珑、流连、犹豫、踟蹰、恍惚、参差、崎岖、忐忑、倜傥。

(2)两个音节韵母相同的叠韵联绵词,如:

从容、徘徊、彷徨、逍遥、须臾、翩跹。

(3)非双声叠韵的联绵词,如:

滂沱、峥嵘、憔悴。

(4)双声兼叠韵的联绵词,如:

辗转、缱绻(qiǎnquǎn,形容情投意合,难舍难分;缠绵)、孑孓(jiéjué,蚊子的幼虫)。

(二)大多数叠音词是书面语词

叠音词中的音节单独没有意义,有的即使有意义,也与叠音形式的意义没有任何关联,一般用于描写。如:

脉脉、冉冉、孜孜、历历、拳拳、潺潺、侃侃、谆谆、奄奄、菲菲、袅袅、区区、楚楚、熊熊、猎猎、堂堂、瑟瑟、彬彬。

(三)部分不成词词根重叠后形成书面语词

与叠音词由音节重叠而成不同的是,此种类型是由不成词词根重叠而成,具有较强的文学描写性。如:

匆匆、葱葱、苍苍、茫茫、悠悠、幽幽、莹莹、盈盈、茵茵、殷殷、依依、熠熠、炎炎、巍巍、纷纷、赫赫。

(四)量补式合成词大多为书面语词

量补式合成词表示集合概念。如:

枪支、布匹、马匹、车辆、船只、花朵、纸张。

第五章　现代汉语词汇的各种成分研究

（五）复合量词一般为书面语词

如：
架次、人次。

（六）具有较强文学色彩的词语为书面语词

如：
云霞、苍龙、烈焰、奇幻、浮华、考究、斟酌、峭壁。

（七）偏正式动词或形容词，多为书面语词

由名语素充当修饰性成分的偏正式动词或形容词，多为书面语词，如：
席卷、龟缩、鱼贯、鲸吞、鸟瞰、蚕食、瓜分、云集、仓储、空战、巷战、械斗、火攻、电告、梳理、图解。

（八）典故词大多为书面语词

由历代文人利用古代典籍中的词语或故事所创造，风格典雅含蓄。如：
沧桑、鸡肋、东道主、问津、口碑、天涯、中肯、知音、折桂。

（九）部分委婉语为书面语词

如：
驾崩、牺牲、罹难、捐躯、殉职、出恭、下体、弱智、单身、云雨、思春、臀部、生理期。

（十）敬谦辞为书面语词

用于表达对他人的尊敬，谦辞用于表达自己的谦虚或谦卑。敬谦辞中全部语素一般都具有书面语色彩，第一个语素大多是表示敬谦义且具有文言色彩的类前缀。如：

拜～：拜见、拜辞、拜读、拜访、拜会、拜托、拜望、拜谒、拜晤、拜问、拜谢。
赐～：赐告、赐教、赐赠、赐见。
奉～：奉告、奉还、奉陪、奉劝、奉托、奉上。
惠～：惠赐、惠存、惠顾、惠教、惠允、惠赠。
敬～：敬复、敬告、敬候、敬献、敬赠、敬启、敬祈。
芳～：芳龄、芳名、芳影、芳邻、芳踪。

高～：高见、高教、高论、高徒、高足。
贵～：贵庚、贵国、贵体、贵校、贵恙、贵宅。
尊～：尊函、尊驾、尊容、尊著、尊体。
令～：令尊、令堂、令爱。
拙～：拙笔、拙作、拙见。
家～：家慈、家父。
鄙意（谦辞，称自己的意见）、寒舍（谦辞，对人称自己的家）。

（十一）"于""化""以""然""而"后缀词大多为书面语词

如：
～于：优于、利于、胜于、勇于、敢于、基于、过于、便于、濒于、甘于、归于、鉴于、居于、苦于、易于、寓于、忠于、限于、囿于、起源于、置身于。
～化：美化、绿化、丑化、净化、淡化、强化、弱化、深化、同化、异化。
～以：加以、予以、给以、得以、何以、借以、难以、足以。
～然：安然、黯然、徒然、悄然、愤然、斐然、悠然、油然、犹然、幽然、泰然、已然、毅然、依然、怡然、亦然、孑然。
～而：从而、忽而、继而、进而、然而、甚而、时而、幸而、因而。

（十二）不成词词根参与构成的双音节词一般为书面语词

（1）两个不成词词根组合成书面语词，如：
腐朽、浩瀚、丰茂、锋芒、祈祷、辅佐、孤寂、鸿运、豪杰、谦逊、侨眷、伟业、陋习、浩瀚。

（2）含有一个不成词词根的双音节词多为书面语词，如：
危～：危境、危情、危城、危殆、危笃、危机、危及、危局、危难、危浅、危亡、危重、危惧、危坐。
～媚：谄媚、狐媚、娇媚、明媚、柔媚、妩媚、妖媚、媚俗、媚骨、媚世、媚态、媚外、媚眼、媚悦。
弥～：弥漫、弥补、弥合、弥留、弥蒙、弥散、弥天、弥望、弥月。
盛～：盛会、盛宴、盛产、盛传、盛大、盛典、盛服、盛举、盛况、盛名、盛年、盛怒、盛情、盛世、盛事、盛夏、盛暑、盛销、盛行、盛意、盛誉、盛赞、盛馔、盛装。
～盛：鼎盛、昌盛、繁盛、丰盛、茂盛、强盛、全盛、旺盛、兴盛。
幽～：幽暗、幽闭、幽愤、幽谷、幽会、幽魂、幽寂、幽禁、幽美、幽明、幽冥、幽期、幽情、幽囚、幽趣、幽深、幽思、幽邃、幽婉、幽微、幽香、幽复、幽咽、幽忧、幽远、幽怨。

第五章　现代汉语词汇的各种成分研究

芜～：芜鄙、芜秽、芜劣、芜杂。
～咽：呜咽、悲咽、哽咽、幽咽。

众多非成词词根,如"首""卒""缄""倦""巨""敛""慰"等参与构成的词多为书面语词,此处不赘。

(十三)术语及行业词大多为书面词语

术语指各门学科的专门用词,行业词是社会某一行业的专门用词。如:

函数、对数、微积分、开方、有理数、集合、方程、不等式、概率论、代数、电压、质子、重力、粒子、聚变、裂变、密度、压强、光波、微波、加速度、辅音、介音、复句、语法化、主语、动词、辅音、元音、吨位、超载、盘货、增值税、染色体、老旦、青衣、年轮、叶柄、批示、批复、盘点、脱销、畅销、清仓、狙击、射程、登陆、反潜、中锋、后卫、点球。

(十四)政论、公文及外交等领域专用词语

主要用于书面语中,如:

函、兹、拟、均、予、因、且、由、自、呈报、批复、事由、审阅、民意、舆论、禁令、规定、勤政、廉洁、通告、通知、照会、拜会、谨致意、阁下、奉告、回访、召见、关切、抗议、谴责、正常化、备忘录、公报、国书、赴任、声明、特使、国宴、答谢、就任、豁免、最惠国。

(十五)古语词是书面语词

包括历史词和文言词,以后者为主,如:

之、其、愈、尚、倘若、何亦、皆、甚、勿俱、而已、何其、若干、造访、璀璨、磅礴、瞻仰、吊唁、畏。

(十六)绝大多数成语用于书面语中

主要来源于历史典籍的成语,比较典雅,多用于书面语中。如:

完璧归赵、登峰造极、怒发冲冠、筚路蓝缕、天方夜谭、杞人忧天、丰功伟绩、神采奕奕、孜孜不倦、人云亦云、精益求精、危如累卵、危在旦夕、危言耸听、潸然泪下。

(十七)凝合词为书面语词

截取古语中相邻但没有直接意义关系的成分而形成的凝合词为书面语词。如:

友于(指兄弟。出自《尚书·君陈》"惟孝友于兄弟"。)

· 145 ·

而立(指三十岁。出自《论语·为政》"三十而立"。)

涟漪(水面微波。出自《诗经·伐檀》"河水清且涟猗"。朱熹:"猗,与兮同,语词也。")

而已(罢了。出自《庄子·知北游》"人生天地之间,若白驹之过隙,忽然而已"。)

(十八)"所"字词语大多用于书面语中

如:

所部、所属、所在、所言、所思、所忧、所见、所闻、所欲、所求、所寻、为所欲为。

(十九)一些语块和句式主要用于书面语中

如:不~而~:不寒而栗、不谋而合、不约而同、不一而足、不胫而走。还有,跻身于~之列、为~而~、为~所~、所谓~是指若~,则~。

此外,"则""且""及""以及"等连词,"仅""颇""暂且""甚"等副词也用于书面语中。

三、口语词汇和书面语词汇的运用

选用带不同语体色彩的词语,会造成文章的不同风格。许多文艺作品常用的书面语词语,显得庄严典雅,有浓郁的感情色彩。还有一些作品选用了大量的日常口语词汇,显得平易亲切,有强烈的生活气息。这两种不同风格,都正好能满足作品艺术上的需要。

既然词语有语体色彩的差别,选用带不同色彩的词又能使文章形成不同风格,那么,什么时候,什么场合宜于选用口语词汇,什么时候,什么场合宜于选用书面语词汇,就是一个很值得重视的问题。一般说来,在比较严肃的文章里,不宜多用口语词汇。反过来,在日常谈话中,在文艺作品的人物对话中,甚至在一般的叙事文章里,也不宜过多使用书面语词汇,否则就会让人觉得"说话都文绉绉的",不通俗,不平易,不自然,不亲切。

有些人不善于选用口语里常用的单音节词,而偏爱有书面语色彩的双音节词。例如:

①他一个暑假阅读了三本新小说。
②王大伯从南庄大队借来了两只船,准备明天运输肥料。
③你既然没有错,何必惧怕人家批评呢?
④大娘家修建了新房子。日子越过越甜蜜了。

其实,例①的"阅读"改成"读",例②的"运输"改成"运",例③的"惧怕"改成"怕",例④的"修建"改成"盖","甜蜜"改成"甜",要自然得多。这些双音节词用在这样的语言环境里,显得有点"小题大做",跟这些词的风格不相称。

还有一些比较生僻的书面语词,自己也不一定完全懂得,就认为"新鲜""生动",硬塞在自己的文章里。鲁迅早就对这种文风提出过尖锐的批评。他在《人生识字糊涂始》这篇杂文中写道:

说是白话文应该"明白如话",已经要算唱厌了的老调了,但其实,现在的许多白话文却连"明白如话"也没有做到。倘要明白,我以为第一是在作者先把似识非识的字放弃,从活人的嘴上,采取有生命的词汇,搬到纸上来,也就是学学孩子,只说些自己的确能懂的话。(《且介亭杂文二集》第63页)

鲁迅这段精辟的论述,今天仍然有很大的现实意义。为了丰富我们的词汇,提高阅读和写作能力,我们需要向书本学习书面语词汇。但是,我们更需要"向人民群众学习语言","人民的语汇是很丰富的,生动活泼的,表现实际生活的"。只有努力向人民群众的口语学习,吸收其丰富的语汇,才能使我们说话写文章不再总是"一套'学生腔'"。

第五节　虚词的成分研究

现代汉语虚词数目不多,只有连词、介词、助词、语气词四类。虚词虽然看似数量不多,但使用频率很高,用法复杂多样。

一、连词

连词是按一定的语法关系连接词、短语或句子的词。如"和、及、并且、只有、如果、尽管"等。

(一)连词的分类

连词是连接词、短语、分句、句子的虚词。根据其功能,连词可以分为以下三类。

第一,连接词与词、词与短语的,例如:和、跟、与、同、及、或等。

第二,连接分句和句子的,例如:尽管、即使、虽然、只要、然而、但是等。

第三,既能连接词、短语,又能连接分句的,例如:而、而且、只有、或者、不管、无论等。

(二)连词的语法功能

第一,连词不能充当句子成分,其作用是按照一定的语法关系将词、短语和分句连接起来。例如:

①吃饭或睡觉。(连接词,表示选择关系)

②美丽的花朵和翠绿的小草。(连接短语,表示并列关系)

③既然都这样了,就接受现实吧。(连接分句,表示因果关系)

第二,被连词连接起来的词或短语可以充当各种句子成分。例如:

①她和母亲就这么坚韧而执着地生活着。(作主语、状语)

②伟大而光荣的中国共产党是中国人民的领导核心和主心骨。(作定语、宾语)

③这个决定今天讨论并通过了。(作谓语中心语)

(三)连词和介词的区别

现代汉语中"和、跟、同、因为、由于"等词,既能充当连词也能充当介词,需要注意分辨。例如:

①他跟王芳周末一起去看电影。(连词)

②王芳周末跟他说过这件事情。(介词)

区分同形的连词和介词可以通过以下三种方法。

1. 分解法

将介词或连词连接的两项分解开,分别同动词结合,能够进行这种分解的是连词,例如:

"他跟王芳看电影"可以分解成"他看电影"和"王芳看电影",而介词不能进行这种分解,例如:

"王芳跟他说过这件事情",不能说成"王芳说过这件事情"和"他说过这件事情"。

2. 换位法

连词前后的两项可以换位而意义基本不发生改变,如"他跟王芳周末一起去看电影"等于"王芳跟他周末一起去看电影"。介词不能换位或换位以后意义变化,如"王芳周末跟他说过这件事情"不等于"他周末跟王芳说过这件事情"。

3. 插入法

介词前面可以插入其他成分作状语,如"我跟小王说过这件事情"可以

第五章　现代汉语词汇的各种成分研究

插入其他成分"我昨天跟小王说过这件事情",而连词不行,如"我跟小王喜欢看电影",不能说成"我昨天跟小王喜欢看电影"。

(四)连词和副词的区别

连词和副词常常配合使用表示关联作用,如"只有……才""尽管……也"等,在这种场合,副词也有关联作用,所以连词同副词比较容易混淆。它们的主要区别体现在以下几方面。

第一,从句法功能看,副词作为修饰词,必然还要保留其充当状语的句法功能,所以副词主要是作为状语修饰中心语的,只是同时还兼有连接功能;连词除了连接作用,没有另外的意义。试比较以下例子:

也许王宇去,也许刘能去,也许他们一起去。

或者王宇去,或者刘能去,或者他们一起去。

有时句子中去掉了连词,一般都能成立,而且基本意义不变,如"因为我有事,所以没有去",其中"因为""所以"都是连词,把它们去掉,句子能够成立,而且基本意义不变。而句子中如果去掉了副词,或者句子不能成立,或者意义会发生变化,如"我们要努力学习,才能取得好成绩",如果把句子中的副词"才"去掉,前后两个分句就无法联系起来,整个句子就不能成立。

第二,连词的位置比较灵活,而副词的位置大多比较固定,无论单用还是合用都只能位于句中谓词性成分之前,既有限定或修饰功能又有连接功能的是副词,像"就""才""却"等。例如,在"如果你8点钟不来,我就走"这个句子里,"如果"是连词,就只有连接作用,没有修饰或限制作用,而且位置可以移动,可以说成"你如果8点钟不来,我就走",而"就"是副词,位置不能移动。

第三,从语义功能看,连词具有确定性,副词缺乏确定性。相互配合的连词是前后呼应的,即使缺失了其中某一连词,也不会改变其原有的语义关系,而副词本身并不具有明确的语义关系,一旦前面的连词缺失,其语义也就失去了依据。试比较:

如果经理同意,我就去。

如果经理同意,我去。

经理同意,我就去。

在以上三个例子中,前两句是假设关系,最后一句则不确定,可以是假设关系,也可以是顺承关系。

第四,凡是既可以位于句首,也可以位于句中;既可以单用,也可以合用;既有连接功能而又有限定或修饰功能的,便是副词兼连词。如"只是""不过"。

二、介词

（一）介词概说

介词是用在实词或实词短语前，组成介词短语，表示动作行为的时间、处所、方式、原因、目的、关涉对象以及施事、受事等关系的词。如"从、按、因为、关于、把"等。

介词短语主要可以充当状语、定语、补语，有时用作句首修饰语，而介词本身不能单独使用。介词同中心语之间的语义关系，既纷繁复杂，又多种多样。包括：

处所：在书架上找书　顺着山沟跋涉
时间：从那时候至今　自去年年初起
方向：连连向后退却　往东偏南搜索
范围：就合同法而言　论技术他不行
工具：用砂锅炖鸡汤　以财产作抵押
依据：照我说的去办　按原计划执行
原因：以精明而著称　由吸烟而引起
目的：为我日夜操心　替他们多想想

对于上面的语义分类，还须注意两点：首先，不少介词是多功能的，在不同的搭配中，可以表示不同的语义关系。比如"从"既可以表时间，也可以表处所，还可以表方向。其次，具有上述语义关系的介词短语的句法功能存在着相当的差异。比如表被动和处置的只能作状语；而表处所的既可以作状语，也可以作句首修饰语，少数还可以作补语。

（二）介词的分类

（1）时空介词：如"自、自从、打、往、向、到、在、沿着、当、由于、至"等。
（2）因果介词：如"因为、由于、为着"等。
（3）目的介词：如"为、为了"等。
（4）关涉介词：如"关于、至于、对于、对、跟、和、同、管、与、向、替"等。
（5）施受介词：如"把、被、叫、让、给、拿、用、归、由、管"等。

（三）介词的语法功能

第一，介词不能单独使用，要通过放在其他词语之前共同组成介词短语来用。介词短语主要在句中作状语或补语，例如：

①我们在这个问题上一直有不同看法。（介词短语作状语）

②这个公司成立于2003年。(介词短语作补语)

第二,介词短语加"的"后,可以作定语,例如:

朝南的大门终于打开了。

(四)介词与动词的区别

介词绝大多数都是由动词虚化而来的,按照虚化的程度主要表现为以下三种情况。

第一,动词介词同音同形,但意义上已看不出明显的联系,如"打、拿、用"等。例如:

打:

①你别打孩子。(动词)

②打今天起我要开始减肥了。(介词)

拿:

①拿糖来。(动词)

②别拿她不当人。(介词)

用:

①用餐了。(动词)

②别用手抓。(介词)

第二,完全虚化,已经成为专职的介词,没有动词的用法,如"除了、被、由、从、对于、关于"等。

第三,动词、介词同音同形,且意义上仍有明显的联系,如"在、到、给、向、替、往、比、按照、通过"等。例如:

在:

①他在家。(动词)

②他在家休息。(介词)

通过:

①大会通过了这项决议。(动词)

②通过这次会议,大家统一了思想。(介词)

概括来说,介词与动词不同,主要表现在以下几个方面。

第一,介词不能作谓语或谓语中心语。

第二,介词没有重叠形式。

第三,介词不能单独回答问题。

三、助词

助词是附着于间或短语后,表示各种语法意义的虚词。如"的、地、得、了、着、过、似的、一般、样的、所"等。

（一）助词的分类

（1）结构助词：如"的、地、得"。
（2）动态助词：如"了、着、过、来"。
（3）比况助词：如"似的、般的、样的、一样、一般"。
（4）其他助词：如"所、迷"。

（二）助词的语法特点

第一,助词附着于实词、短语或者句子上,不能单独充当句法成分,不能单独回答问题。

第二,助词大多是后附在词或短语后,如"说了、说过、说着"。通常读轻声。

（三）助词的用法

1. 结构助词

结构助词是用来表示词语之间结构关系的助词。结构助词的读音都是"de",在书面上写成"的""地""得"三个。一般说来,"得"同"的"和"地"差别要大一些,不容易混淆,而"的""地"两词比较接近,都可以用于偏正关系,所以多年来一直有人坚持认为"的""地"可以不分,只需保留"的""得"两个即可。不过,经过多年使用实践,现在绝大多数的人还是倾向于将这三个结构助词分开,使它们明确分工,各司其职,这可以使书面语的结构关系更清楚。为了增强语言的准确性,避免歧义,必须学会分辨它们之间的细微差别。

（1）"的"的用法

"的"的一个重要用法是作定语。例如："美丽的妈妈""红红的太阳"。

从表达功用看,"的"的使用与否主要有三种功用：改变结构关系、分化潜在歧义、显示语义差异。

第一,改变结构关系是指"的"的使用可以使非定中短语变成定中短语,例如：

"爸爸妈妈"加上"的"之后变为"爸爸的妈妈"。
"解决问题"加上"的"之后变为"解决的问题"。

第二,分化潜在歧义是指"的"的使用可以使原来隐含有两种结构关系的短语定格为只有定中一种结构关系的短语,例如:

"学生家长"加上"的"之后变为"学生的家长"。

"出口商品"加上"的"之后变为"出口的商品"。

第三,显示语义差异是指"的"的使用可以使定中之间的语义关系发生变化。例如:

"五斤鱼"加上"的"之后变为"五斤的鱼",不加"的"表示性质、属性,加"的"表示领属关系。

(2)"得""的"须区分。"得"作为结构助词,主要作用是作补语的标志,它和"的"的功能有很大的差别。试比较:"这头牛拉的比拖拉机拉的还多""这头牛拉得比拖拉机拉得还多"。前句指东西多,主语是"的"字短语;后句指牛力气大,主语是"这头牛"。

(3)"地"的主要用法是放在作状语的名词、形容词、动词性成分与中心语之间,作状语标志,如"历史地看待问题、客观地说、充满恐惧地坐下"。

2. 动态助词

附着在动词或形容词后面,表示动作行为或状态的动态情况。

"着"用在动词后,表示动作正在进行或状态的持续,例如:

①房间里的门一直开着。

②椅子上坐着一个老人。

有时"着"用在两个动词连用的"动+着(+宾语)+动"句式中,表示两个动作同时进行或者是两个动作之间有手段、目的或者方式的关系。例如:

①打着伞在散步。

②坐着地铁赶到的。

③唱着歌走进了办公室。

"了"用在动词、形容词的后面表示动作的完成或状态、变化的实现。如"打了预防针、脸红了"。

现代汉语普通话中除了动态助词"了"以外,还存在一个常用于句末的同形语气词"了",如上例"脸红了"中的"了",可看作谓语中心语后表变化实现的动态助词"了"与句末表语气的语气词"了"的重合,即一个"了"承载了两个"了"的语法功能。

"过"用在动词、形容词后,表示经历过某种动作或状态。例如:

①我俩上周末已经去过博物馆了。

②谁都年轻过。

助词"来/来着"用在句末,表示曾经发生过的事情,如"我刚在图书馆查资料来着"。

3. 比况助词

表示比况的助词必须同所附着的词、短语一起组成比况短语,主要充当定语、状语、补语,有时也可以充当谓语。比况短语充当句子成分时,作用相当于"似的",用在动词性词语前可写作"似地"。例如:

①暴风雨般的掌声。

②这家伙几天没吃饭似的。

③价格像飞一般上涨。

比况短语常同"像、好像、如、似、好似、仿佛"等词语共现,构成"像 × 似的 / 一样 / 一般"格式。这些词语,是动词和副词的兼类词,其词性和功用必须在具体的句法环境中才能确定。

总的来说,如果是副词的话,充当比况短语的状语,一般可以省略,省略后句子仍然成立;是动词的话,充当比况短语的动语,一般不能省略,省略后句子就不完整了。试比较下面两个"仿佛":

这个亭踞在突出的一角的岩石上,上下都空空的,仿佛一只苍鹰展着翼翅浮在天宇中一般。

前例的"仿佛"是副词,"× 似的"是中心语;后例的"仿佛"是动词,"× 一般"是宾语。

就句法功能而言,比况短语可以充当定语、状语、谓语和补语。比如:

①铁一般的事实。(定语)

②像潮水一样涌出来。(状语)

③水面犹如镜子一般。(谓语)

④身上软得像牛皮糖似的。(补语)

4. 其他助词

"所"的用法主要有以下三种。

第一,用在动词性成分前构成"所"字结构,一般表示动作的受事,从而构成一个名词性成分,在句中作主语或宾语,如"所言极是、各尽所能、各取所需、所剩无几"。

第二,用在"被""为"等前面组成"……所"结构,表示被动,如"为广大人民群众所喜闻乐见""将被天下人所耻笑"。

第三,放在作定语的主谓短语中间,使原来的主语变定语,起强调的作用,如"他们所依靠的不过是小米加步枪"。

"看"用在动词或动词短语后面表示尝试,如"试试看""称一下看""住两天看"。

"连"放在句首或句中有关词语前表示强调,如"他连我都不认识""连妈妈都说他胖了"。

四、语气词

语气词是表示各种语气的虚词。如"吧、吗、呢、罢了、而已"等。

(一)语气词的分类

(1)表示陈述语气:如"的、了、呢、啊、罢了、而已"。
(2)表示疑问语气:如"吗、呢、啊、吧"。
(3)表示感叹语气:如"啊"。
(4)表示祈使语气:如"吧、了、啊"。

(二)语气词的语法特点

(1)语气词黏着性强,只能附着在其他词语或句子后表达一定语气,不能单独充当句法成分。例如:
　①她也只是看看而已。(表示陈述语气)
　②让雪下得再大一些吧!(表示祈使语气)
　③这样做对他好吗?(表示疑问语气)
　④太棒了!(表示感叹语气)

(2)语气可以用句调来表达,也可以连用几个语气词与句调共同表达,语气词连用时,表达的语气比较委婉。例如:
　①她可以在任何地方找到属于自己的快乐。(不用语气词,陈述句)
　②就这韭菜还新鲜的呢!(连用语气词,感叹句)
　③你就是这么帮助别人的吗?(连用语气词,疑问句)
　④小王自己去超市了吗?(连用语气词,疑问句)
　⑤您看上去有六十多岁了吧?(连用语气词,疑问句)
　⑥光看标题不也够幽默的了吗?(连用语气词,疑问句)
　⑦够有面子的了吧?(连用语气词,疑问句)

(3)语气词读轻声,可以放在句末,也可以放在句子中停顿间歇的地方。例如:
　①这孩子呀,就是不听话!
　②我们正在这里说你呢。

(4)同一语气可以用不同的语气词表达。如"我是不会相信的,做个样子罢了"(同陈述语气)。同一语气词在不同语境中也可以表达不同的语气,如"是你呀、来呀"(一为陈述语气,一为祈使语气)。

(三)语气词的用法

1."了"的用法

"了"用在句中并列成分后表示列举;用在句末表示一种新情况新变化的出现;用在祈使句的句末表祈使语气。例如:

①既然都已经这样了,那么就如实说了,这事也就算了。(表列举)

②花开了。(表变化)

③当年的小女孩也当妈妈了。(表变化)

④开会了!(表情况)

⑤没事,再买一个就好了。(表祈使)

2."的"的用法

"的"用在陈述句句末,用以加强对事实的肯定,表示一种显而易见的语气。例如:

①这个油漆是不会掉颜色的。

②他的生活真够苦的。

3."呢"的用法

"呢"用在句中假设分句的句末表假设;用在陈述句末表示动作状态在持续,表提醒的语气;用在特指问、选择问、正反疑问句句末,表示深究的语气。例如:

①你要是开车呢,我就搭你的顺风车。(表假设)

②我现在正有事呢,你一会儿再来找我。(表提醒)

③这事到底谁负责呢?(表深究)

④你们结婚日期订到这个月还是下个月呢?(表深究)

⑤你到底走不走呢?(表深究)

4."啊"的用法

"啊"用在句中并列成分后,表列举;用在句子开头部分(常为主语)后,引起对下文的注意;用在陈述句句末,起一种强化解释提醒、申明或缓和语气的作用;用在感叹句句末,起加强感情和惊叹语气的作用;用在疑问句句末,有缓和语气的作用;用在祈使句句末有加强催促、请求、劝告和命令语气的作用。例如:

①这个花园里有好多种花,像玫瑰啊、牡丹啊、百合啊。(表列举)

②这个事情啊,我们已经知道了。(引起注意)

③你别管了,这个事情和你无关啊。(表提醒)

④都这么晚了,你还不回家啊?(缓和语气)

⑤天气真好啊!(表感叹)

⑥还在等什么,快点开始啊!(表催促)

⑦到处都是监控,你可千万不能这么做啊!(表劝告)

5."吗"的用法

"吗"用在是非问句末。表示疑问;用在反问句末尾,带有质问的语气。例如:

①今天的作业写完了吗? (表疑问)

②你就是这样工作的吗? (表质问)

6."吧"的用法

"吧"用在句中的让步分句之后,表让步;用在是非问句末尾,表示一种"信大于疑"的揣测;用在祈使句句末,祈使语气较为缓和,有商量的意味。例如:

①就算是工作忙吧,你也得保证睡眠时间充足吧。(表让步)

②再过两个月这个孩子该会走路了吧? (表揣测)

③今天太晚了,我们明天再讨论吧! (表商量)

7."罢了""而已"的用法

"罢了""而已"通常用在陈述句的句末,表示如此而已,往往带有把事情往小了说的意味。"罢了"口语色彩较浓,"而已"则带有书面语色彩。例如:

①这个只是一个现象而已。

②她只不过是随口一说罢了。

第六章　现代汉语中的特殊词汇
——熟语的研究

熟语主要来源于人们的日常口语以及书面材料(如历史典籍等),也有一小部分借自外语。熟语是指那些在语言的长期发展过程中逐渐形成的一种有比较固定的结构形式的词组或句子。它们从古代一直沿用到现代,是汉语词汇中的特殊组成部分。一般来说,汉语熟语包括成语、谚语、歇后语和惯用语等几种。

第一节　熟语的内涵

词汇不仅包括词,还包括一些由词构成的特殊的固定语,如"胸有成竹""走后门""饭后百步走,活到九十九""墙上挂门帘——没门儿"等。这些固定语虽然都是由两个或两个以上的词组成的,但由于词之间结合得十分紧密,因而也像词那样不能拆开来用,用法上与词非常接近。我们把词汇中的这些固定语统称为熟语。

熟语作为固定结构,它的结构都是固定的,不能随便改变。例如,汉语成语"望穿秋水"不能说成"看穿秋水""瞧穿秋水","守株待兔"不能说成

"守株待狗",谚语"人心齐,泰山移"不能说成"人心齐,黄山移"。这些熟语中词的搭配是固定的,是经过约定俗成的方式共同确定下来的,所以也是社会全体成员在使用的过程中必须共同遵守的。同样,在其他语言中也有类似的固定结构,如英语"to pull one's legs"(开玩笑);"rain cats and dogs"(倾盆大雨)等也不能随便改变它们的结构和成分。

熟语的另一个重要特点是它的意义具有整体性,例如,"捡了芝麻,丢了西瓜"字面意义是"捡了芝麻,把手中的西瓜给丢了",实际意义是"比喻注意了小的方面,忽略了大的方面"。

由于在熟语中词的意义已经全部或部分失去了独立性,整个熟语的意义往往不是词的意义的简单相加,所以我们要了解、掌握一个熟语的意义,必须从整体上去探求,曾有人把"胸有成竹"翻译为"肚子里有根棍儿",使外国人大吃一惊。其实"胸有成竹"是用画竹来比喻一般的事理,实际意义是"做事之前,心里已经有了成熟的想法或妥善的打算"。

下面我们分别对成语、惯用语、歇后语和谚语的性质、结构、意义和运用作具体说明。

第二节 成语

成语是一种具有固定的结构形式和完整意义的固定词组。如:水落石出、狐假虎威、望梅止渴、千锤百炼、胸有成竹、刻舟求剑、比比皆是、本末倒置、波澜壮阔、沉鱼落雁、初出茅庐、打草惊蛇、根深蒂固、排山倒海、鲸吞蚕食、借花献佛、顺水推舟、朝三暮四。

一、成语的来源

现代汉语的成语数量可观,常用的就有三千多条。这些成语的来源主要有两个途径:一是来自当代的创新;二是来自古代成语的继承。当代创新的成语数量不多,但生命力强,使用频率很高,如"和平共处""自力更生""古为今用""求同存异""豪言壮语"。汉语的成语非常丰富,有很多都是从古汉语中沿用下来的,生命力极强。成语言简意赅,具有一般词语所不能比拟的表达作用。汉语中有许多成语,它们或来源于古代寓言,像"愚公移山""鹬蚌相争,渔翁得利""黔驴之技""揠苗助长""守株待兔""刻舟求剑"等；或来源于神话传说，像"夸父逐日""精卫填海""开天辟地""八仙过海，各显神通"等；或来源于历史故事，像"草木皆兵""望梅止渴""完璧归赵""四面楚歌""负荆请罪""卧薪尝胆"等；或来源于某些作品，像"豁然开朗""妄自菲薄""径情直遂""实事求是""土崩瓦解""见异思迁"等。对这类成语，只有了解了它们的来源后，才能够对它们的含义有全面的认识，从而做到确切深刻的了解。

（一）从口头语言里流传下来的成语

人民群众的口头语言里有不少生动活泼的成语，有的从古代一直流传下来，有的为现代人民群众所创造。如：

"水到渠成""雪中送炭""七手八脚""低三下四""节外生枝""万马奔腾""乘风破浪""热火朝天"等。①

（二）从书本上流传下来的成语

这类成语有三种：第一种是从古代寓言或历史故事中来的成语；第二种是古典作品中的成句；第三种就是来自现代文献的成语。

从古代寓言或历史故事中来的成语内容具体，其典故的出处一般能够在书中查到，尽管这种成语典故的出处不是人人皆知的，但由于它们的意思通俗易懂，人们对这类成语十分熟悉。

如"黔驴之技"出自唐代柳宗元的寓言故事《三戒》；"完璧归赵"出自汉代司马迁的《史记·廉颇蔺相如列传》中蔺相如出使秦国的历史故事。

从古典作品中的成句发展来的成语也有两种情况：一种是摘取古书中现成的语句，如："重于泰山""轻于鸿毛"出自《史记》里的"人固有一死，或重于泰山，或轻于鸿毛"；另一种是由古典作品中的句子压缩而成的，如："一叶知秋"由唐人诗"山僧不解数甲子，一叶落知天下秋"（见宋·唐庚《文录》）压缩而来。

来自现代文献的成语，主要是来自领袖著作或重要文件和社论，如"一穷二白""百花齐放""求同存异""虚实并举""鼓足干劲"等。

此外，成语也有外来的，如"三位一体"（来自基督教）、"现身说法"、"五体投地"（来自佛教）、"火中取栗"（来自法国作家拉·封丹的《寓言》）。

---

① 焦玉琴. 浅析文化词在少数民族汉语教学中的地位及意义——以汉语熟语为例 [J]. 民族教育研究, 2013（03）: 99–102.

（三）来源于古代文人的作品和民间流传的句子

我国古代文人的作品非常丰富，人们常常将这些作品中的句子摘引下来，构成成语。例如，"车水马龙"源自《后汉书》："车如流水，马如游龙。""一日三秋"源自《诗经》："一日不见，如三秋兮。"

由古汉语继承来的成语，数量最多，来源于古代寓言故事、神话传说和历史故事。例如，"滥竽充数"见于《韩非子》，讲的是战国时期的一个故事。有个姓南郭的人，本来不会吹竽，听说齐国的国王齐宣王爱听竽，也要求为宣王吹竽，宣王很高兴。虽然南郭不会吹竽，但是他混在三百人的乐队中，也听不出来。宣王死后，他的儿子继位。他儿子也喜欢听竽，但是他要乐队的人一个一个地轮流为他吹。这样，南郭先生就混不下去了，只得偷偷地溜掉了。后来用"滥竽充数"来比喻没有真正的才干而混在行家里面充数，或拿不好的东西混在好的里面充数。

人们一般用四字概括故事、语言等的主要内容，其他像"愚公移山""杞人忧天""掩耳盗铃""毛遂自荐""四面楚歌""叶公好龙""塞翁失马"等都是来自古代寓言或故事。

二、成语的特点

汉语成语一般具有以下几个特点。

（一）音节方面具有整齐性

汉语成语绝大多数为四个音节。不是四个音节的成语虽然有但不多，如"桃李满天下""迅雷不及掩耳"等。四个音节的成语常常两两相对，以对偶的形式出现，如"百依百顺、朝三暮四、名存实亡、舍己为人、苦尽甘来"等。

（二）意义方面具有整体性

前面我们介绍过，熟语的意义往往都具有整体性，成语也不例外。绝大多数成语的意义不像普通词组那样只是它所包含的各个词的意义的简单组合，成语往往通过整体来表达意义，一个成语相当于一个独立的词。成语的这个特点会给我们掌握成语的意义带来一些困难。例如，像"井底之蛙"这样的成语，每个字的意思都很好懂，可是这个成语的意思并不是"水井底下的青蛙"的意思，而是比喻见识短浅的人；"天衣无缝"并非"天上的衣服没有缝"，而是说"事物没有一点儿破绽和痕迹"。如何掌握成语的意义，我们在下面的章节中将具体介绍。

(三)用词和语法结构方面保留了古汉语的痕迹

很多成语保留了古代汉语的词语和词义,成语中的这些词都不能按现代汉语中的意思去理解。例如:"不速之客"中的"速"不是"迅速"的意思,而是"邀请"的意思。"奔走相告"中的"走"不是"行走"的意思,而是"跑"的意思。"短兵相接"中的"兵"不是"士兵"的意思,而是"兵器"的意思。许多成语还保留了古代汉语的语法特点。例如,"敬而远之"中的"远"和"平易近人"中的"近"保留了古代汉语形容词作动词用的用法;"唯利是图"(只贪图财利,别的什么都不顾)、"时不我待"(时间不等人,指要抓紧时间)、"何去何从"(指在重大问题上采取什么态度,决定做不做或怎么做)保留了古代汉语的句法规律,即在某些句子中宾语要放在动词前面,"唯利是图"用现代汉语表达是"唯图利","时不我待"是"时不待我"、"何去何从"是"去何从何"。

现代汉语中的这些成语,从某种意义上来说是古代汉语的储存库,它保留了古代语言的很多东西。这个特点使得成语带有浓厚的古代语言特色,形成了文雅、庄重、严肃的书面语风格。但同时,这些古汉语的词义和语法结构,也给我们正确理解和掌握成语带来了困难。

三、成语的结构形式

(一)常见的成语结构

(1)并列结构。
喜怒哀乐、人山人海、天涯海角、甜言蜜语、狼吞虎咽、翻天覆地、轻描淡写、和风细雨。

(2)偏正结构。
无稽之谈、患难之交、掌上明珠、人之常情(定中结构)、侃侃而谈、不欢而散、尽力而为、半途而废(状中结构)。

(3)主谓结构。
风度翩翩、鹏程万里、记忆犹新、衣冠楚楚、野心勃勃、祸从天降、名不副实、神采奕奕。

(4)述宾结构。
顾全大局、震撼人心、颠倒是非、暗送秋波、饱经风霜、重温旧梦、大失所望、平分秋色。

(5)述补结构。

高不可攀、爱不释手、守口如瓶、暴跳如雷。

(6)兼语结构。

化险为夷、认贼作父、有目共睹、震耳欲聋、望子成龙、有口难言、令人神往、引狼入室。

以上讲的是常见的、一般的类型,还有其他类型,这里就不再举例了。分析成语的语法结构,有助于我们了解成语的意义。例如,"背井离乡"这个成语,有人把其中的"井"解释为"水井",这就错了。如果了解到这个成语属于并列结构,注意到"背"和"离"是同义词,都表示"离开"的意思,"井"和"乡"是同义词,都指人口聚居的乡里,就不会产生这种误解了。再如"赤胆忠心"这个成语,知道了这是一个并列结构的成语,"赤"和"忠"是同义词,就不会把"赤"理解为"赤、橙、黄、绿、青、蓝、紫"中的"赤(红色)"了。

(二)成语的结构形式

在结构形式方面,成语结构定型的特点特别突出。汉语的成语多以四个音节的格式为主,一般是不能随意更动其组成成分和词序的。如"大公无私",就不能随意改为"大公没私""大公和无私"或者"无私大公"等,"叶公好龙"更不能随便改成"李公好龙"或"叶公喜龙""叶公爱龙"等。汉语成语在结构形式上的特点,形成了它整齐简洁的独特风格。成语的结构简练,一般都是四个字,但结构形式多样,主要有以下几种。

(1)主调结构:如"魂不附体""回光返照"等。

(2)动宾结构:有一个动宾结构的,如"草菅人命""逼上梁山""视为畏途"等;有两个动宾结构迭用的,如"转危为安""翻江倒海""问寒问暖""排山倒海"等。

(3)其他联合式:如"南辕北辙""粗心大意""奇形怪状"等。

(4)不能用现代汉语一般结构关系来分析的,如前边讲的压缩而成的成语:"一叶知秋""黄粱一梦"等。

汉语中有部分成语,它的意义和它组成成分的意义是基本一致的,因此,这类成语的意义,一般可以从字面上得到了解。如"恋恋不舍""两全其美""惹是生非""普天同庆""门庭若市""大快人心",等等。但是更多的成语,其含义都是在组成成分意义的基础上抽象概括而成,这种成语,一般从字面上就很难确切深刻地了解它的含义了。[①] 如"九死一生"是

---

① 武金峰. 汉语"是"的用法意义及其哈语翻译法 [J]. 伊犁师范学院学报, 2002 (04): 46–50.

"形容情况极端危险,多次经历生死关头而幸存"的意思,决不是简单地指"九次死一次生"而言;"千方百计"是表示"想尽一切办法"的意思,也决不是指具体的"一千个方法,一百个计谋"。其他像"犬马之劳""昙花一现""中流砥柱""赴汤蹈火""枯木逢春""骑虎难下",等等,都是这样的情况。

四、成语的作用

成语的作用包括它的句法功能和修辞功能两个方面。

成语是约定俗成的词组,在句子中往往作一个成分使用,其作用往往跟一个词相等,这就是成语的句法功能。如"少先队员们兴高采烈地游览了长城","兴高采烈"在句中作状语用。

成语可以用来生动地比喻一个形象,形象地说明一个道理,这就是它的修辞功能。

成语的整体意义与构成成语的语素义之间的关系主要有以下几种。

(一)成语的整体义是语素义的比喻用法

例如:

井底之蛙:井底的青蛙只能看见小小的一块天,用来比喻见识短浅的人。

捕风捉影:捕捉风和影子,比喻做事说话毫无事实根据。

昙花一现:昙花开的时间很短,比喻某些事物出现一下立即消失。

缘木求鱼:爬到树上去找鱼,比喻做事情方向方法不对,难以达到目的。

(二)成语的整体义是语素义的借代用法

例如:

粗茶淡饭:简单的、不讲究的茶饭,指普通的饮食。以"茶""饭"代表饮食。

姹紫嫣红:形容各色娇艳的花朵。以漂亮的紫色和鲜艳的红色来借代好看的花朵。

(三)成语的整体义是约定俗成的

这些成语必须弄清它们的来源和原来的用法才能了解它们的意义。前面我们介绍的来源于古代汉语的成语,它们的整体义大都属于这种情况。

下面再介绍几个例子。

画龙点睛:传说梁代张僧繇在金陵安乐寺壁上画了四条龙,不点眼睛,说,点了眼睛龙就会飞掉。听到的人都不相信,偏叫他点上。刚点上两条,就雷电大作,震破墙壁,两条龙乘云上天,只剩下没有点眼睛的两条。后来用来比喻作文或说话时在关键地方加上精辟的语句,使内容更加生动传神。

自相矛盾:来自《韩非子》中的寓言故事。有个卖矛和盾的人,夸他的盾非常结实,什么东西都刺不破,又夸他的矛非常锐利,什么东西都能刺穿。旁边的人问他,拿你的矛刺你的盾怎么样?他答不出来。后用来比喻语言行动前后自相抵触。

来自古代语言故事、历史故事和民间故事的成语的整体意义都是约定俗成的,若要理解这些成语的意义必须先弄清楚它们的来源。

五、成语的运用

成语是一种固定词组,也就是词的组合。一个词有一个词的词性。如"国家"是名词,"美丽"是形容词,"丰富"是形容词兼动词,那么成语是不是也有"词性"呢?答案是有。

成语的"词性"只有两类(注:根据成语的语法性质给成语分的类,我们称之为成语的"词性",之所以加上引号,是因为成语并不是词,而是固定语),而为什么一般的词却可以分为名词、动词、形容词、副词、代词等很多类呢?这是因为成语一般可以充当句中多种语法成分,语法功能比较宽泛,分类太细不便于说明成语的语法性质,而且会造成类与类之间的交叉,从而失去了分类的意义。了解成语的"词性"可以帮助我们正确使用成语。

(一)体词性成语

体词性成语也可以称为名词性成语,它的语法功能相当于一个名词或一个名词性词组,语义上一般表示一种事物和概念。例如:风流人物、白面书生、家常便饭、世外桃源、雨后春笋、掌上明珠、庞然大物、空中楼阁、无稽之谈、无后顾之忧、肺腑之言、不速之客。

以上是定中结构的成语。

粗茶淡饭、刀山火海、豪言壮语、良辰美景、天涯海角、奇谈怪论、丰功伟绩、音容笑貌。

以上是并列结构的成语。

体词性成语的数量在成语总数中只占少数。属于这一类的成语主要包

括定中结构的成语和部分并列结构的成语。这些体词性的成语在句子中经常充当主语、宾语,这也是一般名词所具有的功能。例如:

①虽然外公离开我们很多年了,但他的音容笑貌却常常出现在我的脑海里。——作主语

②说什么首都这个月要地震,这完全是无稽之谈。——作宾语

③现在我们就没有后顾之忧了。——作宾语

④他这番肺腑之言深深感动了大家。——作主语

值得注意的是,有些并列结构的成语,表面上看是表示一种事物和概念,像是名词性成语,如"愁眉苦脸""笨手笨脚""落花流水"等,但这些成语在句中的语法功能却与名词不同,可以作谓语、补语等:

①有些人笨手笨脚,叫人看着可笑。——作谓语

②他愁眉苦脸地说:"我回去怎么向父母交代呀。"——作状语

③在这场比赛中,国足被打得落花流水,以 0∶6 惨败。——作补语

这些成语从语义上看是体词性的,但从语法功能上看却是谓词性的,属于谓词性成语。常见的类似成语还有:

三言两语、苦口婆心、冰天雪地、花言巧语、粗心大意、油腔滑调、生龙活虎、南腔北调。

在使用这些成语时,要特别注意这些成语一般不作句子的主语和宾语。如不能说"他的笨手笨脚""他说了三言两语"。

(二)谓词性成语

谓词性成语包括动词性和形容词性,甚至副词性的成语在内。它的语法功能相当于动词或形容词,语义上表示动作、行为、性质、状态等。汉语中的动词和形容词在很多语法功能上是相同的,不容易分清楚。而名词和动词、形容词的界限却比较清楚,很容易划分。既然我们很难分清成语中哪些是动词性的,哪些是形容词性的,不如把它们合起来统称为谓词性的,同名词性的成语区别开来,更恰当一些。

谓词性成语的数量较多,除定中结构和部分并列结构的成语以外,其他结构的成语都是谓词性成语。这些成语在句中经常充当谓语、补语、状语。例如:

①他越来越高兴,没日没夜,高谈阔论起来。——作谓语

②现在她弹钢琴已经弹得出神入化了。——作补语

③宝玉却只管拿着那笺,口内颠来倒去念"任是无情也动人"。——作状语

④人们川流不息地涌进会场。——作状语

第六章　现代汉语中的特殊词汇——熟语的研究

谓词性成语也可以作定语,但作定语时必须加上助词"的"。例如:
①同甘共苦的朋友总是很难得。——作定语
②我看不惯他这种自暴自弃的样子。——作定语

成语除了和词一样,可以充当主语、谓语、宾语、定语、状语、补语等以外,还可以独立成句,这时候成语本身的结构就相当于一个句子的结构了。例如:

日月如梭,一晃我们到北京已经三年了。

总而言之,要学会恰当使用成语,必须真正理解每个成语的含义。

六、正确选用成语

为了充分发挥成语的作用,必须正确选用成语。要做到这一点,就要注意以下几个方面。

(一)确切了解成语的含义和感情色彩

只有确切地了解成语的含义,才能恰当地应用它,如:"刻舟求剑"比喻方法不对头,心眼死。它表达的意思是约定俗成的,不能从字面上推测出来,必须确切地理解它的含义,又如"半斤八两"比喻彼此一样,但含有贬义,如果说"这两位劳模真是半斤八两,都超额完成了今年的生产任务",就因为没有注意感情色彩而把成语用错了。

为了正确了解成语含义,要充分运用辞典等工具书,不明白的成语,不妨查一查。

(二)不任意更动成语的固定结构

不能任意更动成语中的字、词。成语的结构固定,不能任意更动,如不能把"眼明手快"改为"眼尖手快";把"百孔千疮"改成"百疮千孔";把"灯红酒绿"改成"灯绿酒红"等。

(三)注意成语的发展变化

随着社会的变化和发展,成语的形式、意义和用法也有些变化和发展。如"千方百计"过去多用于想方设法做坏事,现在多用于做好事。还有些新成语随着时代的变化而出现了,如"又红又专""百花齐放"。还有一些成语被压缩为双音节的词,如"杞人忧天"变为"杞忧";"精兵简政"变为"精简"。

第三节　谚语

谚语是在群众中流传的通俗的固定的语句。它运用比喻、比拟、夸张、对偶、对比、婉约等修辞手法，用简单通俗的话反映出深刻的道理。它是历代劳动人民的口头创作，产生于人民群众之中，流传于人民群众之口，是一种生动活泼的群众语言。谚语大多能表达人民群众对社会生活的观点、态度和愿望，如"世上无难事，只怕有心人"。

一、谚语的分类

谚语指多年在民间流传，表达某种深刻含义的简单、通俗的语句。

人们在实际生活中通过仔细观察和切身体会，总结了丰富的社会生活经验，经常用通俗易懂的词语来表达，这些词语使用久了，便逐渐形成固定词组或语句，成为谚语。如："金无足赤，人无完人""饭后百步走，活到九十九""众人拾柴火焰高"。

根据谚语内容的不同，我们把谚语分为两大类：社会生活类和自然现象类。

（一）社会生活类

有很多谚语是教人如何为人处事的。例如：
活到老，学到老。
少壮不努力，老大徒伤悲。
一寸光阴一寸金，寸金难买寸光阴。
人不可貌相，海水不可斗量。
路遥知马力，日久见人心。
不吃苦中苦，难为人上人。
帮人帮到底，救人救到头。
若要人不知，除非己莫为。
有的谚语是关于家庭婚姻的。例如：
家和万事兴。
夫妻一条心，黄土变成金。
嫁鸡随鸡，嫁狗随狗。
不是一家人，不进一家门。
一日夫妻百日恩，百日夫妻似海深。

第六章 现代汉语中的特殊词汇——熟语的研究

情人眼里出西施。

有的谚语是总结生活常识的。例如：

饭后百步走，活到九十九。

笑口常开，青春常在。

笑一笑，十年少；愁一愁，白了头。

衣不差寸，鞋不差分。

酒多伤身，气大伤人。

冬吃萝卜夏吃姜，不劳医生开药方。

(二)自然现象类

中国传统社会是以农业为主的社会，所以有不少关于农业生产经验的谚语。例如：

多收少收在肥，有收无收在水。

要想吃蔬菜，浇水要勤快。

庄稼一枝花，全靠肥当家。

淹不死的白菜，旱不死的葱。

还有很多谚语是关于气象知识的，这些谚语总结了一些气象变化的规律。例如：

蚂蚁搬家蛇过道，大雨不久要来到。

天上朵朵云，下午晒死人。

先下牛毛没大雨，后下牛毛不晴天。

晴天蜻蜓千百绕低空，不过三日雨蒙蒙。

此外，还有一些反映中国风土景物特点或特产的谚语。例如：

上有天堂，下有苏杭。

桂林山水甲天下，阳朔山水甲桂林。

南甜北咸，东辣西酸(指广州一带喜甜食，黄河以北习惯咸食，山东喜吃大葱，山西喜吃醋)。

早穿皮袄午穿纱，围着火炉吃西瓜(指新疆等地日夜温差较大)。

二、谚语的结构

谚语的结构同其他熟语(成语、惯用语、歇后语)有着根本不同的特点。歇后语的结构比较特殊，由存在着解释说明关系的两个部分组成。就成语和惯用语来说，它们的语法结构特点接近于词或词组，而谚语的语法结构特点则接近于句子。

有的谚语是单句,如"名师出高徒""行行出状元""姜是老的辣""一口吃不成胖子""没有不透风的墙";有的是复句,如"路遥知马力,日久见人心""若要人不知,除非己莫为"。复句结构谚语一般句式整齐,多数押韵。例如:

上有天堂(táng),下有苏杭(háng)。
笑口常开(kái),青春常在(zài)。
人心齐(qí),泰山移(yí)。

三、谚语的作用以及使用时应注意的问题

大多数谚语是人民群众智慧的结晶,它们语言精炼,比喻形象。不少谚语又是人民群众经验的总结,具有深刻的教育意义,也是文学语言取之不尽的宝藏。如:

最干净的水是泉水,最精炼的话是谚语。
没有知识的生活,就像没有香味的玫瑰花。
才华是刀刃,辛勤是磨刀石。
籽粒饱满的稻穗,都是低着头的。
汗水和丰收是最忠实的伙伴,勤劳和知识是一对最美丽的情侣。
不种今年竹,哪有明年笋。
单丝不成线,独木不成林。
愚蠢和傲慢同是一树之果。
劳动是知识的源泉,知识是生活的明灯。
要是狐狸演说,公鸡就要沉思。
丢了棍儿受狗欺。
早霞不出门,晚霞行千里。
山戴帽,大雨到。
挨金似金,挨玉似玉,挨着木匠会拉锯。
择偶须谐千秋业,爱有源头情不竭。
编筐窝篓,全仗收口。
磨子不推不转,敌人不斗不倒。

有些谚语是反映封建主义和资产阶级思想以及落后思想的,应该加以淘汰(文学作品中用于反面人物者除外),如:"人不为己,天诛地灭","命里只有八合米,走遍天下不满升"等。同时,对于已经没有生命力的典故或过于土俗的成分也应弃置不用。

谚语的表现力非常强,其广泛流行于人民群众的口头上,大量出现在书

面语言之中,是群众集体智慧的结晶。

谚语和成语不同之处在于:成语是现成的固定词组,一般由四个字组成,如:"突飞猛进""一日千里""锦上添花",大多数情况下用作句子成分。谚语却是结构完整的句子,除少数为单句外,大多数是复句。成语一般表示概念,谚语则表示判断或推理。很多成语中有文言成分,谚语中文言成分却很少,如成语"孤掌难鸣"中"孤、掌、鸣"皆为文言词,谚语的说法却是"一个巴掌拍不响"。

谚语以句子的形式出现,在内容上具有教育意义,区别起来比较难,但仍可从其来源、使用场合的不同等方面来加以区别。格言大多来自书面语言,如"兼听则明,偏信则暗"来自《资治通鉴》。谚语大多来源于人民群众的口语。格言多用于书面语言,谚语多用于人民群众的口语。格言多半从书面语言中引来,稳定性强,不能随意变动,谚语流传于人民口头之中,不像格言那么固定,并且内容相同的谚语结构的繁简也可不同。如"山戴帽,大雨到",也可说成"山顶披纱大雨来"。

第四节 歇后语

歇后语是跟成语性质相近的社会习惯语。它把一个成语的意思分前后两截说出来,前一截是比喻或者隐语,后一截对前一截加以解释,前后两截就好像"谜面"和"谜底"一样。因为人们平时说话时往往只说它的前面打比方或隐语的一截而留着后面的解释部分,让别人去体会和猜测,所以叫歇后语。如说某人自我吹嘘,只说"他真是老鼠爬秤钩",后面的"自己秤(称)自己"的意思留待别人去体会。但现在常见的形式是人们在使用歇后语时,往往把前后两部分都说出来。

一、歇后语的分类

根据歇后语中体现的修辞手法,可以把歇后语分为双关和比喻两类。
歇后语多运用同音词组成双关语以表达双关的意义,如:[①]
小葱拌豆腐——一青(清)二白。

[①] 范炎培. 常州方言歇后语初探 [J]. 常州工学院学报(社科版), 2011, 29(001): 8-11.

半天云里放爆竹——响(想)得高。
外甥打灯笼——照舅(旧)。

歇后语往往运用比喻的方法,它的前一部分打比方,后一部分说明意义,如:

骑驴看唱本——走着瞧。
猪八戒照镜子——里外不是人。
飞机上钓鱼——差得远。
哑巴吃黄连——有苦说不出。
三粒胡椒——不是治病的,是顺气的。
秋后的蚂蚱——长不了。
水中捞月——一场空。
老鼠钻进风箱里——两头受气。

二、歇后语的类型

歇后语能运用比喻或隐语形象地说明问题,恰当地、准确地运用它能够使语言生动活泼、饶有风趣。但应注意不要滥用歇后语,特别是对于具有封建迷信色彩和低级趣味的歇后语一般不应使用。还有些歇后语具有强烈的地方色彩,应慎重选用。

(一)比喻歇后语

比喻歇后语的语面是一个比喻,语底是对语面的说明解释,语面和语底在意义上是一种比喻关系。如:

"懒婆娘的裹脚——又臭又长",用"懒婆的裹脚"比喻"又臭又长"。
"哑巴吃黄连——有苦说不出",用"哑巴吃黄连"比喻心里"有苦说不出"。

根据比喻歇后语语底部分的字面意义与实际意义的关系,可以把比喻歇后语分为两类。

1. 直接联系的比喻歇后语

这类歇后语语底部分的字面意义就是整个歇后语的实际意义,语底直接表达实际意义,不需要联想或绕弯子。如:

大海捞针——无处寻。
泥菩萨过河——自身难保。

语底"无处寻""自身难保"的字面意义就是整个歇后语的实际意义。

2. 间接联系的比喻歇后语

这类歇后语语底部分的字面意义不是整个歇后语的实际意义,语底的字面意义与实际意义之间的联系是间接的,语底通过字面意义的引申来表达实际意义。例如:

木头眼镜——看不透。

这里的"看不透",表面是说木头眼镜的特点,实际是不能透彻理解、认识的意思。

(二)谐音歇后语

谐音即字词的声音相同或相近。谐音歇后语是语底利用谐音表达实际意义的歇后语,这类歇后语借助语底中的某个词与另一个词同音(或音近)的现象表达实际意义。例如:

和尚打伞——无发(法)无天。
下雨天出太阳——假晴(情)。
小葱拌豆腐——一青(清)二白。
飞机上挂暖壶——高水瓶(平)。
一、二、三、五、六——没四(事)。
两手进染缸——左也蓝(难)右也蓝(难)。

其中,音近的谐音歇后语,可能它们早期产生于方言区,后被普通话吸收,所以造成读音不完全相同。

第五节　惯用语

一、惯用语的性质和特点

惯用语是一种表达习惯含义的固定词组,如"碰钉子""开夜车"。惯用语的指示范围,学者有不同的界定。一般认为,惯用语的核心部分是三音节的述宾结构的固定词组。例如:

开夜车、走后门、开绿灯、穿小鞋、吹牛皮、泼冷水、唱高调、戴高帽、翘尾巴、扯后腿、开小差、背黑锅。

也有一些惯用语的语法结构是偏正关系。例如:

传声筒、绊脚石、耳边风。
也有一些多于三个音节的惯用语。例如：
吃哑巴亏、打退堂鼓、钻牛角尖。
惯用语的意义都不能从字面上去理解，如"走后门"不是"从后门走"，"背黑锅"不是"背上黑色的锅"，惯用语的意义通常是字面意义的比喻用法。例如：
背黑锅：比喻代人受过、受冤枉。
抱粗腿：比喻攀附有钱有势的人。
开夜车：比喻晚上继续工作或学习。
炒冷饭：比喻重复已经说过的话或做过的事，没有新的内容。
开绿灯：比喻准许做某事。
再如"钻空子""穿小鞋""泼冷水""唱高调""戴高帽""挖墙脚"等的意义也是字面意义的比喻用法。通过比喻来表达实际意义是惯用语的特点，惯用语很少用抽象的字眼去说明道理，描绘事物，它多半是借助比喻创造一种形象化的说法，使语言显得生动而形象。①

二、惯用语的运用

惯用语在语义和语法功能方面都相当于一个词，在句中可以作主语、宾语、定语等。例如：
工作当中碰钉子的事常有。（定语）
走后门是不对的。（主语）
他从来没有出过国，他说他去过法国那是吹牛皮。（宾语）
惯用语虽然结构是固定的，但在实际运用时，述宾结构的惯用语相当于离合词，有时中间可以插入别的词语，也可以颠倒语序，但它所表达的习惯意义不受影响。如：
青年人没有不碰几个钉子的，但是，碰了钉子后，不要气馁。
这样也好，不碰碰钉子，他不会学乖的。
安娜一早跑到约翰那儿，不冷不热碰了个钉子，实在有些沮丧。
在老板面前，他不知碰了多少钉子，挨过多少次批评呀。
以上句中的"碰钉子"虽然形式上有所变化，但意思都没有变化，都表示遭到拒绝或受到斥责的意思。

---

① 陈秋娜."动""静"结合"面""点"俱到——也评葛本仪先生的《现代汉语词汇学》[J].常州信息职业技术学院学报，2012，11（001）：33–37.

第六章　现代汉语中的特殊词汇——熟语的研究

运用惯用语时,要特别注意它们的感情色彩。由于惯用语多被人们用于表达否定的意思,所以绝大多数惯用语是贬义的,如"吹牛皮""唱高调""穿小鞋""拍马屁""翘尾巴""钻空子",等等。只有少数惯用语的感情色彩是中性的,如"开绿灯""开夜车""车轮战"等。值得注意的是,目前几乎还没看到表示褒义的惯用语,从这一点也可以看出,表示贬义是惯用语的主要作用。所以,惯用语多用于表示贬义的句子里。例如:

"不要给我<u>戴高帽子</u>,我知道是什么意思!"他有些生气地说。

他们俩年龄相当,又倾心相爱,有什么不好?你这人怎么老给人家<u>泼冷水</u>?

因此,在表达赞赏意思的句子里,一般不要用惯用语。

第七章 现代汉语中词义的演变及词汇的动态形式研究

语言中的词是表示客观存在的事物或现象的。它是声音和意义的结合体,声音是词的形式,意义是词的内容。每个词都存在一定的读音和一定的意义。如果把它写出来,还要使用文字,文字是记录语言的符号。词义是人们对于某种客观事物的认识的概括的反映。语言是随着社会的发展而发展的,其中词汇对社会的发展变化反映最敏锐,所受影响而引起的变化也最明显。词汇的发展变化,主要表现在新词的产生、旧词的逐渐消亡和词义的演变几个方面。

第一节 词义的演变

一个词新产生的时候,意义总是比较单纯的,可是用得久了,词义就往往会发生变化,对待一个词的意义,也要以辩证唯物主义和历史唯物主义的观点作具体的分析,不能认为它的意义是永远不变的。例如"人民"和"敌人"这两个词,很明显,不了解词义的变化,不是辩证地、历史地理解每个词的意义,就会发生误解。在古代汉语里,单音词较多,一个单音词常常用一个字表示。了解一个字的古代含义,往往可以帮助我们更准确地掌握一系

第七章　现代汉语中词义的演变及词汇的动态形式研究

列现代汉语的合成词含义。

词义为什么会发生变化呢？这和社会的不断向前发展，人们对客观世界认识的提高和深化，以及人们表达思想情感的需要都是有密切联系的。有的和语言本身的发展变化如语音、文字的发展变化，也有关系。

一、词义演变的类型

（一）词的一个意义和一个词的意义问题

词是一种音义结合体，音义一经结合之后，就有相对的稳定性。但是语言又是不断发展的，作为语言的一种成分，词又具备着语言的发展变化性。所以词的音义结合情况，在相对稳定的同时，又是在渐变的过程中不断地演变和发展着。

词义的发展演变和语言中其他的成分一样，也是非常复杂的，同时它更是非常丰富和活跃的。它既可以表现为共时的变化，又可以表现为历时的变化；既可以表现为历史的变化，也可以表现为临时的变化，而在这诸多的变化中，最初的变化又往往是从临时的、个别的、很细微的变化开始的。

在谈论词义的演变时，就必须明确是在什么情况下、什么范围内来讨论问题的。同时不仅一定要而且也必然要把词的一个意义演变和一个词的意义的演变问题区分开来。

（二）词义演变类型的具体分析

因为词的一个意义的演变情况和一个词的意义演变情况不同，所以在分析词义的演变类型时，也必须将两种情况分别进行讨论。

1. 词的一个意义的演变情况

词的一个意义的演变情况大致可表现为以下四种类型。

第一种类型：词义的丰富和深化

词义的丰富和深化是在词的一个意义范围之内发生的变化和发展，它是指词的某一个意义在外延不变的情况下，在内涵方面发生了由简单到复杂，由肤浅到深刻，由不正确到正确的变化和发展。

一个方面是在客观事物基本不变的情况下，由于人们认识的发展，从而对客观事物的认识改变了、加深了，因此影响到词义的变化和发展。如：

鬼：过去理解为"人死曰鬼"，而且把"人死后变为鬼魂"的行为和"人死后变成的鬼魂"这一事物，都看成为真实的存在。现在则理解为，过去的人们认为"人死曰鬼"是一种迷信的不科学的说法。

鬼火：过去把这种在野地里燃烧的火和"鬼"联系起来，因而称为"鬼火"。现在则认识到这是"磷火"，是磷化氢燃烧时的火焰。因为人和动物的尸体腐烂时就分解出磷化氢来，并自动燃烧，所以夜间在野地里，有时就会看到这种白色带蓝绿色的磷火。

由以上例词中可以明显地看出，在人们认识发生了变化和发展时，会直接影响到词义的变化和发展，在这种情况下，有的词义内容比过去丰富充实了，有的则由错误变为正确了。

其他像"人""石""银""上帝""神仙"等都是这样的情况。

词义丰富深化表现为另一个方面的情况是，客观事物本身有了变化和发展，从而使人们对它有了新的认识，并因而促成了词义的丰富和深化。如"运动"一词的一个义项，是表示"体育活动"的意思，随着体育活动的项目和方式发展，体育活动的内容逐渐丰富和多样化起来，这种客观情况又直接影响到了"运动"一词的这一义项所表示的意义变得丰富充实起来。[①] 如现在我们对"要参加运动，锻炼身体"中"运动"的理解，就绝对不是几项单调的活动，而是包括了跑、跳、体操、武术、游泳等各种各样的体育活动的内容。由此可见，客观事物本身的发展，也可以使词义的内容逐渐丰富深化起来。

第二种类型：词义的扩大。

在谈词义的扩大时，应该先明确"什么是词义的扩大"问题。目前在一些著述中，谈到词义的扩大时，往往都是把词的一个意义的扩大和一个词的义项的增加都包括在内，而在这里，把它放在词的一个意义范围之内来讨论。

但是到底应该如何界定呢，在这里我想从词义变化的表现形式和特点上作一些分析和说明。

词义的扩大是指在词的一个意义范围之内表现出来的词义扩展的词，就是词的某个意义由原来表示某种词义所表示的内容，就包括在扩大了的词义所指称的范围之内，即表示的类概念的意义范围之内，扩大了的新义和原义形成了一种类属的关系。

（1）词义扩大后，原来狭小的意义只保留在词的历史中，而在现行词中这个意义消失了，就是说旧义和新义不是并存的。例如：

江：在古代专指长江，后来泛指一切江。

河：古代仅指黄河，现在泛指一切河流。

这两个词原是专有名词，后来成为普通名词了。

中国：古代的意思是"国中"，相对四方而言，指我国中部，是中华民族

[①] 刘佳.《儿女英雄传》词汇在现代汉语中的变化考察[D]. 河北大学，2008.

第七章 现代汉语中词义的演变及词汇的动态形式研究

的一部分疆土。《诗经·民劳》"惠此中国,以绥四方"。大意是:先把惠德加在周朝的京城地方,那才可以安定四方的诸侯。现在"中国"是指中华民族的全部疆土。

毛病:原来指恶马身上的旋毛,徐威《马相书》称:"马旋毛者,善旋五,恶旋十四,所谓毛病,最为害者也。"现在泛指一切事物的缺点或不足之处。

雌:原来指鸟之阴性者,后泛指一切生物之阴性者。

雄:原来指鸟之阳性者,后泛指一切生物之阳性者。

嘴:原来仅指鸟的口部,后来泛指动物(包括人)的口部,以及形状或作用像口的东西。

这种词义扩大,旧义虽然不再与新义并存,但是新义依然包括了旧义指称的事物,依然可以用新义去指称原来旧义指称的事物,只是不再局限于旧义的指称范围上罢了。这同后面要讲的词义的转移是不同的。

(2)词义扩大后,原来的意义和扩大后的新义并存,即一个词有几个相关联的意义,而它的确定的意义则靠一定的上下文或语言环境来决定。

词义的扩大同人的认识能力不断走向高级阶段、思维日趋精密有密切关系,是人的思维发达的一种反映。

例如"嘴",原指"鸟的嘴",现在却是"口的通称",很明显,"口的通称"表示的是类概念,它可以概括一切动物的"嘴",而原义"鸟的嘴"则成了它的种概念,并被包括在"口的通称"这一类概念的外延之中,新义与原义形成了类属的关系。如"嘴"当它表示"口的通称"之后,原来的意义就用词组"鸟的嘴"来表示了,"江"的意义扩大为"江的通称"后,原义则用新词"长江""扬子江"等来表示了。

词义扩大以后,词的原义已包括在扩大了的意义之中,所以在具体的语言环境中,就完全可以用扩大了的词义来指称原义所指称的事物。现在仍以"嘴"为例,在"嘴的功能可以饮食……"一句中,很明显"嘴"表示的是扩大了的意义,即"口的通称"的意思;但是在"这只鸟很漂亮、绿色的羽毛,黄色的嘴……"一句中,"嘴"表示的显然是"鸟的嘴"的意义了。

当然,语言中也存在这样的现象,即原义作为一个义项被使用的情况,却可以保留在某些成语、复合词或惯用的语言形式中,如《现代汉语词典》(修订本)对"江""琴"等词的注释就是如此。

在具备以上特点的情况下,词义的扩大又可概括为两种不同的情况。

一种是在客观事物不变的情况下,由于人们的认识和语言使用习惯的改变,从而影响到词义发生了扩大的演变。如"肉",原义为"鸟兽之肉","人的肉"曰"肌"。段玉裁在《说文解字注》中说得明白:"人曰肌,鸟兽曰肉,此其分别也。"但是后来"肉"的词义扩大了。凡一切动物的肌肉皆称为"肉","鸟兽之肉"包括在"肉"的意义范围之内,"肉"和"鸟兽之肉"在概念上形成了一种类概念和种概念的关系,"肉"孤立存在时,则不再表示"鸟兽之肉"的意义了。很明显,"肉"的词义演变是一种词义扩大的现象,只是这种变化完全是由于人们的认识和语言使用习惯的改变而造成的,因为"鸟兽之肉""人之肉"以及"一切动物之肉"都是早已存在的客观事实,它们本身并未发生变化,只是因为人们在语言交际过程中,由于认识的变化和发展以致这些客观事物的名称有了不同的改变,因而影响到词所表示的意义范围有所扩大罢了。这种现象在语言词汇中是比较多见的。下列各词都是这种类型的例子。

双:原义是"两只鸟"称"双",扩大后的新义是"成对的"都称双。

皮:原义是指"兽的皮",扩大后的新义则指"人或一切生物的皮"了。

睡:原义只有"坐着打瞌睡"称"睡",扩大后的新义则成了"睡眠的通称"。

杂:原义是"五彩相会"称"杂",扩大后的新义则指"多种多样的东西相混"了。

洗:原义只指"洗脚",扩大后的新义则成了"洗涤的通称"。

红:原义只指"粉红",扩大后的新义则成为"红色的通称"了。

灾:原义只指"自然发生的火灾",即所谓"天火也",扩大后的新义则可以泛指"一切的灾难"了。

牙:原义只指口腔后部的"槽牙",扩大后的新义则成为"牙的通称"了。

词义扩大的另一种情况是:客观事物本身发展了,人们的认识也随之相应地发展了,从而影响到了词义的扩大和发展。由于同类事物的出现和发展,同位关系的种概念出现了、增多了,词原来所指称的内容也成了诸多种概念中的一种,并获得了新的名称,而原词则演变而成为指称类概念的词了,词指称的外延扩展了,词义因而发生了扩大的演变。这类词义扩大的例子在语言中也是可以经常见到的。下列各词也是这种情况。如:

枪:原义是指"古时一种尖头有柄的刺击兵器",现在却成了"红缨枪""手枪""步枪""机关枪"等的通称。

炮:原义是指"古时一种以机发石的攻城武器",现在却成了"迫击炮""榴弹炮""高射炮"等的通称。

琴:原义是指"一种狭长形的,琴面有七条弦的,用手弹奏的古乐器",现在却成了"风琴""钢琴""提琴""口琴""电子琴"等一类乐器的通称。

布:原义只指"麻布"而言,现在却成为用棉、麻等织成的一切布的通称了。

综上所述,引起词义扩大的原因是不尽相同的。但就词义扩大的现象

第七章　现代汉语中词义的演变及词汇的动态形式研究

来说,却有一个共同的特点,那就是它们都是在词的一个意义范围之内发生的变化,都是一种由表种概念的词义进而成为表类概念的词义演变和发展,词义扩大以后,原义就被包括在新义之内,不再作为该词的独立义项而存在了。一般来说,这时,词的原义都会有新的语言形式来表示。如"脸"就是如此。"脸"的原义只指"面部眼睛下面的部分",扩大后的新义则指称"整个的面部"。而它的原义现在已不复存在了。

第三种类型:词义的缩小。

词义的缩小也是在词的一个意义范围之内表现出来的变化情况。词义缩小以后,该词原来所表示的概念,则要由新的名称(词或词组)来表示,这新名称表示的意义和缩小后的词义也形成了类属的关系。如"金"一词,原义指"一切的金属",后来词义发生了缩小的演变,成为专指"黄金"而言了,这时它的原义则由"金属"一词来表示,而且"金属"和"金"在表示的概念上形成了类概念和种概念的类属关系。以下各词也是这种情况。如:

瓦:原指"一切用土烧制成的器皿",现在只指"用土烧制成的用来铺盖屋顶的建筑材料"。

臭:原义指"一切的气味",现在专指"坏味"。

坟:原义可指"一切高大的土堆",现在却专指"坟墓"。

禽:原为"飞禽走兽的总称",现在只指"飞禽"。

子:原义包括"儿子和女儿",现在却只指称"儿子"一方。

事故:原义是指"各种事情",现在专指"在生产上或工作上出现的意外的损失或灾祸"。

丈夫:古代男子通称为"丈夫",现在专指女性的配偶。

事故:古代指各种事情,现在专指意外的不幸的事。

丈人:古代指男性长老者,现在专指妻之父。

坟:古代指土堆,现在专指坟墓。

从以上词例中,可以说明词义缩小的一般情况。同时也可看出,不但词义可以出现缩小的演变,词素义也可出现缩小的演变。如"禽""子"等,从现代汉语的情况看,它们已基本是词素义了。

第四种类型:词义的转移。

词义的转移也是在词的一个意义范围内表现出来的演变和发展。词义转移以后,该词就不再指称原来的旧事物,不再表示原来的旧概念了。如:

"走"古代是"跑"的意思,"宋人有耕者,田中有株,兔走触株,折颈而死;因释其耒(lěi)而守株,冀复得兔"。(《韩非子》)现在"走"是指动物(包括人)的双脚交替缓行。

兵:古代是指兵器:"及至文、武,各当时而立法,同事而制礼。礼法以

事而定,制令各顺其宜,兵甲器备,各便其用。"(《更法》)现在"兵"是指军人、战士。这就是词义进行转移的情况。又如:

事:原指"官吏",现指"事情"。

权:原指"秤锤",现指"权利"。

钱:原指"一种农具",现在则指"钱币"。

斤:原指"斧子一类的工具",现在则指"十两为一斤,是重量单位"。

去:古代是"距离""离开"之意:"我以日始出时去人近,而日中时远也。"(《列子》)

牺牲:古代统治阶级祭神用的牛、羊、猪等祭品:"牺牲玉帛,弗敢加也,必以信。"(《左传》)现在"牺牲"是指为了正义的目的舍弃自己的生命,或泛指放弃、损害一方的利益。

行李:古代指两国来往聘问的使者:"行李之往来,共(供)其乏困。"(《左传》)现在是外出携带的行装。

消息:古代指生长消灭或兴盛衰落:"日中则昃(昃,太阳西斜),月盈则食(蚀,亏缺),天地盈虚,与时消息。"(《易·丰》)现在指音讯、新闻。

词义转移的情况比较复杂,就现有情况来看,造成词义转移的主要原因,还是词的义项发展变化的结果。[①] 如"年"原为"谷熟"的意思,后来引申出新义为"年月的年",在发展过程中,它的原义逐渐消失了,从而形成了"年"的词义转移的情况。其次,由于假借的原因,也可以造成词义的转移。如"密"原义是指称"一种山",后"假为精密字",后来在使用的过程中,"密"的原义消失了,假借义"精密"却被普遍使用起来,结果,形成了"密"的词义的转移。当然,现在"密"作为"精密"解释的独立的词义已很少使用,它已逐渐转化为词素义了。

2. 一个词的意义的演变情况

在一个词的范围内,词义的变化既可表现为义项的增多和减少,又可表现为一个义项本身正在演变的过程。在一个词的意义进行发展演变的同时,也可以包含着词的一个意义的动态变化问题。

第一种类型:义项的增多。

词的义项增多也是词义演变的规律之一,词的义项增多就是表现为同一个词的形式所表示的概念的增加,从而影响到了该词新义的增多、丰富和发展。在词的义项增多的情况下,新旧义项在一个词的形式内完全可以同时并存,并且各自保持着自己的独立性。例如:

手:原义是指"人体上肢前端能拿东西的部分"。后来它又增加了"拿

---

① 周刚,吴悦.二十年来新流行的日源外来词[J].汉语学习,2003(5):72–72.

第七章　现代汉语中词义的演变及词汇的动态形式研究

着,如人手一册"和"擅长某种技能的人或做某种事的人,如能手、拖拉机手"等义项。

这些义项所表示的意义各不相同,每个意义都有自己的概念对应性和具体事物的对应性。它们出现的语言环境也各不相同,所以这些义项在任何情况下都不能混淆使用。

词的义项通过演变和增多以后,基本上可表现为两种不同的情形。一种是词的原义和新义并存,原义仍处于基本义的地位。在义项增多中,这种情况是大量存在的。例如:

讲:

（1）说:如讲故事。

（2）解释;说明:如这本书是讲气象的。

（3）商量;商议:如讲价。

老:

（1）年纪大:如老人,老大爷。

（2）老年人:如扶老携幼。

（3）很久以前就存在的:如老厂、老根据地。

（4）陈旧:如老机器,房子太老了。

（5）原来的:如老脾气,老地方。

头:

（1）人身最上部或动物最前部长着口、鼻、眼等器官的部分。

（2）指头发或所留头发的样式:如梳头,梳什么样的头。

（3）(～儿)物体的顶端或末梢:如山头儿,中间粗两头儿细。

（4）(～儿)事情的起点或终点:如提个头儿,什么时候才走到头儿。

舌头:

（1）辨别滋味、帮助咀嚼和发音的器官,在口腔底部、根部固定在口腔底上。

（2）为侦讯敌情而活捉来的敌人。

黑暗:

（1）没有光:如山洞里一片黑暗。

（2）比喻社会腐败、政治反动。

以上各例词所包含的义项数目虽然不完全相同,但是它们却有一个明显的共同点,即它们的第一个义项都是原义,其他的义项都是在这一义项的基础上产生出来的。可是新义项的产生和存在并没有造成原义的消亡,相反地,它们却共同存在于同一个词的意义范围之内,并且各自保持着自己的独立性,它们的原义都仍然以基本义的资格存在着。

义项增多后形成的另一种情况是：原义和新义虽然并存，但新义已成为基本义，原义却退居到了次要的地位。例如：

世：原义"是父子相继为一世"。现在则是：

（1）人的一辈子：如一生一世。

（2）有血统关系的人相传而成的辈分：如第十世孙。

时：原义是指"季节"，即"称春夏秋冬为四时"。现在则是：

（1）指比较长的一段时间：如盛极一时。

（2）规定的时候：如按时上班。

（3）季节：如四时。

就"世""时"的情况看，它们的原义显然已退居成为次要的义项了，可是它却仍然作为一个独立的义项存在着，新义和原义也是在同一个词的形式内同时并存，并且各自保持着自己的独立性。所以它们也是义项的增多。

第二种类型：义项的减少

义项的减少也是词义在一个词的范围内表现出来的演变和发展。和义项的增多相反，它是指在一个词表示的几个义项当中，有的义项从这个词的意义范围之内消失了。如"强"，《辞源》1980年的修订本（下同）中注释为：

强（qiang）：

（1）虫名。《说文》："强，蚚也。从虫，弘声。"

（2）壮健有力，与"弱"相对。

（3）强盛。《孟子·梁惠王上》："晋国天下莫强焉。"

（4）胜过，优越。宋·苏轼《经进东坡文集事略》二四《上神宗皇帝书》："宣宗收燕赵，复河隍，力强于宪武矣；销兵而庞勋之乱起。"

（5）坚决。《战国策·齐》一："七日，谢病强辞。"

（6）有余，略多。唐杜甫《杜工部草堂诗笺》十八《春水生二绝之二》："一夜水高二尺强，数日不可更禁当。"

（7）姓。《左传·庄十六年》有强钮。

强（qiang）：

（1）力量大（跟弱相对）：如工作能力强。

（2）感情或意志所要求达到的程度高，坚强，如党性很强。

（3）使用强力；强迫：如强渡，强占。

（4）优越；好（多用于比较）：如今年的庄稼比去年更强。

（5）接在分数或小数后面，表示略多于此数（跟"弱"相对）：如实际产量超过原定计划百分之十二强。

（6）姓。

当然，我们不能要求不同辞书的注释都绝对相同，但是比较两种辞书的

第七章　现代汉语中词义的演变及词汇的动态形式研究

注释,就会发现它们基本上是相同的,都能或者基本能找到对应的义项。又如"喽罗"一词,《辞源》的注释为:

喽罗(lóuluo):

(1)伶俐,机警。唐卢仝《玉川子集》——《寄男抱孙》诗:"喽罗儿读书,何异摧枯朽。"

(2)旧称占有固定地盘的强人部众。

(3)扰乱,喧噪。明刘基《诚意伯文集》十一《送人分题得鹤山》诗:"前飞乌鸢后驾鹅,啄腥争腐声喽罗。"

《现代汉语词典》的注释为:

喽罗(lóuluo):旧时称强盗的部下,现在多比喻反动派的仆从。

比较两种辞书的注释,就可知道,过去"喽罗"所表示的第(1)和第(3)两个义项,现在也已经消失了。

由以上两种演变类型的具体分析可以说明,词义在一个词内的发展变化和在词的一个意义中的发展变化是完全不同的。很明显,无论义项的增多或者义项的减少,它们都只是义项的增减,但却决不影响其他义项的存在,新义项的产生决不会导致旧义项的消亡,新旧义项完全可以同时并存;另一方面,旧义项的消亡也不会引起原有其他义项的改变;由此可见,在一个词的范围内,无论义项发生怎样的变化,它们的各个义项都能够各自保持着自己的独立性。这一点正是一个词的意义发展演变的不同类型所共同具有的性质和特征。

二、词义演变的规律

(一)词义演变的类型与演变规律的形成

以上分析了词义演变的六种类型,事实上,作为类型来理解是根据它们的表现形式和结果来说的。但是这些类型决不是突然显现的,它们都有一个演变的过程,并呈现出一定的规律来。就上面谈到的各个类型来看,它们之间就存在着许多复杂的联系和关系,并且形成了一种基本的模式和规律。

涉及词的一个意义或一个词的意义的变化时,都首先表现为义项的增多。词义演变呈现为义项增多的情况之后,又会出现各种复杂的情形。

第一种,义项增多的演变结果,使得单义词变成了多义词,或者使原来的多义词,义项更加丰富起来。

第二种,义项增多之后,对分化出来的新义项来说,则是词义分化造词。

第三种，义项增多之后，新旧义项在并存使用的过程中逐渐发生了变化。新义项逐渐变成了常用义，旧义项却逐渐缩小其使用频率，直至出现了最后消失的现象。①

(二) 多义词在词义演变中的作用

义项增多在词义演变中是一种非常重要的不可缺少的类型，而多义词正是义项增多这一演变类型存在的载体，多义词的出现就是词的义项增多的结果。其中有些意义的变化在这种使用中被社会认可到一定程度时，多义词则会通过义项减少的手段来将这种演变的结果固定下来，从而使这一演变得以完成。由此可见，没有词义的义项增多和减少，没有多义词的存在，任何词义的演变过程都是很难进行的。观察词义演变的各种类型，除词义的丰富和深化外，词义演变的其他类型都是和词义的义项增多有着密切的联系，一个词只有当义项增多后才能出现义项减少的变化，而词义的扩大、缩小和转移，又都是在义项增多和减少的演变中表现出来的，而在这整个演变过程中，多义词却始终是一个不可缺少的成分。所以说，在词义演变的过程中，多义词是有着举足轻重的作用的。

以上谈的都是词汇意义发展演变的情况。此外，词义的演变也可表现为色彩意义方面和语法意义方面。词的色彩意义有时是随着词汇意义的变化而发生变化的。如"乖"过去是"违背、不协调"的意思，具有中性和贬义的色彩；现在"乖"的词汇意义变为表示"伶俐、机警"的意思，因此，它也同时具有了褒义的色彩。又如像前面举过的"喽啰"，也是随着词汇意义的变化，由可以表示褒义色彩而变为完全表示贬义色彩了。有时在词汇意义不变的情况下，色彩意义也可以发生变化，如"老爷"一词，过去是用来"对官吏及有权势的人的称呼"，是个中性词，有时还能具有褒义的色彩。但现在人们再运用这个词来称呼某些人时，却有了讽刺和不满的意味，如"干部是人民的勤务兵，不是人民的老爷"。所以"老爷"现在已有了贬义的色彩。其他像"少爷""少奶奶"等词也是这种情况。与此相反，像"工人""劳动"等本为中性词，但过去运用时却经常带有贬义的意味，而现在却经常具有褒义的意味了。色彩意义发生这种变化，是和社会制度的改变，以及人们的认识和道德标准的改变等方面分不开的。

词的语法意义的改变也是和词汇意义方面的变化有着密切的联系，而且这种联系多是通过义项的增多来实现的。如"领导"一词原为"率领并引导朝一定方向前进"的意思，是动词，后来又增加了一个义项，表示"领导

---

① 葛本仪，杨振兰. 词义演变规律述略[J]. 文史哲，1990（06）：97-100.

第七章 现代汉语中词义的演变及词汇的动态形式研究

人"的意思,新义项则是名词了,又如上面举的"乖"一词,它的原义是形容词性的,后来"乖"也可以用于对"小孩"的爱称,显然,作为爱称用时,就是名词性的了。

在词义发展演变的过程中,词义的三个方面都会有所变化和发展,但是,从以上分析可以看出,词汇意义的演变和发展永远是词义发展的重要方面和主要内容。

此外,词义的变化和发展情况,还能够影响到更多方面,如词义的变化使词与词之间的相互组合受到影响的问题,词义的改变影响到词义类聚的改变和调整等,这些现象都是经常不断发生的。同时也是整个语言系统发展中的一些重要内容。对于这些问题的探讨,还有待于我们今后继续进行多角度、多层次的更加广泛深入的观察和剖析。

第二节 词汇的动态存在形式

词汇是一个运动着的整体,来源于语言本身就是一个运动着的整体。语言在一般情况下,都具有两种存在形式,一种是相对静止的静态形式,一种是绝对运动着的动态形式。静态形式往往都是就共时面中一个比较短暂的时段中的情况来说的,因此它是暂时的、相对的;动态形式则是就语言永恒的存在形式来说的,因此它是永久的、绝对的。语言正是在这两种形式的不断相互作用和交替中,得到了不断的变化更新和发展。语言在动态变化情况中出现的新成分,会不断地被认可和巩固到一个个的静态平面中来,一个个的静态平面情况根据时间的先后排列起来,又可以充分地说明语言不断的动态变化和发展。语言和它的词汇以及其他所有的成分,就是在这种静态和动态形式的相互作用下,永远地运动着和发展着。所以,从语言的总体来看,它永远是一个运动着的整体。

语言的变化和发展表现在现实情况中是相当复杂的。概括地说,其复杂性主要表现在两个方面。

第一,表现为语言的动态形式有历时的变化和共时的变化之分。历时的动态运动逐渐形成语言发展的历史,如现代汉语的面貌和先秦时期汉语的面貌就不一样;共时阶段则是就某一个横断面来说的,如现代汉语阶段、先秦汉语阶段,等等。

第二,表现为在共时的动态变化中,又存在着言语成分和语言成分之分,由于言语成分和语言成分之间也存在着一个动态变化的过程,所以,在一个相对时间的共时阶段中,也必然要存在着不断的动态运动过程,如在现代汉语阶段中,各种各样的动态运动和变化发展就从未间断过。这一切情况就形成了语言在运动变化中,其静态形式和动态形式相互间的既有联系又有区别的复杂性。

语言的整体现象是这样,语言中各种成分的变化情况也是这样。因此,词汇作为语言中的一个组成部分,它的存在形式和发展的规律也一定会受到语言的存在形式和发展规律的制约,而且和语言也是完全一致的。所以,语言词汇和语言的整体现象一样,也永远具有静态和动态两种存在形式,也永远是一个复杂的运动着的整体。

由于语言词汇中各个组成部分的性质和特点有所不同,所以它们的运动发展情况也不完全一样。总的说来,基本词汇的发展比较缓慢,一般词汇的发展则比较活跃和迅速。但是尽管如此,它们作为语言词汇的一个组成部分,永远存在于词汇这一整体之中不断地运动和发展着,这一点却是可以完全肯定的。

在社会制度的变化和更替方面,这种变化和更替也能够促成语言词汇的发展。如当汉族处于奴隶社会的时候,汉语词汇中反映奴隶名称的词是很多的。例如,"仆"是奴隶主家中男性的奴隶,"妾"则是奴隶主家中女性的奴隶,"臧"是一种拿着武器进行护卫的奴隶,"臣"原来也是指称一种男性奴隶,这种奴隶都是为奴隶主所信任,所以是一种能替奴隶主管理其他奴隶的奴隶。其他像"隶""宰""奚""舆""台",等等,当时也都是奴隶的名称。当汉族社会发展到封建社会时期,汉语中又相应地出现了许多反映封建社会的制度和生活的词。如"皇帝""宰相""朝廷""封建""割据""地主""农奴""农民""地租""行会""封建主"以及"状元""秀才",等等。今天,我们再看一下汉语词汇的情况,就会发现反映社会主义制度的词语也已大量存在了。这些词语有的是在新中国成立后才产生的,有的虽然在过去就已经存在,但在新中国成立后才逐渐广泛地使用起来,如"公有制""合作化""政协""人代会""党委""市委""省委""劳保""退休""离休""国营"以及"双百""四化""整党""五保户""敬老院",等等。

在人类生活中,任何事物的发展,往往都是和人们的认识分不开的,词汇的发展也不例外。人们认识的发展可以从以后的方面促成词汇的发展。

在客观事物不变的情况下,由于认识的发展,人们可以对这些客观事物从不认识到认识,从而产生新词,促成词汇的发展。如"电子""中子""质子"以及一些抽象的词语"思维""认识""心灵""空间""规律""悲观""乐观""人生观"等。有的是人们的认识由肤浅到深入,从而促成了词义的发展。如前面曾举到的"水""电""鬼火"等。此外,认识的发展,还可使人们对客观事物的认识更加细致入微,并由此而促成同义词的发展。如"看""瞧""瞅""盯""瞪""瞄""瞥"等。①

由于认识的变化和感情态度的变化,人们还可以重新给事物命名。如前面谈到的"八大员的来历"就是这种情况。新中国成立后,这样产生的新词很多。如"戏子——演员""邮差——邮递员""店小二——服务员""老妈子——保姆",等等,都是生动的例证。

人们认识的发展促成词汇的发展表现的另一个方面,就是认识和思维能力的发展,可以促成科学研究的发展,进而促成新事物的产生,并从而产生新词。如"激光""导弹""模压""塑料""无影灯""洗衣粉""电冰箱""计算机"等。

词汇系统内部的矛盾和调整是非常有趣的,它可以表现在多个不同的层面和方面,语言的词汇就是在这种矛盾和调整中不断地丰富和发展着。

第三节 词汇的历时及共时的动态运动形式

一、历时的动态运动形式与词汇发展史

词汇的历时动态运动情况是词汇发展变化的一个重要的不可缺少的方面,词汇动态的历时变化不仅能够使它不断的运动和发展成为可能,而且更可以将无数个共时的情况连续起来,使其成为历时阶段中的一个个组成部分。很明显,只有将无数个共时情况巩固并延续,形成该语言词汇整个存在时期的历时的运动和发展,才能够说明词汇的历史存在,也才能形成词汇的变化发展史。②

---

① 徐音华. 从改革开放以来的《国务院政府工作报告》看我国公文词汇的衍变 [D]. 四川师范大学, 2012.
② 李蒙. 从词汇角度看车贴用语分类和价值及其成因探究 [J]. 祖国, 2013（10）: 6-7.

二、汉语词汇动态运动历时情况的几个主要方面

汉语是世界上历史最悠久的语言之一,因此,汉语词汇在动态运动中的历时存在形式,形成了汉语的漫长而丰富的词汇发展史。

(一)新词的增加

前面已讲过,语言是随着社会的发展而发展的,在这发展的过程中,词汇又是最敏感的部分,因此,在历史的各个时期,以及人们生活的各个领域中,社会上的一切,都会在词汇中有所反映,这就促成了语言中新词的不断增加。

因新事物的出现而增加新词。如"上岗""上网""彩电""电脑""软件""盒饭""助听器""肯德基",等等。

旧事物改换新名称而增加新词。如过去的"薪水"现在称"工资",过去的"邮差"现在称"邮递员",过去的"戏子"现在称"演员",等等。

词义演变产生新词。如"河"的词义扩大后,它原来指称的事物则用新词"黄河"来表示,"走"的词义由"跑"转移为"行走"时,词汇系统中相应地就要出现新词"跑"加以补充,"金属"一词也是由于"金"的词义发生演变而产生出来的。

受外族语言影响而产生新词。受外语词语音形式的影响而产生的词,如"巴黎""沙发""苏维埃""奥林匹克"等。受外语词所表示的概念的影响而产生的词,如"电话""煤气""扩音器""连衣裙"等。

此外,从共同语的角度来说,吸收方言词也是增加了新词。如"搞""垃圾""名堂""尴尬"等。

(二)双音词增多

汉语词汇从过去到现在都有单音节词和多音节词之分,多音节的词中又以双音节词为主。不过在古汉语中,特别是先秦时期,词汇中的单音词是占多数的。如从《左传》的用词来看,它共用单音词 2 904 个,复音词却只有 788 个。随着汉语的发展,词汇中的双音词逐渐增多起来。

由单音向双音发展,是汉语词汇发展的一种必然现象。双音词的大量出现,不但可以分辨和解决由单音节词形成的同音词问题,而且因为它表义细致准确,所以也有力地充实和丰富了汉语词汇,极大地提高了汉语的表现力量。

汉语中双音词的发展主要表现在两个方面。一个方面是原有的单音词,有许多逐渐为双音的形式所代替。有用重叠形式代替的,如"姑姑""伯

第七章　现代汉语中词义的演变及词汇的动态形式研究

伯""妹妹""弟弟"等。有用同义联合的形式代替的,如"道路""领导""依靠""丢失"等。当前在现代汉语中,不但双音词大量增加,而且也出现了不少的三音词和四音词等,不过,就现在情况看,双音词的数量仍然占着优势。

（三）实词虚化现象的发展

汉语词汇中很早就有实词和虚词之分,同时也有词根词素和附加词素的区别。在词汇发展的过程中,汉语中的虚词和附加词素都有所发展。它们发展的途径,一是创制新的成分,另一是实词的虚化。[①]

实词虚化的现象主要表现为两个方面。一个方面是由实词类变为虚词类。这种变化多为实词在表示原来意义的同时,又增加了表示虚词意义的义项。如"因"原为"原因""依循"的意思,后来又有了"因为"的意义,并充当连词使用。其他又如"的""夫""耳""固"等也是这样。也有的词在发展过程中逐渐失去了实词的意义,只作为虚词使用了,如"然""所""而""虽"等。

实词虚化的另一个方面是由可以充当词根词素的实词虚化成了附加词素。这种情况大多数都表现为充当附加词素的作用可以充当词根词素形成新词"了结""了却"等。[②]后来它虚化成语法意义,如"看了""做了""睡了"等。其他像"着""子""然""巴"等。

（四）造词和构词方面的发展

分析汉语词的形成及其结构,就会发现在汉语发展的早期,运用音义任意结合法、摹声法等手段制造新词的情况是比较多的。现在仍然存在的许多历史悠久的单音词,如"山""水""日""月""鸟""兽""虫""鱼"等,在音义任意结合法方面,则表现为单音节词多。在词素组合的方式上,则表现为联合式和偏正式的词比较多,动宾式的情况就很少,而补充式和主谓式则更为少见。这种情况在先秦汉语词汇中表现得很清楚。

汉语造词和构词的情况发展到今天,已有了很大的发展,不但造词的方法已多样化,而且构词的方式也更加丰富和精密了,如不但有了补充式、主谓式等构词方式,而且在各种方式中又区分出了各种不同的类型。这一切都充分说明了,汉语的造词法和构词法也是在不断地丰富和发展着。

[①] 刘吉艳. 新词群与同素族异同之比较 [J]. 语文学刊（教育版）, 2010（12）: 13–14.
[②] 同上。

（五）同义词、近义词、多义词等词义类聚和抽象词语的发展

同义词的不断出现，多义词和抽象词语的不断增多，都是人们认识能力发展的结果，同时这些现象也标志着语言词汇的极大丰富和完善。汉语词汇在这方面的发展情况，有力地说明了汉语是世界上最丰富发达的语言之一。

汉语词汇中很早就存在着同义词和近义词现象，《尔雅》就是以同义近义类聚的方式来编写的。在汉语词汇发展的整个过程中，同义词近义词都是在不断地增加着，发展到现在，不但同义和近义词组的数量明显地丰富和发展了，而且它们所包含的词的数量也都不断地增多起来。这种情况从现在出版的各种《同义词辞典》或《同义词辨析》中都可得到证明。

多义词的发展是语言词汇发展的必然趋势之一。汉语历史悠久，因此，多义词极为丰富，许多产生年代较早的词，绝大多数都是多义的。此外，像反义词、同位词等各种不同的词义类聚也都不同程度地逐渐增加了起来。

抽象词语的发展不但取决于人们认识的发展，而且和社会科学文化的发展也是分不开的。人们丰富的想象和具体的科学实践，都可以促使抽象词语的产生。汉族人民在漫长的历史发展过程中，不但创造了社会的文明，而且也创制了大量的抽象词语。如"灵魂""神韵""幽灵""精神""思维""思想""感情""意识""抽象""概括""规律""观念""价值""修养""世界观""人生观"，等等。

（六）词义的发展

词义的发展是词汇发展中一个重要的方面，词义的发展可以从很多方面促成整个词汇系统的变化和发展。汉语词汇中词义发展的情况非常丰富纷繁。

（1）词义的扩大。例如，"江""河"，古代专指长江、黄河，现在已不是专有名词，而成为普通名词，泛指一般的江河了。

（2）词义的缩小。例如，"金"，古代泛指一般的金属或兵器，现在则专指"金子"了。再如"妻子"，古代指妻子和儿女，现在则只指男子的配偶了。

（3）词义的转移。例如，"涕"，古代指眼泪，现在则指的是鼻涕。再如"池"，古代指的是护城河，现在则指水池子。

（4）感情色彩变化。一些词语的感情色彩在发展演变过程中发生了改变。例如，"卑鄙"在古代是两个单音词，指身份低微、见识短浅的意思，是表示谦虚的中性词语，如"先帝不以臣卑鄙，猥自枉屈，三顾臣于草庐之中"（《出师表》）中的"卑鄙"即此义；现代汉语中的"卑鄙"变成了一个双音词，

第七章　现代汉语中词义的演变及词汇的动态形式研究

指品德恶劣、道德败坏的意思,变成了贬义词。

（5）名称说法改变。基本上是古代的一个单音词变成了现代的双音词。例如,"日"表示"太阳"这一意思时,自唐宋以后人们在口语中就使用"太阳"一词而不用"日"了。再如,"目"改称"眼睛","寡"改称"少",但成语"目不识丁""寡不敌众"还在使用。

（6）单音节词变为复音节词。古代汉语以单音节词为主,复音节词居少数,发展到现代汉语,单音节词一般都变为复音节词了。例如,"一屠晚归"（《狼》）,我们现在说"一个屠夫傍晚回家",古代汉语中的四个单音节词对应翻译成现代汉语的复音节词。

（七）旧要素的消亡

语言词汇的发展和变化,不但表现为新要素的不断增加,同时也表现在旧要素的不断消亡上。旧要素的消亡一般有以下几个方面。

1. 旧词的消亡

引起旧词消亡的原因是多方面的,因此,旧词消亡的情况也各不相同。旧事物的消亡引起旧词的消亡。如"皇帝""状元""巡抚""乡试""八股文""书童""当铺""童养媳""巡捕""租界""保长"等。社会发展和交际需求的改变引起了旧词的消亡。例如,"牯(gǔ,母牛)""牡"(mǔ,公牛)"等。个别的词如"特"虽然现在还被应用着,但它的意义已完全改变了。其他像"䩄"（bǎ,母猪、大猪、两年的猪）、"豚"（tún,小猪）、"䅣"（lái,高七尺的马）、"駥"（róng,高八尺的马）、"駣"（tào,三岁的马）、"犛"（máo,长毛的马）等,后来也逐渐被"豕""猪""马"等词所代替,以后"豕"在发展过程中也逐渐消亡了。

2. 义项的消亡

义项的消亡也是旧要素消亡的内容之一。如"牺牲"一词的原始义是指"古代祭祀用的牲畜","权"最早是"黄华木"的意思,后来又表示"秤锤"的意思,但是今天在现代汉语中,这些义项也已经消亡了。

3. 词素的消亡

词素是组词的成分,它有词根词素和附加词素之分,这两类词素在发展过程中也都存在着消亡的现象。

就词根词素看,它往往是随着旧词的消亡而消亡的。如"旌"一词,过去有三个义项:

（1）古代旗的一种,缀牦牛尾于竿头,下有五彩析羽。用以指挥或开道。

（2）古代旗的通称。

（3）表彰。

人们曾用"旌"的这些义项充当词素义创造过新词,如"旌旗""旌麾""旌表"等。然而现在"旌"已作为古语词不再为人们使用了,因此,在一般情况下,它也不可能再用来充当词素创制新词了。

附加词素的消亡情况,如古代汉语中的前缀词素"有"（组成的词如"有夏""有商"）,后缀词素"尔"（组成的词如"率尔""卓尔"）等,后来也不再被使用了。

词汇中旧要素的消亡是一种正常的现象。和语言中其他要素的演变一样,词汇中旧要素的消亡,只是意味着这种词汇成分在人们的日常运用中消失了,但是它却仍然存在于汉语词汇的总体之中。[①] 有的成分虽然不能作为词继续被运用了,但却可以充当词素仍被运用着,如"观""兴""彩""习"等就是这样。也有的成分作为消亡了的古语词保留在语言词汇之中,但在某些特定的场合,它们仍然可以发挥自己特有的作用,如对文言词的运用就是这种情况。此外,这些消亡了的语言成分,还可以为人们的语言研究提供宝贵的资料。由此可见,这些消亡了的成分,虽然现在不再为人们的交际服务了,但它们仍然是语言词汇中的宝贵财富,所以我们对这些成分应该正确地认识和对待。

汉语词汇的发展纷繁复杂,通过这些纷繁复杂的现象,我们可以看到,在新质要素不断增加,旧质要素不断消亡的情况下,还体现出了两种根本不同的发展趋势。一种趋势是由简趋繁,如多义词、同义词等的发展就是这样;另一种趋势则是由繁趋简,如牲畜名称的概括和简化、等义词的淘汰等情况。因此,我们在认识和分析词汇的发展时,不能只看到由简趋繁的一面,也应该同时注意由繁趋简的发展现象。只有这样,才能更好地认识,更正确地理解词汇的发展。

三、词汇共时的动态运动形式

（一）共时的动态运动形式存在的必然性和必要性

词汇的共时动态运动形式是词汇整体运动形式的基础,它的存在不仅是必然的,而且也是必要的,它在体现了词汇渐变的可描写性的同时,又充分地体现着词汇动态运动的绝对性。词汇的共时动态运动形式虽然是客观地存在着,而人们越来越重视对共时的动态情况的研究却有其一定的原因。

---

① 贾佳.《儒林外史》词汇在现代汉语中的变化考察 [D]. 河北大学, 2010.

第七章 现代汉语中词义的演变及词汇的动态形式研究

这是因为一方面,由于语言是渐变的,所以在其动态的渐变过程中,就可以将某一个时段进行相对静态的描写;另一方面,就词汇整个的发展过程来说,也可以根据其发展情况,人为地作某些阶段的划分,共时阶段和静态形式决不是相对应的,更不是等同的。就一个共时阶段来讲,词汇的静态形式和动态形式永远都同时共存于其中,它们都是从不同的角度说明了词汇的存在、运动和发展。词汇的静态形式不仅说明了词汇符号系统的内容,也说明了它作为交际工具的实际存在,而这种静态形式的动态化,则使这种交际工具具有了实现其交际功能的可能。

词汇的动态运动形成了词汇不同时期的不同静态存在,而发展中的词汇动态运动形式又都是在其静态存在形式的基础上进行的。在词汇的整体运动形式中,词汇的静态形式是存在于语言符号系统之中,为实现交际行为,完成交际目的而提供可能和基础的部分;词汇的动态运动形式则是在言语交际中具体体现了交际功能,实现了交际作用,传递了交际信息,达到了交际目的的部分。没有静态存在形式为交际行为提供必要的交际元素,就不可能形成交际行为,没有这种动态的交际行为,语言元素的交际作用也无从实现,新的语言元素也无从产生。[1] 因此,在共时阶段中,词汇的动态运动更多的是表现为言语成分和语言成分的相互转化,并在这种相互转化中体现出它的较短时间的阶段性的发展,从而促进语言词汇的发展。所以,词汇的静态和动态存在形式是词汇整体运动的两个方面,它们相互依存,相互完善,共同实现着语言词汇的交际功能,满足着社会的交际需要,这一点,在共时阶段中表现得尤为明显。

共时阶段中,词汇动态运动的内容是非常丰富的,其动态变化主要表现在两个方面。第一方面:当人们在语言成分的基础上组成言语以进行交际时,这些语言成分即开始由静态的语言成分逐渐变成为具体语境中的言语成分,有的可能是词义的具体事物对应性造成的,也有的可能是人们运用词语的主观性所决定的,但是不管原因如何,这些动态的言语成分和静态的语言成分相比,总会表现出某些动态的变化和不同;第二方面:在具体的语境中,人们又会根据交际的需要,在原有语言材料的基础上,创造出一些新的成分来。这两个方面尽管不同,但是它们却都是词汇在人们的言语行为中进行动态运动的结果,而且它们开始时都具有临时性的言语成分,这些临时性的言语成分,大部分往往都只在于会出现并为当时的言语行为所运用,脱离开具体的语境和言语行为,这种成分将不复存在。不过这些临时性的成

---

[1] 葛本仪. 论词汇静态、动态形式的结合研究 [J]. 山东大学学报(哲学社会科学版), 2004(06): 41–45.

分中,也有一部分将会为人们在相同的语境中反复使用,结果使这些成分逐渐由言语成分变成了语言成分,最后终于进入词汇系统中去,并被历史的变化巩固下来,成为语言词汇历史发展的一部分。

以上情况足以说明,词汇发展的共时阶段中,永远存在着一个由静态的语言成分的被运用,结果产生出了动态的言语行为,从而产生出了言语成分,部分言语成分又会被约定为语言成分等这样一个循环往复的运动过程,在这一过程中,虽然也有旧成分的消亡,然而新成分的增加却永远占着绝对的优势,语言词汇以及语言的其他成分,就是在这样一种不断的循环往复中得到了不断的发展。①

以上情况也足以说明,词汇发展的共时阶段,是词汇动态运动和发展的一个很基础的阶段,它的存在是词汇发展的需要,它的出现也是社会交际对语言要求的必然,正是由于有了一个个不断连续着的共时阶段,才使历时的运动发展有了依据和可能,所以没有共时的运动阶段就没有发展的基础,没有历时的运动阶段,共时情况就没有被固定的过程,也就无法说明词汇的历史存在,也就形成不了词汇的发展史。②

根据以上分析,我们可以看到,词汇和语言以及语言的其他方面一样,它在共时阶段是通过语言成分和言语成分的不断交替进行运动的,从整体来说,它又是通过历时运动和共时运动的相互作用进行发展的。因此我们说,语言词汇作为一个整体性的存在,永远是在不断地运动着和发展着。

(二)共时的动态运动形式表现的基本情况

词汇的动态运动形式在共时阶段中的表现是很复杂的,有时它可以表现得很清楚、很明显,有时又可以表现得很细微,甚至很模糊,因此更需要认真地观察和辨析。分析现代汉语的共时动态变化情况,大致可表现为以下几个方面。

1. 在原有语言材料的基础上创制新成分

人们在交际中,根据需要以原有的语言材料为基础,创制出新的词语,甚至进一步形成新的词素,这是可以经常见到的现象。有的新词语一经出现,就会为人们所接受,并会被大家反复使用,最后为社会约定俗成,转化为语言成分。与此同时,某些新的词素也会被相应地约定下来。如新词"打

---

① 叶军. 从色彩词的规范谈规范化工作中的语用原则 [J]. 语言文字应用, 2002(3): 10–14.
② 陈长书. 论动态词汇学理论对汉语词汇史研究的启示 [J]. 百色学院学报, 2012, 25(004): 99–105.

第七章　现代汉语中词义的演变及词汇的动态形式研究

的"中的词素"的"就被大家接受了下来,并开始参与了新词的组合,如"面的""轿的",等等。当然有些新出现的成分也会不为社会所接受,出现不久或者经过短时间的使用后,即以言语成分的资格被逐渐淘汰下去。在词汇发展的历史过程中,历代的新成分都是这样产生的。

2. 词的语音形式言语化

每一个社会都有其共同语,每一种共同语都有其标准的语音形式,但是在语言运用中成为言语的时候,每个人的语音都会带有其生理的和主观的个人特点,例如一个说普通话的人和一个说过渡语的人,他们的语音形式就各有特点,这说明这些在言语交际中的语音已经言语化。言语化了的语音形式有的可以非常标准,无异于语言成分;有的则会具有程度不同的差异,这种言语化的成分一般来说都是临时性的,一旦脱离开交际环境将不再存在。值得注意的是,有时某些言语化了的语音成分也能够逐渐社会化,当它一旦社会化了的时候,就会引起语言成分的改变,社会上也因而产生出了一个新的词来。显然这时的言语成分肯定已转化成语言成分了。

3. 词义的动态变化与发展

在言语交际中,词义是一个相当活跃的部分。纵观词义在言语中的动态变化情况,基本可呈现为四个方面。

第一,由于人们各自的条件不同,使语言成分的意义带上了明显的主观因素,最突出的是表现在相互间使用的不完全概念的不一致上,其次则是表现在为了交际需要而有意进行的某些改变上。

第二,由于词义的具体事物对应性,使语言成分的意义在具体的语境中,变成了有具体所指的更为明确的言语意义,这种变化往往都会使词义的指称外延缩小而内涵却更加丰富。

第三,在具体语境中,语言成分的词义由原义而变为他指,这种情况的意义只有依靠语境的帮助,才能够使对方领会。人们一般都把这种意义称作深层义,对这种意义的理解往往都要经过一个会意的过程。

第四,新义项的增加。在言语交际中,由于某些引申和联想,从而会在词的原义基础上产生出某些新义来,现在社会上,这种现象是大量存在的。如"包装"一词,原来有两个义项,一是指"在商品外面用纸包裹或把商品装进纸盒瓶子等",二是指"包装商品的东西,如纸盒子瓶子等";但是现在社会上又出现了一个新的用法,即"用各种宣传等手段把一个人吹捧起来"也可以称为"包装"。又如"病毒"一词原来的语言义是医学上指"一种比病菌更小,多用电子显微镜才能看见的病原体",现在人们却把"电脑中某些具有干扰和破坏性的东西"也称作"病毒",以上两个新义,从目前的情况看,其使用范围之广,使用频率之高,是极有可能被历时的变化固定下来,由言语成分转化成为语言成分的。

词义四个方面的动态变化中,前三种一般都是临时性的,它们除了极大地活跃了言语交际之外,绝大部分都不可能转化为语言成分。只有新义增加的情况比较特殊,它的大部分内容,都会随着多义词的发展而不断地被巩固下来,不仅变成了语言成分,而且在词义的动态变化中,起着积极的不可或缺的作用。

4. 词的活用与逻辑上的超常搭配

词在言语应用中,必然要涉及词与词的组合问题,因此也必然会影响到词的语法性质方面的改变问题。词的动态应用涉及的语法问题主要表现在以下两个方面。

第一,词的组合规律发生了改变。如一般情况下,副词和名词是不能进行搭配的,但是当前社会上经常出现副词和名词搭配使用的现象,如中国台湾的表演艺术家凌峰的妻子在谈到凌峰时,曾说过这样一段话,她说:"我有时觉得他很台湾,有时觉得他很内地,有时觉得他既不台湾也不内地,有时又觉得他既台湾又内地,如果凌峰身上完全是台湾的思维,我是不会接受的……"(见报),这段话出现了许多副词和名词"台湾""内地"相搭配的情况,虽然从表意方面来看,这里的名词"台湾"和"内地"都已有了某种程度的改变,但是人们在应用这种言语搭配时,却都是不但能够接受,而且也完全能够理解所要表达的意思。这类情况还有像"很青春""很德国"等(均见电视广播),社会上的人们如此运用的也不乏其例。[①]

在这样搭配使用的同时,我们也应该注意到,这样运用的结果,也往往会进一步引起词义的变化,如前面的"台湾""内地"等词,事实上已经不再是单纯地表示事物的名称,而是开始表示着一种为本事物所有的思维方式、生活习俗等的性质内容了。

第二,逻辑意义方面的超常搭配。现在社会上在进行词的组合时,在词的逻辑意义方面进行超常搭配的情况也是经常可见的。如"一切都是灰色的,灰色的树,灰色的房,灰色的人群……似乎灰色要将一切都挤进大地中去"。这里的"灰色"和"挤进"的搭配就是明显的言语化活用,在这具体语境中,"灰色"已被赋予了可以发出"挤进"动作的形象。其他像"温暖洒满人间"中的"温暖"和"洒"的搭配,"从钢琴中不断蹦出的杂乱无章的音符……"中的"音符"和"蹦"的搭配等(例均见报),也都是这种情况。

以上两种现象的出现,都是语言成分在共时的动态运动中言语化了的结果。其中有的现象也可能在社会约定俗成之后转变成为语言成分,但是

---

① 钱道静. 中师生作文语言的现状研究 [D]. 华中师范大学, 2004.

第七章　现代汉语中词义的演变及词汇的动态形式研究

这样的言语化成分大部分都是一种临时应用的性质,是不可能都完全转变为语言成分的。不过虽然这些现象是属于临时性的,但是它们在言语应用中却有着非常积极和重要的作用,词汇共时的动态运动形成了它们的存在,而它们的存在不仅可以在某些方面促成词汇的发展,而且更是极大地丰富了语言词汇在表达上的鲜明、活泼和生动性,明显地加强了语言词汇的表意效果。

第八章　现代汉语词汇的选择及运用研究

　　词汇学研究从观察词汇现象、收集语料开始,不宜过分追求宏观的理论构建。在词汇学研究领域中,大家都有一个共同的愿望,那就是能够读到一些比较详尽的而且能够尽量符合汉语实际的有关汉语词汇史的材料,然而由于汉语发展的岁月是如此漫长,历史留给我们的文字资料又是如此浩瀚和复杂,要拿出这样的成果来又是谈何容易的事,因此我们只能实事求是地从点滴做起,根据当今社会词汇发展的状况,通过自己的研究工作,尽量能够准确完整地保存下来,以使当今特别是未来的人们在认识我们现代词汇的情况时,也可以有据可循。

第一节　声音的选择

　　汉语是富于音乐性的语言。首先从音节来看,一个汉字就是一个音节,而每个音节往往都需要有元音作为它的主要组成部分,元音是一种乐音,它清晰响亮,悦耳动听;其次,汉字有四个声调,使得汉语的音节具有高低顿挫的声调变化,如果注意词语语音的相互配合,就能显得抑扬有致,富有节奏感;再次,汉语有双声词、叠韵词、叠音词、同音词以及词的轻重音,等等,

第八章　现代汉语词汇的选择及运用研究

它们的反复再现,可以使语音盘旋回环,联绵不断。以上这些具有特点的语音建筑材料,如果巧妙地加以运用,就能使文章声情并茂,大大地提高语言的艺术感染力。

下面主要从四个方面对词语的声音选择进行考察。

一、音节和谐

在现代汉语的语句里,双音节是占优势的基本语音段落。双音节化是现代汉语的主要节奏倾向。为了实现语句基本语音段落的双音节化,人们常常通过各种办法把单音节的词凑成双音节。例如,在前面或后面加上没有多少意义的词缀;把意义相同、相近或相反的词合起来用;通过把超过两个音节的减缩为双音节的办法实现双音节化。

正因为汉语语音有着双音节化的倾向,有时为了行文的需要,人们往往在单音节词之后加上另一个单音节词,而这个词并非表意,但是在现代汉语里却是一个相当常见的用法,其原因就是基于音节配合上的需要。[①] 但这并不是说汉语中只运用双音节词,选用单音节词还是选用双音节词往往需要跟句子结构的匀称、节拍的协调等相配合。例如,"总得叫大车装个够,他横竖不说一句话,背上的压力往肉里扣,他把头沉重地垂下! 这刻不知道下刻的命,他有泪只往心里咽,眼里飘来一道鞭影,他抬头望望前面。"(臧克家《老马》)这首诗形式整齐,声韵和谐,音节鲜明,语言洗练。

二、韵脚自然

汉语的古今韵文都十分讲究押韵。所谓押韵就是指在每句或隔句的末尾使用韵相同或相近的字,以便在朗诵或咏唱时,产生铿锵和谐感。这些使用了同一韵的字的地方,称为韵脚。一般的书面语和口语表达,虽然可以不必刻意追求押韵,但如果能恰当地对句尾用字加以调整,使其自然入韵,那么就可以大大增强表达旋律的和谐与舒展,收到理想的语音效果。例如,"南国之秋,当然也有它的特异的地方的,比如廿四桥的明月,钱塘江的秋潮,普陀山的凉雾,荔枝湾的残荷等等,可是色彩不浓,回味不永。"(郁达夫《故都的秋》)中的"浓"和"永"两字押韵,给文章增添了韵脚和谐的音乐美感。

---

① 周光庆.从认知到哲学:汉语词汇研究新思考[M].北京:外语教学与研究出版社,2009.

三、谐音双关

在语言的实际运用中,人们有时特地利用两个词语的同音或近音关系构成谐音双关,以表达出与字面上不一样的意思,从而达到特殊的表达效果。这在古诗中很常见,例如:

(1)千叶红芙蓉,照灼绿水边。余花任郎摘,慎莫罢侬莲。(《读曲歌》)这首古诗表面上说的是"莲花"的"莲",实际上是用以指同音的"怜爱"的"怜"。

(2)青荷盖绿水,芙蓉披红鲜。下有并根藕,上有并头莲。(《青阳渡》)诗句里用"藕"谐音双关"偶",实指"配偶"的意思。

(3)今夕已欢别,会合在何时?明灯照空局,悠然未有棋。(《子夜歌》)诗句里用"棋"谐音双关"期",实指"日期"的意思。

在现代汉语中,人们在选词造句的时候也常常利用谐音来达到双关的特殊目的。例如,每逢过年,在大门上贴一个倒着的"福"字,取"福到了"的口彩,这里的"到"与"倒"谐音。再如,民间年画中往往有这样的图案:莲池之上,一个光身娃娃双手抱着一条大鱼。这里的"鱼"谐"余"(富余),"莲"谐"连"(连年),于是,这幅画的主题就成了"连年有余",所表达的意思就是希望每年的日子都能过得富余而幸福。

四、双声、叠韵

双声和叠韵均为音韵学术语。双声指两个字的声母相同,如"秋千""伶俐""蜘蛛""含糊""吩咐"等。叠韵指两个字的韵母相同或主要元音和韵尾相同,如"玫瑰""骆驼""霹雳""彷徨""咆哮""灿烂"等。双声、叠韵的词语因为有相同的语音成分再现,给人以回环往复之感。如果能恰当地选用一些双声叠韵的词语,可以使文章具有音乐美。中国古代的诗文都很重视双声、叠韵的运用。例如,"寻寻觅觅,冷冷清清,凄凄惨惨戚戚"(宋词人李清照的《声声慢》)这起头连叠七字,可称创意出奇。不仅在声调上和谐悦耳,抑扬顿挫,而且在情趣上步步加深,层层细入。中国现代散文中也常常运用到双声叠韵词,例如,朱自清在《荷塘月色》中的"日日""迷迷糊糊""蓊蓊郁郁""阴森森""淡淡""曲曲折折""田田""亭亭""层层""缕缕""密密""脉脉""静静""薄薄""淡淡""峭愣愣""弯弯""远远近近""高高低低""重重""阴阴""隐隐约约""苍茫""零星""袅娜""茫""霎时""宛然""酣眠""参差""斑驳""约略"等,借月夜荷塘的美景,抒发现实和理想的内心矛盾和对超脱尘世的向往。

第八章　现代汉语词汇的选择及运用研究

第二节　意义的选择

词语的选用是否准确、得体这一问题非常重要,因为人们无论是口头还是书面交际都是为了准确、恰当地表达自己的意见、看法和感情,而能否表达得精准,这跟语言是否精确有着密切的关系。古人把词语的选用看成是"立言之本",可见其重要性。[①]

一、词语选用的物质基础

汉语中拥有极为丰富的词汇,这就为词语的选用提供了极大的可能性,体现在以下几个方面。

(一)汉语的词语种类繁多

汉语的词语种类很多,根据词语的语音形式,可分为单音节词、双音节词、多音节词;根据词语的意义,可分为单义词、多义词、同义词、反义词;根据词语的不同来源,可分为古语词、方言词、行业语、外来语;根据词语的语法功能,还可分为实词和虚词,其中实词又可以细分为名词、动词、形容词、代词、数词、量词等,虚词又可细分为连词、介词、助词、语气词等;而根据词语的感情色彩,又可分为褒义词、贬义词、中性词;根据词语的不同语体色彩,还可分为口语词、书面语词。同时,熟语作为词汇的重要组成部分,又可分为成语、谚语、惯用语、歇后语等不同种类。

(二)汉语词汇数量极为庞大

据有关统计,《汉语大词典》收了 37 万条词语,我们学习中常用到的《现代汉语词典》,以 2005 年 7 月出版的第五版为例,共收字、词、词组、成语和其他熟语 65 000 余条,基本上反映了当前现代汉语词汇的面貌。丰富的词汇为人们锤炼词语提供了最大限度的可能。拥有了种类繁多、数量丰富的材料基础,但是在运用中如果不注重选词造句,也是无法获得应有的语言表达效果的。唐代诗圣杜甫就曾说过:"为人性僻耽佳句,语不惊人死不休。"这虽反映的是杜甫自己苦吟的文学创作态度,但也是中国历代的语言大师们十分重视词语选用的写照。

[①] 李媛媛. 从认知语言学的范畴观看汉语词汇的教与学[J]. 大众文艺:理论,2009(14):144.

· 203 ·

二、在具体的语言运用中,选词在意义方面的三个要求

（一）确切

确切是指所用词语能够恰当、细致入微地描写客观事物,表达思想感情,也就是能够通过准确的形式来正确表达内容。这是说话、写文章最基本的要求。现代文艺作品也很重视词语运用的准确性,并以此作为刻画人物的重要手段。不同的角色选用不同的词语,可以准确地表现出人物的不同心理状态。

（二）简练

简练是指用词干脆利落,不重复啰嗦。要文辞简练就要注意不要犯重复啰嗦的毛病。思路不清晰,不了解词的意义及语法、语用特点,都会造成语言的重复。例如:

（1）他长得非常酷似一位电影明星。

（2）小王对待工作很认认真真、勤勤恳恳。

（3）我们的工资里还包括一部分上下班的车贴、午餐费等。

以上三个例子都存在重复啰嗦的问题,例（1）"酷似"本身就含有程度高的意思；例（2）形容词"认真""勤恳"重叠之后也含有程度高之义,所以在它们前面再加上"非常""很"等程度副词就会造成语义重复；而例（3）中"车贴"一词的意思就是"职工上下班的交通补贴",所以,不需要再加限定语"上下班的"了。[①]

当然,选词造句时一方面得注意不能重复啰嗦,另一方面也不能因为过分地追求简练而影响了意义的准确表达。

以下两个例子就是因为过于简练而对表达意思造成了障碍。

（1）在老师的帮助下,做完了作业。

（2）陈刚是个既聪明又用功的。

例（1）到底是谁做完了作业,不清楚,应该改成:在老师的帮助下,我做完了作业。

例（2）只知道"陈刚既聪明又用功",但是他到底是什么人并不清楚,所以应该改成:陈刚是个既聪明又用功的小学生。

[①] 周光庆.从认识到哲学:汉语词汇研究新思考[M].北京:外语教研出版社,2009.

第八章 现代汉语词汇的选择及运用研究

（三）生动

生动指的是用语言文字反映生活、描写人物时，做到细腻灵活，真实可感，可以唤起读者的形象感。做到生动形象，可从以下几个方面着手。

1. 选用华丽、描写性强的词语

中国古代诗歌就十分注重生动形象地描绘，仿佛触手可及、举目可见、如临其境。例如："手如柔荑，肤如凝脂，领如蝤蛴，齿如瓠犀，螓首蛾眉，巧笑倩兮，美目盼兮。"（《诗经》）写庄姜之美，对她的手、肤、颈、齿、额、眉、目等进行了全方位的描摹，参照的全是自然界中的物象，春天的嫩茅，凝结的油脂，天牛的幼虫，排列整齐的瓠瓜籽粒，螓、蛾等。现代汉语的文学作品，同样要求语言的新鲜活泼，也应该选用生动的语句，才能引人入胜。例如："一切都像刚睡醒的样子，欣欣然张开了眼。山朗润起来了，水涨起来了，太阳的脸红起来了。小草偷偷地从土里钻出来，嫩嫩的，绿绿的。园子里，田野里，瞧去，一大片一大片满是的。坐着，躺着，打两个滚，踢几脚球，赛几趟跑，捉几回迷藏。风轻悄悄的，草软绵绵的。"（朱自清《春》）用生动活泼的语言描写了春天的美景。

2. 选用一些比拟性的说法

生动并不是一味地由华丽优美的辞藻堆砌而成，在平常的语言学习中，可以根据语境适当地选用一些比拟性的说法，这将给一个本来平淡的句子增色不少。我们以新闻标题为例说明。

（1）京城"会虫子"赶场忙——穿得好，说得少，蹭顿饭，领红包。

用"会虫子"来巧妙比喻那些假借开会之机来捞取好处的人，副题四个简明的短语，概括精炼，形象生动。

（2）"木匠"——"瓦匠"——"铁匠"。

把热衷于上下左右玩得转的人比作"木匠"，把四面八方游刃有余的人比作"瓦匠"，把铁面无私的人比作"铁匠"，非常精辟简练，生动有趣。

3. 选用一些动作性强的词语

一个人的所作所为，是他思想性格的具体表现。在写作中如果注意对人物动作进行细致描写，注意选用一些动作性强的词语，人物就能神形兼备，栩栩如生。[1] 例如，"他正要挺身而出，喝阻四人，忽听得门外阴恻恻一声长笑，一个青色人影闪进殿来，这人身法如鬼如魅，如风如电，倏忽欺身到那魁梧汉子的身后，挥掌拍出。那大汉更不转身，反手便是一掌，意欲和他互拼硬功。那人不待此招打老，左手已拍到那西域胡人的肩头。那胡人闪

---

[1] 冯丽萍. 现代汉语词汇认知研究 [M]. 北京：北京师范大学出版社，2011.

身躲避,飞腿踢他小腹。那人早已攻向那瘦和尚,跟着斜身倒退,左掌拍向那身穿破烂衣衫之人。瞬息之间,他连出四掌,攻击了四名高手,虽然每一掌都没打中,但手法之快简直是匪夷所思。这四人知道遇到了劲敌,各自跃开数步,凝神接战。"(金庸《倚天屠龙记》)

第三节 词汇的选用原则

无论是讲话还是写文章总是离不开选用词。所以,选用词汇具有重要意义,概括来说,在选用词汇时应遵循一定的原则,这些原则主要包括以下几方面。

一、选用词不是孤立的语言问题

讲话写文章的好坏,水平的高低,是由内容、语言以及表达技巧多方面因素决定的。文章、讲话固然离不开词的选用;但是,词的选用只是语言中的一个问题,而且,词的选用同内容也是不能截然分开的。因此,以为只要在词的选用一个方面下功夫,讲话与写文章就能好,水平就会高,这是一种误解。选用词绝对不是一个孤立的语言问题。

二、用词要表达简洁

用词做到表达简洁,这句话的意思是说在写文章和讲话中没有多余的无用的词。《史记·吕不韦列传》说,吕不韦主持门下食客编著了一部《吕氏春秋》,并把它公布在咸阳市门,请过往诸侯游士宾客增删,有能增损一字者给千金重赏,以此来显示《吕氏春秋》用词的精当。这样的做法显然有些夸张,但从中可以得到重要启示,即无论是说话还是写文章,都要做到用词简洁。下面举一些用词不简洁的例句,每句中加着点号的词语,都是应该删除的,大家可以比较一下,删除每句话中加着重号的词语,意思是不是变得明快一些了。

①你应该改掉这些坏习惯。
②她太热了,于是用手从头上摘下自己的帽子不断扇着。
③她太胖了,她决定开始从头到脚减肥。

第八章　现代汉语词汇的选择及运用研究

④他有着远大的、崇高的、令人羡慕的理想。
⑤他的妈妈去世离现在已经九年了。
⑥谁知这次分手,竟是他们最后的永诀。
⑦她的孩子非常喜欢这个美丽的、年轻的、二十几岁的老师。

三、用词要表达准确

用词做到表达准确,是指我们说话写文章所使用的词,对于打算表达的意思来说最是恰当的,表现力最充分的。词离开具体的表达需要,本无准确不准确的问题,所以我们使用词,要从表达需要这个实际出发。讲话写文章的目的,按照最通常的说法是为了表情达意。人们都希望自己的文章讲话能够得到听者读者的赞赏。而要取得这样理想的效果,一个重要条件就是用词要合乎表达准确的原则。概括来说,要想取得表达准确的效果,必须要做到以下几点。

(一)用词要做到概念准确明晰

用词要做到概念准确明晰,例如北宋王安石有一首绝句《泊船瓜洲》:
京口瓜洲一水间,
钟山只隔数重山。
春风又绿江南岸,
明月何时照我还?

当时有人从他的草稿中发现,"春风又绿江南岸"一句中的"绿"字,曾先后写了"到""过""入""满"等十来个字,最后才定为"绿"字。这个"绿"字确实比改掉的其他字都好,准确地描绘出了诗的意境,不仅点染出了江南的富有魅力的春色,而且映现出了万物复苏、生机盎然那种春的活力。

又如:
①但我是向来不爱放风筝的,不但不爱,并且嫌恶它,因为我知道这是没有出息孩子所能的玩艺。
②但我是向来不爱放风筝的,不但不爱,并且嫌恶它,因为我以为这是没有出息孩子所能的玩艺。

以上两句话,引自鲁迅的《风筝》一文,①是初稿,②是改定稿。②将①中的"知道"改为了"以为",因为"知道"一词的意思是说"对于事实或道理有认识",而鲁迅在上面那句话中想要表达的意思,是说他当年的一种与童心不通的个人好恶,那么既然是个人好恶,自然可能会与其他人的观点不一样,所以,要想表达这个意思,用"以为"就比"知道"要准确很多。

· 207 ·

再如：

①那坐在后面发笑的是上年不及格的落第生，在校已经一年，故颇为熟悉的了。

②那坐在后面发笑的是上学年不及格的留级生，在校已经一年，故颇为熟悉的了。

以上例句引自鲁迅的《藤野先生》一文，句①是原稿，句②是改定稿。句①有两处用词在概念上模糊，即"年"和"落第生"，经过鲁迅琢磨推敲，"年"改为"学年"，"落第生"改为"留级生"，改用的这两个词就清晰准确了。

首先，"年"是自然时间的单位，而"学年"是学校教学时间的单位，从秋季开学到次年暑假前，或从春季开学到次年寒假前，所经历的这段教学时间为一学年。就这两个词的含义和概念看，它们是有明显差别的，不能混淆。

其次，"落第"是科举时代应试未中的意思，后来泛指升学、招聘、竞赛考试未被录取或榜上无名，"落第生"就是未被录取的考生。句①中写到的那个"坐在后面发笑"的学生，作者的本意是说这个学生在上一学年的考试成绩不合格，因而没有资格升入高年级。用"落第生"来表达这个本意，显然也是不妥的，改用"留级生"这个词，不仅合乎大家习惯的说法，而且也准确了。

（二）用词要注意语体的特点

用词注意语体的特点是用词做到表达准确的一个重要方面，因为有相当一部分词的词义，本身含有语体特点的因素。

首先，口语体和书面语体在用词方面有通俗和文雅的差别。同是口语体，日常社会生活的口语和涉外场合的口语，在用词方面也不尽一致，前者灵便自若，后者严谨庄重。

其次，同是书面语体，由于文体形式有各种不同类型，在用词方面也就随之显示出不同的特点。表述法规、党的路线方针政策、政府工作报告、外交事宜的各种正式文稿，在用词方面就具有高度的准确、概括、精密以及庄重严肃又通达显豁的特点。各种小说、诗歌、散文等文学作品在用词方面在准确的前提下，又具有具体、形象、生动、活泼的特点。例如，《红楼梦》九十六回写到林黛玉听说贾宝玉、薛宝钗定亲这个不快消息时的心情是这样的：

那黛玉此时心里，竟是油儿、酱儿、糖儿、醋儿倒在一处的一般，甜、苦、酸、咸，竟说不上什么味儿来了。

曹雪芹完全没有用"痛苦""难受"一类对于文学作品来说显得平庸、概念化的词语，而精心选择了表示味觉印象的一些词，又用了"倒在一处"

第八章　现代汉语词汇的选择及运用研究

的词组,使几个具有味觉印象的词的含义顿然又得到升华。文艺作品的用词如果和法规一类文稿的用词一样,那么这样的文艺作品大概就不会有什么读者了;相反,法规一类的文稿的用词如果像文艺作品的用词那样五光十色,千姿百态,那么也难免让人莫名其妙,甚至啼笑皆非。

四、用词要做到表达明白易懂

列宁曾经提出,即使写学术论文也应该做到尽量通俗;毛泽东批评有的同志讲话写文章那种尽量简古和半文言半白话的作风,是一种党八股气;鲁迅对一些守旧派文人那种"勒派朽腐的名教,低死的语言"的表现给予严厉批评,他热切希望写作者"先把似识非识的字放弃,从活人的嘴上,采取有生命的词汇,搬到纸上来"(《人生识字糊涂始》)。以上引证,所指内容虽然不只是一个孤立的语言问题,但是,都含有用词要明白易懂这一层意思。概括来说,用词做到表达明白易懂,需要做到以下几点。

（一）要注意多用生动活泼的口语词

不要误以为写文章非要用上一些文绉绉的"高明词",这是一种极幼稚的想法。讲话写文章,其实就是在同别人谈心,交流思想,既然这样,就应该明白如话、老老实实地说出来、写出来。毛泽东同志是一位无产阶级的伟大的通俗作家,他博大精深的革命思想,常常是通过通俗易懂的语言形式来表达的,这样就很容易变成为群众的思想武器。他写的《湖南农民运动考察报告》《实践论》《矛盾论》以及批评美国白皮书的评论文章等,有许多纯熟地选用群众语言的范例,值得我们很好地学习。

（二）口语词和书面语词本是相辅相成的,写文章确实需要使用书面语词

应该注意的问题是,一要自己先弄明白某些书面语词的意思,自己似懂非懂,别人看起来肯定是糊涂的;二要少用或不用生僻词。鲁迅在《作文秘诀》一文中批评了三十年代上海一些反动资产阶级文人复古倒退的行径,说他们写文章故意从故纸堆中挖出一些艰涩冷僻的古词语,卖弄自己。比如作文论秦朝事,放着"秦始皇开始烧书"这样明明白白的话不说,偏要写作"始皇始焚书",进而再改为"政俶燔典"(政,秦始皇姓嬴,名政。俶,开始。燔,焚烧。典,典籍),使人难以看懂,才善罢甘休。鲁迅当年批评的这种坏现象,在今天也是值得我们重视的。

第四节　现代汉语词汇的规范化研究

汉语规范化的目的,就是减少汉语的分歧,促进汉语的统一,引导汉语向更健康更完善的方向发展。现代汉语词汇是以北方话词汇为基础,又不断吸收方言词、古语词、外来词、专门词语,并且不断创造新词发展起来的。下面主要从应当怎样选用词语的角度,谈谈汉语词汇规范化问题。要使词汇规范,选用词语时,应当根据下列原则:第一是普遍性,就是要选择大家普遍使用的词语;第二是明确性,就是要选用意义最确切、最容易为人们所理解的词语;第三是必要性,就是有些词虽然普遍性差一些,但是在表达思想感情上的确是必不可少的,也可以采用。

一、各种词语的规范化问题

下面分别谈谈各种词语的规范化问题。

(一) 方言词的运用

方言词是说同一种方言的人民群众特有的词语,我们"向人民群众学习语言",包括合理地吸收方言中生动形象、新鲜有力的词语。

什么样的方言词才可以吸收呢?一般说,方言词中富有特色而普通话中没有适当的词可以替代的,或普通话中虽有近似的词,但没有方言词表达得那么明确、生动的,可以采用。

"蹩脚"和普通话"差劲"相近,但更加形象,并且带嘲讽的色彩。"瘪三"活画出了一副"八股调"的精神萎靡、形容枯槁的干瘪样子。这些都是普通话的词不能代替的。用这些方言词语就使语言表达得更加准确、鲜明、生动。

有的方言词表示一种特殊的事物或意义,普通话里没有相当的词,也可以吸收。例如:"月亮地下,你听,啦啦的响了,猹在咬瓜了,你便捏了胡叉,轻轻地走去……"(鲁迅《故乡》)"猹"和"胡叉"是绍兴一带的方言,都表示一种特殊的事物,普通话没有相当的词,所以采用了。又如"亭子间""炕""椰子"等都是如此。

普通话并不排斥方言。但是,对于那些运用范围狭小、地方色彩特别浓的土语词,应当反对使用和滥用。

(二) 古语词的运用

古语词就是从古代作品中传下来的词,包含文言词和历史词两类。毛

第八章 现代汉语词汇的选择及运用研究

主席教导我们:"要学习古人语言中有生命的东西","古人语言中的许多还有生气的东西"要"充分地合理地利用"。我们有丰富的文学遗产,许多古典文学作品的语言是千锤百炼的。我们要本着"古为今用"的原则,批判地吸收和借鉴古语中可取的语言成分。古人语言中有生命的东西要吸收,已死亡的或过于冷僻的词语和典故则应该扬弃。有些古语词可以使语言显得特别精炼,言简意赅。例如:"夫战,勇气也。一鼓作气,再而衰,三而竭。彼竭我盈,故克之。夫大国,难测也,惧有伏焉。吾视其辙乱,望其旗靡,故逐之。"(左丘明《左传》)

有些古词语可以表示一种幽默或讽刺的情感。例如:"相鼠有皮,人而无仪。人而无仪,不死何为!相鼠有齿,人而无止。人而无止,不死何俟!相鼠有体,人而无礼。人而无礼!胡不遄死!"(《诗经·鄘风·相鼠》)明则描述老鼠,实则描写的是统治者用虚伪的礼节以欺骗人民,人民深恶痛绝,比之为"相鼠",给予辛辣的讽刺。

有些古词语可以使人物形象生动,深刻有力。例如:"于以采蘩,于沼於沚;于以用之,公侯之事。于以采蘩,於涧之中;于以用之,公侯之宫。被之僮僮,夙夜在公;被之祁祁,薄言还归。"(《诗经·召南·采蘩》)全诗只用"被之僮僮""被之祁祁",来形容蚕妇的发髻"高耸""如云"。几笔勾勒,即表现出了蚕妇之美。

有些古词语可以帮助塑造人物的性格。例如:"青青子衿,悠悠我心。纵我不往,子宁不嗣音?青青子佩,悠悠我思。纵我不往,子宁不来?挑兮达兮,在城阙兮。一日不见,如三月兮。"(《诗经·郑风·子衿》)短短的六句诗,写出了女子赴爱人的约会,一时没有见到爱人的那种焦急的心情。"挑兮达兮",形象地描写了女子到达了约会地点却迟迟不见恋人身影的急迫心情,一直在城楼上走来走去。

(三)外来词的运用

由于历史的或其他的原因,普通话吸收的外来词还有一些分歧,需要进一步规范化。

第一是音译词的不同译法问题。有些词如人名、地名是需要音译的。可是过去由于翻译的人不同,翻译所用的方音不同,造成了一个词有不同的译法。这类词应当使用最常见的。如用"普希金",不用"普式庚";用"高尔基"不用"戈里基"。译名中有用生僻字或常用字的,应当采用常用字,如用"苏伊士",不用"苏彝士";用"尼龙",不用"呢隆"。如果自己翻译,要尽量依照原词的读音用普通话语音来翻译。

第二是音译和意译问题。除了人名、地名、国名等外,应当尽量用意译的方法吸收外来词。因为意译的外来词字义同词义有一定的联系,便于理解,便于记忆。如"德谟克拉西"不如"民主"易懂,"赛因斯"不如"科学"易懂,因而前者都逐渐被淘汰了。根据这种情况,应当尽量采用意译的方法,如用"联合收割机"不用"康拜因",用"毒气弹"不用"瓦斯弹"等。

有些词音译已普遍被人们采用,或意译又不能确切表示原意的,当然可以采用音译。如用"逻辑"不用"伦理学",用"布尔什维克"不用"多数派"。

(四)新生词语的运用

语言是随着社会的发展而发展的。我国各项事业的飞跃发展,新事物不断涌现,人们的认识不断提高和深化,同时也大大丰富了现代汉语的词汇,增强了语言的表现力。

但是也应当注意,新词刚产生的时候,总是在一个较小范围使用起来的,不可能一下子就被多数人所理解。因此使用新词就应当慎重。新词有各种情况,如果普通话已有相当的词,就不必用新词;如果新词的确是表示一种新事物,而普通话又没有相当的词可用,估计使用时别人可能不懂,还应当作出解释。

另外,应注意生造词语问题。生造词语和新生词语不是一回事,新生词语一般总是表示一种新生事物,或者人们在社会实践中对客观事物有了新的认识,形成了新的概念,需要创造一个新词。生造词语是放着现成的词语不用,自己生硬地拼凑出来的词语。这种生造词语,是有损于祖国语言的纯洁和健康的。

1. 生拼硬凑

生造词语大多是仿照汉语的一般构词格式造成的,但是读来非常别扭,词义含混不清。有下列几种情况。

(1)本来用一个单音词就能表达得明确的,却用两个同义的单音词硬凑成一个双音词。例如,"揍打""扔掷""鸣响""抽吸""瞧探"等。

(2)把表示不同动作的两个单音词拉在一起拼凑成双音词。例如,"跑让""运带""拉坐""挤围""蹲伏"等。

(3)把两个双音词生硬地简缩成另外一个双音词。例如,"协帮"(协助、帮忙)、"检析"(检查、分析)、"违挠"(违抗、阻挠)、"沉哀"(沉痛、悲哀)、"惧怖"(惧怕、恐怖)、"勤勇"(勤劳、勇敢)、驱迫(驱逐、逼迫)等。

(4)改换了通用的双音词中的一个语素,成为另一个双音词,但不如通用的词自然、明确。例如,"概貌"(通用词是"概括")、"肥好"(通用词是"肥壮")、"享沐"(通用词是"沐浴")等。

第八章 现代汉语词汇的选择及运用研究

新造词是为了满足社会发展的需要而产生的,因而大多数是经得起考验的。生造词则完全是凭个人主观用汉字拼凑出来的,不合于一般的用词习惯,有些甚至词义模糊,不易理解。这种词语如果多起来,势必削弱语言的交际作用,增加使用上的混乱,在汉语规范化过程中,必须加以限制。

2. 颠倒语素

不用词的通行形式,而用古语词的形式,或追求新奇而将语素颠倒使用,这叫颠倒语素。例如,"闷郁"(应为"郁闷")、"土尘"(应为"尘土")等就是这一类的例子。

古代汉语里有一部分联合结构的双音词,语素的次序不很固定,可以颠倒使用。例如,"追胁"和"胁迫","挫折"和"折挫","介绍"和"绍介",等等。这些词到后来有不同的情况:有些只保留了一种固定形式,有些把两种形式都保留下来,但在词义和用法上却渐渐分化了。有些在词义和用法上虽然相同,但其中一种用法见于书面或个别方言里的时候多。对于这些情况,可根据以下几点进行规范。

(1)现代汉语中已经定型了的联合结构双音词,虽然过去可以颠倒,普通话里一定要根据现在已经固定了的形式使用。例如,"蔓延""次序""安慰""增加"等,就不要再用过去的"延蔓""序次""慰安""加增"等。

(2)现代汉语中同时有两种颠倒的说法,假如这两种说法的词义已经差得很远,就应当作两个词看待。例如,"计算"和"算计","和平"和"平和","斗争"和"争斗","发挥"和"挥发"等,应当并存。

(3)现代汉语中同时有两种颠倒的说法。但这两种说法在词义上大体相同,而在色彩或用法上有些不同,例如"生产"和"产生","语言"和"言语","比较"和"较比","唠叨"和"叨唠"等,也可以并存。

3. 滥用简称

现代汉语中有些词组或专称可以缩简。简称是为了使用语言的简便,特别是经常用到的一些名称、术语,不用简称就会带来很多麻烦。有些简称,经过长期使用,固定成为一个词,所以简称也往往是词组缩简成新词的过程。

起初多见于书面,以后逐渐在口语里流行。缩简得好,有利于简明扼要地说明问题,又便于记忆。但是,要防止滥用。有的简称方式不能任意类推,例如,"劳动模范"可以简称为"劳模",而"战斗英雄"就不宜简称为"战英"。有些词组缩简后容易引起意义的混淆,反而失去了简称的作用,就值得考虑。例如,"文娱体育"简称"文体",就同文学上的"文体"(记叙文、论说文等)相混。有的把"社会主义建设"简称为"社建",这明显是滥用简称。

4. 割裂双音词

词组是词和词的组合,中间可以插入别的成分,而合成词是一个意义整体,一般是不能拆开加入别的成分的,例如"报了一次告""表他一次扬""决了一个议""学一会习""批他的评"等,都是割裂双音词的错误做法。

大概说来,动宾式合成词有一部分习惯上可以割裂使用,例如"出一次差""帮他个忙""站了一班岗"等。联合式合成词,大多不能割裂使用,少数用惯了的,可以承认其合法性,如"洗一次澡"。

有时候由于修辞的需要,临时将双音词割裂使用,是可以允许的。如"近年来他没有'创'过什么'作'"。但这只是临时拆用,不能当作正常的格式。

二、词汇规范工作中的几个问题

词汇规范工作是一件非常细致和繁杂的工作,所谓细致就是要求我们必须注意跟踪每一个词,甚至某个词的某个方面发生的变化,所谓繁杂就是要求我们必须注意词汇的各个方面,甚至各个方面相互之间的联系和关系。① 要把这"细致"和"繁杂"协调好,应该先注意以下几个问题。

(一)注意词的运用范围问题

在社会的言语交际中,由于运用词语进行交际的人们,他们的年龄、文化水平、生活环境等条件都各不相同,又由于在交际场合、交际目的等方面也会存在着差异,所以人们在交际中用词的方式和习惯都是不一样的,在这些被运用的词语中,就有必要区分出来,哪些是全民都要使用的,哪些只是一部分人使用的,也就是说,哪些词是具有全民普遍使用性的,哪些词却只是属于行业语或者是社会的阶层用语、集团用语性质。因为只有确定了词的存在范围和性质,才能对它的使用状况,特别是它的使用率大小有准确的把握。

(二)加强规范工作的科学性

如何确定规范的模式和标准,如何把规范词形式准确地确定下来,这是规范工作中最重要的问题,过去人们在进行调查时,往往要用凭借语感的方法来解决问题。现在我们则可以借助于计算机的应用,进行广泛的语料统

---

① 王珏. 现代汉语语法研究:专题、理论与方法[M]. 上海:上海交通大学出版社,2010.

第八章 现代汉语词汇的选择及运用研究

计,以词频统计为基础,制订出的规范标准应该是更科学更准确的。但是要力求达到准确科学的要求,还必须做大量的人为工作。用计算机进行词频统计是一项非常复杂细致的工作,首先,我们必须要有正确的语料选择,才能保证产生出正确的统计结果;其次,这种统计必须多层次、多角度、多范围地进行,因为词语在运用中的分布是不一样的,而且各种不同文体对词语的应用和要求也各不相同,所以也不能简单从事。

(三)做好规范模式的确定工作

词汇规范标准的最好体现者就是词典,所以一本好的词典就是词汇规范标准的典范。词典都是共时阶段的产物,任何一部词典,不论它的内容是历代性的还是断代性的,都是产生在某个时代之中的,一本好的词典不仅能反映词汇发展的面貌,而且也应该具备鲜明的规范性和时代特点。被规范了的成分进入词典是一件非常严肃的事情,被词典收录的词,不仅说明了这个成分已经是规范的成分,而且说明了这个成分的性质已经发生了从言语成分到语言成分的转变,它已经成为词汇共时静态系统中的一个成员。目前,社会上出现的部分词典,其词条的性质往往是模糊的,既有语言成分,也有言语成分,这样兼收并蓄的情况对语言词汇的规范问题是极为不利的,如果想要兼收并蓄的话,应该对各个成分的性质加以说明才是。

第九章　现代汉语词汇与文化研究

汉语文化学研究也可以从语言到文化,就是从比较丰富的具体可靠的语言材料来考察文化现象,选择我们所熟悉的语言现象,揭示其后面隐藏着的文化内容。例如,"胡说、胡闹、胡来、蛮话、蛮干、胡搅蛮缠、胡作非为"中的"胡"是汉族人对北方少数民族的通称,"蛮"是汉族人对南方少数民族的通称。《辞海》解释说:"'胡',中国古代对北方和西方少数民族的泛称。《史记·赵世家》:'吾欲胡服。'《洛阳伽蓝记·城南》:'狮子者,波斯国胡王所献也。'亦泛指来自这些民族的东西。如:胡琴、胡桃、胡椒。"钱锺书《管锥编》中说:"'胡言'者,胡人之言,即外国语,非译莫解;……'胡说乱道'之'胡',即'胡虏''胡马''胡服'之'胡'。由言而及行,遂曰'胡作妄为',犹《孟子·滕文公》'今也南蛮鴃舌之人,非先王之道'。"用"胡"和"蛮"来表示不好的、不合理的东西,反映了当时民族关系的一个侧面,流露出汉族人的民族偏见,也强化了大汉族主义。语言中所表现出的民族偏见及歧视,是许多语言中都存在的一种现象,英语、法语、俄语等语言中也都有一些词语体现了民族的偏见和歧视。[①]

[①] 王珏. 现代汉语语法研究:专题、理论与方法 [M]. 上海:上海交通大学出版社,2010.

第九章　现代汉语词汇与文化研究

第一节　现代汉语词汇与民族文化

词汇是文化的结晶。莎士比亚《罗密欧与朱丽叶》中的朱丽叶说:"姓名本来是没有意义的;我们叫玫瑰的这一种花,要是换上了别的名字,它的香味还是同样芬芳;罗密欧要是换了别的名字,他的可爱的完美也绝不会有丝毫改变。罗密欧,抛弃了你的名字吧;我愿意把我整个的心灵,赔偿你这个身外的空名。"(朱生豪译)从符号的任意性角度看,朱丽叶有些道理。从文化世界观念看,朱丽叶是全无道理的。王力说:"人家给咱们介绍一位沈德鸿,字燕宾,又字雁冰的先生,不如介绍茅盾来得响亮;介绍一位谢婉莹女士,不如介绍冰心来得如雷贯耳。"

汉语词汇是汉文化的结晶。儒家文化产生了"仁、义、礼、智、信、忠、孝、廉、耻"等儒家词汇;道教文化产生了"道、三界、五行、丹田、道场"等道家词汇;佛教文化产生了"菩萨、和尚、宝塔、罗汉、来世"等佛教词汇。

汉语词汇是汉文化的传播手段。汉语词汇不但能强化汉文化,而且能创造汉文化。大红灯笼是中国的象征,正月十五舞龙灯是中国文化的代表。这是"灯"与"丁"同音而产生出来的民间习俗。"丁"是男子,"灯"是男子的象征。说"外孙打灯笼——照旧(舅舅)",是由于民间有舅舅(娘家)送灯的习俗,祝愿出嫁的女子早生、多生男孩子。常见的有莲花灯(连着生,花着生)。结婚时,婚床上撒红枣桂圆(早生贵子)、花生(花着生)等。给新娘吃的第一口食物,是生的,还要问:"生不生?"新娘子的标准答案是:"生!"

一、汉语中尊称与谦称折射出的文化内涵

中国自古就是礼仪之邦,在称谓方面非常讲究。汉语中有极具中国特色的尊称和谦称。这些尊称或者谦称,相当一部分在外语中没有对应的词汇。中国人在日常交际时,特别是在正式场合中,频繁地使用尊称或谦称是汉语言文化特有的现象,也显示出了中华民族对礼仪的重视和讲究。

(一)尊称

尊称就是指在交际过程中对对方表示尊敬的称呼。汉语中的尊称有以下形式:

(1)尊称对方的亲属,一般在亲属称谓前加"令"字。"令"的意思是美好,在这里表示敬辞。例如:

令尊/令堂:称别人的父亲/母亲

令正 / 令郎 / 令爱：称别人的妻子 / 儿子 / 女儿

令兄 / 令弟：称对方的哥哥 / 弟弟

（2）职场尊称，一般是在姓氏后加职称或职务，例如：

姓氏 + 职称：马教授、陈工（工程师）、徐会计师

姓氏 + 职务：杨校长、张经理、刘董（董事）、陈总（总经理）

值得注意的是，如果对方是副校长，在中国为了表示尊敬，一般就高不就低，也就是说只称为"张校长"而不能叫成"张副校长"。

（3）尊称德高望重的长者，在姓氏后或名字的第一个字后加"老"字，或者在姓氏后加"公"，则专指男性长者。例如：

姓氏 + 老：刘老、张老、马老

名字的第一个字 + 老："望老"（尊称已故的复旦大学校长陈望道）

姓氏 + 公：徐公、胡公、廖公

（4）尊称跟对方有关的事物，在事物名前加上"贵""高""华"等，[①]例如：

贵国：称对方的国家

贵校：称对方学校

贵姓：尊称别人的姓氏

高见 / 高论：指对方的见解或言论

高足：尊称别人的学生

高寿 / 高龄：用于问老人的年纪华诞；称别人的生日

华厦：称别人的房屋

注意：在汉语中尊称只能用于别人，不能用在跟自己有关的人或事物上。比如，你跟朋友谈到对方学校时，出于对朋友的尊重可以说："贵校有多少人？"但是你说到自己学校时就不能说"我贵校……"同样地，朋友在回答你的问题时，也不能说"我贵校有一万人"。

（二）谦称

谦称是指人们在日常交际中表示谦虚的言辞。汉语中的谦称有以下几种形式。

（1）对别人称呼比自己年纪更小或辈分更低的亲属时，一般在称呼前加"舍"。例如：

舍弟：对别人称呼自己的弟弟

舍妹：对别人称呼自己的妹妹

---

① Kalidash Y. 汉哈称谓语对比研究及其教学 [D]. 新疆大学，2014.

第九章　现代汉语词汇与文化研究

舍侄：对别人称呼自己的侄子或侄女

（2）对别人称呼比自己年纪更大或辈分更高的亲属时，一般加"家"。例如：

家父/家君/家严：对别人称呼自己的父亲

家母/家慈：对别人称呼自己的母亲

家兄/家嫂/家姐：对别人称呼自己的哥哥/嫂子/姐姐

家叔：对别人称呼自己的叔叔

（3）用"小""愚""拙"等来称呼自己的子女或跟自己有关的事物。例如：

小儿/小女：对别人称自己的儿子/女儿

愚见/拙见：称自己的意见

拙作/拙著：称自己的作品

谦称自己的儿子和女儿时，有时甚至可前加"犬"字，称为"犬子""犬女"。特别需要注意的是，汉语中谦称只能用在自己或跟自己有关的事物上，不能用在对方身上。比如跟别人谈论自己女儿时，可以说成"小女今天上大学了"。但是千万不能用"小女"称呼对方的女儿。此外，不管是尊称还是谦称都不需要在前面加上"你"或"我"，如"你令尊""你令郎"都是不对的，因为"令尊"就是"你父亲"，"令郎"就是"你儿子"，因此不需要在前面加上"你"。再如使用谦称时，也不能说"我家父""我舍弟""我小儿"，因为"家父""舍弟""小儿"就是"我爸爸""我弟弟""我儿子"的意思，前面不需要再加上"我"了。[①]

汉语中主要亲属尊称与谦称如表9-1所示。

表9-1　汉语中亲属尊称与谦称

对象	对方的亲属							
对象	父亲	母亲	妻子	兄长	弟弟	妹妹	儿子	女儿
尊称	令尊	令堂	令正	令兄	令弟	令妹	令郎	令爱
自己的亲属									
对象	父亲	母亲	妻子	兄长	弟弟	妹妹	儿子	女儿
谦称	家父/家严	家母/家慈	荆妻	家兄	舍弟	舍妹	小儿/犬子	小女/犬女

---

① 孔晓伟. 多维视角下的现代汉语新词语研究 [D]. 重庆师范大学, 2009.

二、汉语委婉语反映出的文化内涵

在交际过程中,如果遇到禁忌或敏感事物或话题时,不直接说出而采用含蓄、迂回的言辞加以指代,这类言辞就叫作委婉语。中国人喜欢含蓄,因此汉语中的委婉语也特别发达,具有鲜明的民族性。汉语委婉语大致可分为以下几类。

(一)与"死亡"有关的委婉语

中国人自古对死亡充满了敬畏与恐惧,因此汉语关于"死亡"的委婉语也最多。

在中国古代,由于封建社会人与人之间身份不平等,因此即使是"死亡"的委婉语也反映出严格的等级制。不同等级的人有专门的死亡委婉语。[1] 比如:

(1)皇帝:山陵崩(béng)、宫车晏(yàn)驾、驾崩、千秋万岁后、龙驭(yù)归天、崩殂(cú)、弃群臣、大行、升霞

(2)诸侯王或高级官员:薨(hōng)

(3)大夫(中级官员):卒(zú)

(4)士(低级官员与知识分子):不禄(lù)

(5)庶人(普通百姓):死

以上这些不同的委婉语是等级和身份的象征。在这些由于等级制而产生的死亡委婉语中,皇帝死的委婉语最多且这些委婉语只能皇帝专用,而普通百姓去世则没有委婉语,直接称为"死"。

除了根据不同等级划分的死亡委婉语之外,中国古代的死亡委婉语还可以分为以下几类。

(1)跟亲人有关:失怙(hù,父亲去世)、失恃(shì,母亲去世)、孤露/弃养(父母都去世)

(2)用于罪人或敌人:伏诛、授首、枭(xiāo)首、斩首

(3)用于特殊人群:将星陨(yǔn)落(称高级将领去世)、香消玉殒(美女去世)、夭折(未成年人或幼儿去世)

(4)跟道教有关:登仙、成仙、驾鹤西行、羽化、仙逝

(5)跟佛教有关:圆寂、坐化、涅槃、归寂、灭安、灭度

现代汉语中,死亡的委婉语已经不受等级制度的限制,但是依然带有强烈的感情色彩。例如:

---

[1] 周光庆. 从认识到哲学:汉语词汇研究新思考[M]. 北京:外语教研出版社,2009.

第九章　现代汉语词汇与文化研究

（1）对亲人好友：安息、长眠、不在了、走了、去了另一个世界、去世、故世、永远睡着了、心脏永远停止了跳动。

（2）为正义事业而死的人：就义、殉职、殉国、成仁、牺牲、献身、流尽最后一滴血。

（3）对敌人或反面人物：见阎王、完蛋了、毙命、遭天谴、成鬼了、上西天了、击毙。

一般而言，跟亲友有关的死亡委婉语具有哀悼、悲痛的意味。而称呼为正义事业而死的委婉语则不仅具有沉痛、哀悼之意，更具有崇敬之情。至于反面人物或敌人的死亡，则刻意加以丑化。从这个意义上来说，反面人物的死亡称呼语不能称为委婉语，而应称为死亡代称语。

（二）跟性有关的委婉语

中国古代由于受到封建礼教的影响，将性及性行为视为禁区，在日常交际中，提到跟性有关的话题时，一般都要用委婉语，因此汉语中跟性有关的委婉语也非常丰富。这类委婉语大致可以分为以下几种。

（1）性行为的委婉语：巫山云雨、鸾颠凤倒、同房、圆房、行房、睡觉。

（2）跟妓女有关的委婉语：勾栏、怡红院、烟花场、青楼（均指妓院）；花娘、风月女、风尘女子、烟花女（均指妓女）；眠花宿柳、寻花问柳、攀花折柳（均指男子到妓院寻欢）。

（3）对不正当性关系的委婉语：碧桃花下、桑林之事、偷情、发生关系、生活作风问题。

值得注意的是，受中国传统文化的影响，不仅跟性及性行为有关的事情在汉语中一般用委婉语，跟女性有关的事情往往也采用委婉语。如女性怀孕一般采用"有了""有喜了""要做妈妈了"等委婉语，而月经则称为"每个月那几天""例假""在周期中"等。

（三）为避免伤对方自尊而采用的委婉语

在交际过程中，由于交际一方处于困难、面临失败或存在生理缺陷，为避免伤害对方自尊或维护自身尊严，一般也使用委婉语。例如：表示没钱用"手头紧、腰包瘪、囊中羞涩"等；表示失业用"待业、择业、下岗、正在找工作"等；表示考试落榜用"名落孙山"；表示身体变胖用"衣服变瘦了"；眼睛瞎了用"失明"；耳朵聋了用"重听、失聪"。

比如朋友向你借钱，恰好你现在也没什么钱，一般说成"我最近手头比较紧""我也囊中羞涩"，而不会直接说"我没钱，没办法借给你"。如果一个人说自己"在家待业"或"正在择业"，其实是"失业"的委婉语，目的在于维护自身尊严。再如一个女孩子最近变胖了,你绝对不能说成"你变胖了",这样对方会非常不开心;而如果说成"衣服不小心变瘦了"或"你变丰满了",则既幽默又委婉。我们称呼盲人时,一般也不会直接说"他瞎了",这样显得很没有礼貌,用委婉语"他失明了"则得体得多。

(四)避免尴尬

在日常生活中,有些场合,遇到尴尬的事情,不能直接说的时候也往往采用委婉语。比如大家聚餐时,你想去厕所,而在中国,别人吃饭的时候,你去厕所是不太礼貌的行为。这时往往采用委婉语"去洗手""去洗手间"。有趣的是"去厕所"本身其实也是委婉语,直接的说法是"大便",但中国人认为这是不雅的事情,因此用大便的场所——"厕所"来代替。后来因为"厕所"也较为直接,又换成了"洗手间"。虽然"洗手间"比"厕所"要委婉一点,但毕竟还是指同一场所,最后用"去洗手"这一动作来代称"上洗手间"。

再如中国人讲究"年年有余",春节期间,家家户户都会买鱼做菜,寓意年年有余("鱼"谐音"余")。因为这条鱼有特殊的寓意,因此中国人比较忌讳买回来的鱼死了。如果遇到这种情况,为了不破坏春节的喜庆氛围,避免尴尬,一般是说成"鱼老了"。[①]

以上我们介绍了极具中国文化特色的谦称与尊称以及委婉语,这些词语具有鲜明的民族特性。可见,只有了解和洞悉汉语词汇背后的民族文化心理,才能真正掌握好汉语的词汇,才能真正学好汉语。

三、词汇反映着社会的发展变化

当我们打开一部较早的古书时,古代的采集、渔猎、农牧等活动通过一个一个词语都会历历展现在我们的面前。

社会是不断发展变化的,新的事物、现象、观念的出现,就需要有相应的词语来指称,于是新词随之而生,如"火箭、导弹、电冰箱、摄像机、大腕、款爷、个体户、抢滩、网友、网民、黑客、彩票、彩民"等。同新词的产生一样,社会中旧事物的消亡、人们认识的变化等也可以引起词语的消亡,如"皇帝、太监、娘娘、顶戴、马褂、红卫兵、走资派"等词语,现在语言中就很少使用直至逐渐消亡。再如,现在人们的很多生活内容都与计算机网络联系在了一起,与数字联系在了一起,有人甚至说,现在人们开始了一种数字化生活。与计算机和网络有关的词语频繁出现在报纸杂志当中,出现在人们的日常

[①] 冯丽萍. 现代汉语词汇认知研究[M]. 北京:北京师范大学出版社,2011.

第九章 现代汉语词汇与文化研究

生活当中,正有力地说明了这一点。

从上面的分析可以看出,新词的不断产生、旧词的退隐和复出,这些词汇的变化正是社会变化的一面镜子,从中我们可以看到社会文化变迁的痕迹。

四、词汇与中外文化的交流

文化的交流必然会带来语言的接触。通过语言接触,另一个民族的文化就会在不同程度上留驻在本语言的系统中。在中国各个历史时期,语言的接触是经常发生的。这种中外文化的交流,在词汇方面就表现为汉语中出现外来词以及汉语某些词的外借。词语的借入和借出体现了中外文化交流的两个方面。

(一)汉语的外来词与中外文化交流

中国自古是一个多民族的国家,各民族的交往很早就开始了。各民族之间的接触和交流必然会影响汉语的发展,对汉语词汇发展的影响尤为显著。

汉语中的外来词可以追溯到两千多年前,从先秦到近代,汉语吸收外来词主要有以下三个重要的历史时期。

汉语吸收外来词的第一个重要时期,是西汉时期。西域,在中国汉代指玉门关以西的新疆和中亚西亚等地区。西域在当时是一个神秘而多变的地方,人们几乎说不清在这块土地上活跃过多少个民族,建立过多少王国。沿着"丝绸之路",中国的丝绸、漆器等外销到西域各国,同时,西域各国的许多特产也源源不断来到中国。例如,来自西域的珍宝有琥珀、祖母绿、玛瑙、琉璃等,来自西域的农作物有胡萝卜、胡椒、胡桃、胡葱、葡萄、石榴等,来自西域的动物有狮子、麒麟、骆驼等,来自西域的乐器有琵琶、唢呐、竺筷等。这些物品原是汉朝没有的,引入后就采用了西域的外来词。

以上列举的汉语中来自古代西域各国的外来词,可以说就是古代中外文化交流的产物。其中很多词汇已经成为汉语词汇不可分割的一部分。

汉语外来词的第二个重要的历史时期是印度佛经的传入。佛教何时传入中国,说法不一,难以查考。但汉明帝求法,佛教初传的史话是佛教界最普遍的看法。从汉代开始,印度佛教徒陆续来到中国。到了东汉末年,中国的学者也开始从事佛学研究。到了魏晋南北朝,佛教风靡全国,佛经的翻译也蔚然成风。佛经对汉语外来词的影响远远超过西域文化。它不但数量多,而且部分外来词已成了汉语中的习用词语,如"世界、佛、塔、魔、菩萨"等,以致一般人已觉察不出它们是外来成分。

佛教的"佛",源于梵语 Buddha,又作佛陀、佛图、浮图、浮屠等。"佛"在口语中以及大部分文献中使用频率比"佛陀"高得多,而且"佛"成了人们构造双音词及熟语的基础,如"佛牙、佛眼、佛法、佛祖"等。

"世界",源于梵语 loka,音译为"路迦"。佛典上的"世界"本来是一个时空观念,后来只有空间观念了,成为了汉语的习用语。

类似这样被吸收到汉语词汇中的佛教词语数不胜数,又如"僧、菩萨、罗汉、观音、和尚、尼姑、烦恼、解脱、超脱、慈悲、无常、圆满、结果、堕落、功德、轮回",等等。宋人编的《翻译名义大集》和《一切经音义》两书收集的佛教词汇不下千条。

在汉语史上,第三次大规模地吸收外来词是在近代中国。

16世纪初,西方传教士开始在中国传教,并向中国人传播西方文化和先进的自然科学知识,一些中国知识分子也开始翻译、撰写自然科学的著作。一些有关自然科学的意译词开始在汉语中出现,如"地球、重心、地平线、几何、比例、螺丝、风扇、自行车、自鸣钟"等。

19世纪鸦片战争以后,西方文化开始渗入中国人生活的各个方面,外来词大量进入汉语。外来词的范围包括政治、经济、科学、文化以及日常用品、食品等,如"德谟克拉西(民主)、赛因斯(科学)、摩登、沙龙、基因、苏打、阿司匹林、马拉松、巧克力、雪茄"等。

此外,19世纪初,赴日留学的中国人越来越多,这样,一些日语的汉字词也开始大量进入汉语,如"哲学、服务、积极、抽象、具体、合同、观念、否定、服务"等。

关于近代外来词的详细情况,这里我们要说的是,现在汉语从其他语言借来的词依然很多,只要存在不同文化的交流,外来词就会不断出现。当今中国与外国的交流越来越频繁,汉语吸收外来词的趋势也将会保持下去。

(二)汉语词语的外借与中外文化交流

随着中外文化交流的开展,汉民族在吸收外来文化的同时,汉文化也逐渐在世界各地传播。这时候,汉语词汇也随之流传到国外。

自从中国古代开通了与西方的"丝绸之路",中国很多有特色的东西以及记录这些东西的词汇也顺着丝绸之路传到了西方。例如,中国语言学家罗常培在《语言与文化》一书中就考证出英语中的 silk、china、tea 是古汉语"丝""瓷""茶"的音译词。

汉语外借词汇中具有代表性的是"茶"这个词。随着"茶"在世界上的

第九章 现代汉语词汇与文化研究

传播,"茶"这个词也进入了别的语言。茶流传到国外有两种渠道:一条是陆路,另一条是海路。通过陆路,截取了13世纪中国北方方言中的"茶"与之相对应。而通过海路,则是明朝和清代的时候,从福建厦门一带传到海外,现代英语"tea"的发音与闽南话"茶"的发音相近。这个时候,各个品种的茶名也随之传到海外,如英语中的"bohea(武夷茶)"、"pekoe(香红茶)"、"congou(工夫茶)"、"hyson(熙春茶)"、"souchong(小毛尖)",等等,其中bohea、congou显然都是从闽南话翻译去的。

中国古代四大发明之一的"火药"也曾影响了世界历史的发展,约在公元8、9世纪,与火药密切相关的中国制硝技术传到伊朗,伊朗人因而称硝为"中国盐"。13世纪前期,硝及提纯技术经伊朗进入阿拉伯国家,并被称为"中国雪"。

近代,中国与欧美国家的交往日渐增多,一些有中国文化特色的词语也按音译的方法进入西方语言。如英语中"mahjong"表示"麻将","taichi boxing"表示"太极拳"(其中 taichi 是音译)。"Kuomintang"表示"国民党","qigong"就是"气功",等等。

所有这些借出的汉语词汇都反映了汉文化传播到国外的情况。

文化的交流和语言的接触从来都是双向的,互通有无、取长补短,不仅在物质方面是必需的和必然的,而且在语言方面也是同样有必要的。汉语词汇的借出和借入正是汉民族和其他民族、其他国家文化交流的必然结果。

第二节 现代汉语词汇中所体现的中外文化差异

一、民族词语显示的文化差异

每个民族都有自己的称谓系统,称谓语从一个侧面反映着各民族的传统文化。中国亲属圈以内的人的称谓有两套系统,一套是父系,一套是母系。例如:

父系:
祖父(爷爷)——父亲的父亲
祖母(奶奶)——父亲的母亲
伯父——父亲的哥哥

伯母——伯父的妻子

叔父——父亲的弟弟

婶母——叔父的妻子

姑母（姑姑、姑妈）——父亲的姐妹

姑父——姑母的丈夫

母系：

外祖父（外公）——母亲的父亲

外祖母（外婆）——母亲的母亲

舅父（舅舅）——母亲的兄弟

舅母（舅妈）——舅父的妻子

姨母（姨妈）——母亲的姐妹

姨父——姨母的丈夫

中国人非常重视亲属关系和辈分尊卑，这种观念与西方文化不同。现代英语的称谓词语远没有汉语多。最为典型的是汉语中的"伯父、叔父、姑父、舅父、姨父"，父系、母系界限分明，每个概念都有一个称谓表示，而在英语中，以上五个概念用一个词"uncle"表示，汉语的"伯母、姑妈、舅妈、姨妈"在英语中也用一个词"aunt"表示。[1]由此可见，汉民族亲属称谓中父系和母系的界限是非常清楚的，而西方国家对此却非常笼统。

再如，汉语的"公公"（即丈夫的父亲）和"岳父"（即妻子的父亲）是泾渭分明的，不能混淆，但英语中却用一个词"father-in-law"表示。汉语的"哥哥"和"弟弟"以及"姐姐"和"妹妹"四个词既区分了性别，又区分了长幼，而英语只有两个词"brother"和"sister"，只区分男女性别，不区分长幼。汉语称谓词语分工的细致，说明中国人对亲属关系中亲疏长幼的重视。

除了亲属称谓以外，还有一些非亲属称谓也非常有中国特色。例如，在新中国建立以后的几十年里，"同志"几乎用于不同年龄、地位、职务的所有人，带有很强的政治色彩。到了20世纪80年代，人们希望淡化政治色彩，强化感情色彩，各种称呼又开始出现了，如"先生""小姐"等。

再如，在中国的礼俗性称谓中，有明显的尊老倾向。常用的如"老大爷、老爷爷、老奶奶、大爷、大伯、大叔、大妈、大娘、大姐"；称呼年长的人，往往在他的姓氏前加上"老"，如"老张、老李、老何"等；至于在姓氏后加"老"，如"张老、李老、马老"等，则完全是对老一辈带有敬意的尊称。这一方面反映了中国社会敬老的风尚，一方面也可以看出封建社会重视等级次序的观

---

[1] 王珏. 现代汉语语法研究：专题、理论与方法 [M]. 上海：上海交通大学出版社，2010.

念对称谓词语的影响。而西方社会的称谓词语并不像中国这样有明显的尊老倾向。

汉语词汇系统中还有一些特有词语,也反映了中国特有的文化。如:"饺子、包子、油条、馒头、豆腐、元宵、粽子、烤鸭、筷子"等反映了中国特有的饮食文化;"旗袍、中山装"等反映了中国特有的服饰文化;"京剧、相声、黄梅戏、太极拳、气功、麻将"等反映了中国特有的文艺、体育活动。

二、中西熟语体现的文化差异

语言总是与社会历史发展息息相关的。英语和汉语中都存在着大量极具本民族特色的熟语,从熟语的来源上看,这种差异尤为明显。

(一)西方的熟语多源于古希腊古罗马神话和《圣经》

(1)来源于古希腊罗马神话的熟语,例如:

Pandora's box:潘多拉的盒子,象征灾难、祸害的根源。

Swan Song:最后杰作;绝笔。

Win/Gain Laurels:获得荣誉;赢得声望。

Under the Rose:秘密地;私下地;暗中。

(2)来源于《圣经》的熟语,例如:

We are all Adam's children:我们都是亚当的子孙。

Sell one's birthright for a Mess of pottages:因小失大;见利忘义。

The apple of one's eye:比喻像爱护眼珠一样爱护某个最心爱的人或珍贵的东西。

由于西方国家多数信奉的是基督教,因此西方关于God的熟语特别多。例如:

God is where he was:上帝无所不在。

Man proposes, God disposes:谋事在人,成事在天。

The mills of God grind slowly:天网恢恢,疏而不漏。

God helps those who help themselves:天助自助者。

(二)中国熟语多来源于历代的经典著作

(1)源自《诗经》中的成语,例如:

逃之夭夭、赳赳武夫、鹊巢鸠占、忧心忡忡、信誓旦旦、人言可畏、孔武有力、硕大无朋、衣冠楚楚、万寿无疆、自求多福、小心翼翼、天作之合、不可救药、同仇敌忾、投桃报李、进退维谷、兢兢业业、"窈窕淑女,君子好逑""执子之手,与子偕老""一日不见,如隔三秋""战战兢兢,如履薄冰"。

(2)源自《论语》中的成语,例如:

一息尚存、巧言令色、言而有信、众星拱月、见义勇为、既往不咎、尽善尽美、不耻下问、三思而行、愚不可及、文质彬彬、诲人不倦、举一反三、择善而从、任重道远、循循善诱、欲罢不能、后生可畏、升堂入室、过犹不及、内省不疚、察言观色、名正言顺、手足无措、一言兴邦、杀身成仁、分崩离析、祸起萧墙、血气方刚、色厉内荏、一言以蔽之、是可忍孰不可忍、朽木不可雕、三人行必有我师、"不在其位,不谋其政""己所不欲,勿施于人"、四海之内皆兄弟、杀鸡焉用牛刀、欲速则不达、"一言既出,驷马难追"。

(3)源自佛教的词语。除了儒家学说以外,在宗教方面,跟西方不同的是,对中国文化影响较大的宗教不是基督教而是佛教。自从东汉时期佛教传入中国,历经近两千年的漫长岁月,佛教极大地影响了中国人的思维方式和道德规范,这必然反映在词汇中,例如:

解脱、自觉、觉悟、凤缘、前缘、前身、报应、正果、法门、投机、割爱、圆满、世界、功课、闭关、烦恼、法宝、功德、欲火、正宗、导师。

源于佛教的成语更多,例如:

六根清净、心花怒放、一尘不染、味同嚼蜡、心猿意马、痴心妄想、一厢情愿、三世有缘、三生有幸、广结善缘、前因后果、作茧自缚、自作自受、指点迷津、看破红尘、清规戒律、自欺欺人、不二法门、四大皆空、梦幻泡影、"善有善报,恶有恶报""种瓜得瓜,种豆得豆""苦海无边,回头是岸""救人一命,胜造七级浮屠"。

三、词义折射的文化差异

不同语言本来表示相同事物的词,在各自语言中的词义可能会有不同的变化,人们对这个词会产生不同的联想。例如,同样是红色,在汉语中有"喜庆、欢乐、革命"的联想义,而英语中 red 则有"战争、流血、恐怖"的联想义。正是由于使用不同语言的人有着不同的文化背景,所以表示同一事物的词的意义才可能会有不同的变化,从这些表示相同事物的词的不同词义变化出发,我们可以看到语言背后文化的差异。下面我们举一些具体的例子来看中外文化的差异在词义上的体现。

(一)颜色词、动物词、植物词及数词中折射的中外文化差异

在不同语言中,颜色词、动物词、植物词和数词虽然所指的对象可能相

第九章 现代汉语词汇与文化研究

同,但所蕴含的文化内涵却可能有很大的区别,有的甚至完全相反。

1. 颜色词中体现出的文化差异

不同民族眼中的色彩有着不同的文化内涵。同样的事物,在不同的语言中却可能选择不同的颜色词加以指称。汉语与英语选用不同的颜色词来指称同一种事物的现象大量存在着,如表9-2所示。

表9-2　英汉翻译对比

汉语	英语	英语直译	词义
红茶	black tea	黑茶	茶的一种
灰色星期一	A blue Monday	蓝色星期一	倒霉的星期一
黄色电影	blue film	蓝色电影	色情电影
红糖	brown sugar	褐色的糖	糖的一种
红眼病	green eyes	绿眼病	嫉妒别人
被打得青一块,紫一块	be beaten black and blue	被打得黑一块,蓝一块	指挨打后皮肉受伤的瘀痕

从表面上看,表9-2所举的例子,是不同语言对颜色词的不同选择,但是实际上却反映出颜色词具有鲜明文化印记的特点,在中外不同文化中,相同的颜色词具有不同的文化内涵,凸显出中外文化的深层差异。比如,中国人对于红色,就有着一种特殊的崇尚与偏爱。在中国人看来,红色象征着喜庆、吉祥、欢乐、生命、激情等。特别是在中国人举办婚礼的时候,更是大量地使用大红色,新郎、新娘的衣服是大红色的,鞋子是大红色的,甚至新郎新娘盖的被子、用的碗筷酒杯等都是大红色的。此外,中国人庆祝孩子出生、满月,或为老人贺寿时全都选用大红色。因此跟"红"有关的词语一般是褒义词,带有强烈的喜庆意味。例如:

红红火火:形容旺盛或生活优裕。

满面红光:形容人心情舒畅、精神健旺的样子。

姹紫嫣红:形容各种花朵娇艳美丽。

唇红齿白:嘴唇红,牙齿白。形容人容貌俊美。

披红戴花:披着红绸,戴着红花。表示喜庆或光荣。

万紫千红:形容百花齐放,色彩艳丽。也比喻事物丰富多彩。

而在西方人看来,红色虽然也可表示喜庆,但同时也象征着危险、流血等。如用来警示危险的红旗或红灯称为 red flag、redlight,沾满血迹的手为 red hands,血战为 a red battle,充血或哭红的眼睛说 red eyes,负债和赤字称为 the reds。

与红色相比较而言,白色在中国人眼中,则象征着死亡,哀悼、恐怖和失败。如"红白喜事"中"红"是指婚庆,而"白"是指"丧事"。中国人将反动派对人民的镇压称为"白色恐怖",可见白色也是恐怖的象征。此外,白色在中国文化中还代表着失败、愚昧。跟"白"有关的词语多是贬义词。例如:

白旗:在战争中举起"白旗"代表投降。

白痴:智力低下的人。

白干/白忙/白费力:出力却没得到好处或没有效果。

一穷二白:形容非常贫穷落后。

白眼相看:形容对人轻蔑,对人不礼貌。

白发千丈:形容人因愁思过重而容颜衰老。

相反,在西方人眼中,白色却代表着爱情的纯洁与坚贞,因此白色是西方婚礼礼服的主色调。此外,在西方,白色还是善良的象征,"善意的谎言"说成 a white lie。

除了红、白两色存在着中外文化差异之外,其他颜色如"黄""蓝""绿""黑"在汉英两种语言中也存在文化内涵上的差异。具体见表9–3所示。

表9–3 英汉文化内涵差异

颜色	汉语中的文化内涵	英语中的文化内涵
黄色	在中国曾是封建社会帝王的专用色,具有尊贵、神圣的含义。但在现代汉语中,黄色有时也指淫秽、色情的事物。如"黄色电影""黄色书籍"	在西方,黄色是背叛耶稣(Jesus)的犹大(Judas)穿的衣服的颜色,因此成了背叛和卑鄙的标志。如:a yellow dog(可鄙的人,卑鄙的人)
蓝色	象征安静、忧郁、轻快、明亮。汉语中常用来吟咏天空与大海。如:蓝天,蔚蓝色的大海	在西方象征高贵,如 blue blood(贵族);也象征淫秽、色情,如 blue jokes(下流的玩笑)、bluefilms(黄色电影)、blue talk(下流的言论)、blue video(黄色录像)
绿色	象征着生命和希望,如"绿色的森林"。也可代表不道德,如妻子跟别人有不正当的关系,叫作"戴绿帽子"。此外,在股市中是亏损的象征,如"绿盘"	植物的生命色,象征青春、有活力、新鲜。也可表示"不成熟",如 green hand(新手,没经验的人)。此外还可表示"嫉妒",如 green eyes(红眼病)
黑色	象征非法、邪恶、黑暗等。如"黑恶势力""黑店""黑市"。此外,在正式场合,黑色往往表示庄严、肃穆、稳重	象征绝望、死亡、黑暗等。如 black future(暗淡的前途)、black deed(恶劣行为)。但也有例外,西方把"盈利"也说成 in the black

第九章 现代汉语词汇与文化研究

2.动物词中体现的文化差异

汉语中带"犬"("犬"是"狗"的书面语)字偏旁的汉字,除了表示动物的名称以外,通常都带有贬义,如"猖狂""狡猾""狼狈"等。有些词语虽然是动物名称,但用在人身上时具有强烈的贬义,如"狐狸"(比喻"不真诚、非常狡猾、善于骗人的人")、"猪"(比喻"很愚蠢的人")。特别是带有"狗"字的熟语常含贬义,甚至含有程度较深的辱骂义。例如:狗腿子、狗急跳墙、狗血淋头、关门打狗、狗皮膏药、狗仗人势、狼心狗肺、狗眼看人低、痛打落水狗、画虎不成反类狗、狗嘴里吐不出象牙、狗拿耗子——多管闲事、挂羊头卖狗肉——里外不一。

而在西方人眼里,狗却是一种十分讨人喜欢的动物。跟 dog 有关的熟语中,往往也带有褒义。例如:

Love me, love my dog.(爱屋及乌)

You are a lucky dog.(你是一个幸运儿)

Every dog has its day.(人人都有得意的时候)

He worked like a dog.(他工作很卖力)

由此可见,虽然动物"狗"是一样的,但中国人将"狗"视为没有骨气(狗腿子、走狗)、没有良心(狼心狗肺)、势利庸俗(狗眼看人低)等恶劣品质的动物,而西方人往往对 dog 充满了温情和爱意。从"狗"这个词所负载的文化内涵的差异,我们可以清晰地了解到中西文化方面的差异。

此外,其他动物在汉语、英语中也表现出了不同的文化内涵。具体见表9-4。

表9-4 动物在汉语、英语中的文化内涵差异

动物	汉语中的文化内涵	英语中的文化内涵
猫(cat)	温柔、可爱、活泼。例如:称呼自己的爱人为"小猫咪";模特T台走"猫步"。即使是比喻人贪嘴的"馋猫"一词,也带有亲昵的成分	cat 是西方传说中魔鬼撒旦的化身,形象特征常表现为惹是生非,不务正业,到处乱窜。有时也表示"心地恶毒的女人,爱说人坏话的女人"(malicious woman)
龙(dragon)	吉祥、权力的象征,也是中华民族的象征。封建社会的皇帝被称作是"真龙天子"。带"龙"的词或成语常为褒义,如"龙马精神""龙飞凤舞""望子成龙""龙腾虎跃""卧虎藏龙"等	受希腊神话的影响,认为龙是想象中的一种口喷火焰、类似蜥蜴的巨大怪物。它是恶魔、邪恶的化身。又可用来比喻"脾气暴躁的人",尤其指凶恶、严厉的年长妇女,类似于汉语中的"母夜叉"

续表

动物	汉语中的文化内涵	英语中的文化内涵
蝙蝠（bat）	与"福"字同音,所以有了吉祥、幸福、好运、财富等象征义。中国民间的福寿图借助五只蝙蝠表达"五福齐天"的寓意。此外,也有蝙蝠和鹿的图画,"蝙蝠"和"鹿"读起来音同"福禄",用来喻指财富、地位、健康	西方人总是把蝙蝠与罪恶和黑暗势力联系在一起。它是恐怖、死亡和不祥的象征,是西方人眼中可怕的吸血鬼。含有 bat 的词汇常含有贬义。例如: He's a bit batty.（他有些疯疯癫癫） have bats in thebelfry（神经失常,行为乖张）
孔雀（peacock）	在中国自古就被看作是一种美丽、吉祥的大鸟。人们常用它来比喻美丽的人或事物。如"孔雀公主"等	常带有贬义。西方人认为孔雀的步态和不时开屏的行为是"骄傲、虚荣"的表现。如: as proud as a peacock（骄傲如孔雀） play the peacock（炫耀自己）
山羊（goat）	吉祥的象征。"三羊开泰"谐音"三阳开泰",是祝颂新年的吉祥语	山羊在英语里有"色鬼"之意,而在法国有"不正经的男人"之说

3. 植物词中体现的文化差异

在中国,人们将松树、竹子和梅花称为"岁寒三友",意思是在寒冷的冬天,在所有的植物都凋零、衰败的环境下,它们却不畏严寒,依然傲然挺立。[①] 因此,在中国人眼中,"松树""竹子"和"梅花"被赋予了坚贞不屈、富有气节、勇敢顽强的文化内涵。古往今来,中国无数诗人都热情地歌颂过"岁寒三友"。比如:

（1）陈毅的《青松》诗:

大雪压青松,青松挺且直。欲知松高洁,待到雪化时。

（2）方志敏的《咏竹》诗:

雪压竹头低,低下欲沾泥。一轮红日起,依旧与天齐。

（3）王安石的《梅花》诗:

墙角数枝梅,凌寒独自开。遥知不是雪,为有暗香来。

此外,由于松树四季常青,因此中国人也赋予了松树长寿、健康的文化内涵。在给老人的祝寿语中就常常用到松树,如"松柏长青""寿比南山不老松""松龄长岁月,蟠桃捧日三千岁"等。

而"竹子"除了是气节、顽强的象征之外,也可代表平安,如"竹报平安"。

---

① 娜布其. 中英词汇文化差异举隅 [J]. 语文学刊, 2016（17）: 77–79.

第九章 现代汉语词汇与文化研究

除了松树、竹子、梅花以外,不同品种的花在中国文化中也有着特定的寓意(表9-5)。

表9-5 不同品种的花在中国文化中特定的寓意

花名	文化内涵
兰花	被誉为"花中君子""王者之香"。是高洁、典雅和美好的象征。如"美好的文章"称"兰章"。
菊花	(1)是隐士的象征。如晋陶渊明《饮酒》诗:"采菊东篱下,悠然见南山。" (2)是伤感的象征。如宋李清照《醉花荫》诗:"东篱把酒黄昏后,有暗香盈袖。莫道不消魂,帘卷西风,人比黄花瘦。" (3)是品质高洁的象征。如唐白居易《咏菊》诗:"耐寒唯有东篱菊,金粟初开晓更清。"
牡丹	被称为"国色天香""百花之王"。象征着富贵吉祥、繁荣昌盛。如唐白居易《牡丹》诗:"绝代只西子,众芳唯牡丹。"
莲花	是圣洁的代表,更是佛教神圣净洁的象征。如宋周敦颐《爱莲说》:"莲出淤泥而不染,濯清涟而不妖。"
桃花	(1)象征着美人。如《诗经》中"桃之夭夭,灼灼其华"就是用桃来形容年轻美丽的女子。 (2)是爱情的象征。如"桃花运",就是指人们在爱情方面的机遇。

由于不同文化的影响,西方人喜爱的花与中国人不同,其所蕴含的文化内涵也不同(表9-6)。

表9-6 西方人喜爱的花所蕴含的文化内涵

花名	文化内涵
Cactus(仙人掌)	edurance(忍耐)
Carnation(pink)粉色康乃馨	I'll never forget you.(我永远不会忘了你)
Carnation(yellow)黄色康乃馨	You have disappointed me.(你让我感到失望)
Carnation(purple)紫色康乃馨	capriciousness(任性)
Camellia(pink)粉色茶花	Longing for you(渴望着你)
Camellia(red)红色茶花	You're a flame in my heart(你是我心中的火焰)
Camellia(white)白色茶花	You're adorable.(你值得敬慕)

4. 数词中体现的文化差异

在中国传统文化中,某些数词在长期的使用过程中逐渐被赋予了丰富的文化意义。例如:汉文化中,人们认为"一"和"元""始""初"同义,是万数之始,万物之祖,万事之源。《老子》第四十二章说:"道生一,一生二,二生三,三生万物。"反映在汉语的词语中,便形成了众多的含"一"的词语。比如《现代汉语词典》中,以"一"开头的词就有263个,《中国成语大辞典》(上海辞书出版社)以"一"打头的成语有426个之多。

汉民族认为偶数是大吉大利之数,很多象征吉祥喜庆的词语都由偶数词构成,以表示"成双成对"之意,如:"八方""八宝""八珍""八面玲珑""八面威风""六六大顺""六亲""六畜""四面八方""四通八达""四平八稳"等。但在一些方言里,因"二"排在"一"之后,所以提到"二",人们的心理和概念上总觉得不如"一"。据此"二"具有了"稍逊一筹、有所欠缺"的抽象意义。而且由这个意义构成的词语多含有贬义色彩,如"二流子""二愣子""二道贩子"等,甚至在有些方言中"二"还有"傻"的意思,比如"这孩子有点二"。"四"与"死"谐音,所以有些人认为很不吉利,忌讳说"四"。[①]"六"和"八"是人们所喜爱的,"六六大顺","六"就代表了"顺",一切顺意;"八"谐音"发",再加上人们还认为平衡和对称就是美,所以"八"又带有美好的意义。近些年来最得宠的数字莫过于"八"了。

"三"经常表示多数义,例如"事不过三""三番五次""三教九流"等。

"九"是个位数中的最大数字,故在中国被看作是至高无上、无穷、幸福、吉祥的符号,如"一言九鼎""九五之尊"等。数字"九"音同"久",又被人们赋予了"长久、永久"之意。

汉语中很多词语含有数字,例如:

一心一意、一干二净、一言九鼎、一字千金、一本万利、一目十行、一呼百应、举一反三、"一日不见,如隔三秋"、三下五除二、"三天打鱼,两天晒网"、五颜六色、五光十色、乱七八糟、七上八下、九死一生、"眼观六路,耳听八方""一言既出,驷马难追"、百闻不如一见、千里迢迢、千山万水、千锤百炼、千钧一发、万众一心、"一夫当关,万夫莫开"、万里无云。

同样,一些数词习语也反映出了英语民族的文化生活。在英语中,因为 seven 与 heaven 从拼写到读音都很接近,对"七"的感情类似于中国人对"八"的感情,数字成语 be in seventh heaven 表示非常幸福、快乐。而西方的人们认为"十三"是不吉利的数字。英语中较多地运用 thousand("千")来表示"多"的概念,如 one in a thousand,而汉语中渲染夸张的数字多与"百"

---

① 胡妍. 古今汉语数词意义比较 [J]. 广州大学学报(社会科学版),2005(02):19-23.

第九章 现代汉语词汇与文化研究

有关。如"百里挑一""百战百胜""百闻不如一见""百折不挠"等。汉语在表达"非常感谢"这一概念时用"十分感谢"或"万分感谢",而英语却说 A thousand thanks(千分感谢)或 Thanks。

英语民族喜爱运动,体育活动是他们生活的重要组成部分。许多英语数词习语都与体育有关,如:one-two 指拳击中迅速连击两次,three-quarter 指橄榄球中卫,four-some 指高尔夫球中的双打,fives 指用手或球棒在庭院中进行的一种球戏,the Eights 指剑桥和牛津大学的划船比赛,five-eighth 指橄榄球的中卫。

英语中其他含有数字的词语:

go over like nine-pins:比喻东倒西歪地倒下来。

One reason is as good as fifty:比喻有理不在多。

Two and two make four:比喻一目了然。

Three helping one another, bear the burden of burden of six:比喻团结起来力量大。

Four eyes see more than two:比喻人多智慧多。

Six feet of earth make all men equal:比喻死后人人平等。

（二）词汇中折射出的农耕文明与海洋文明的差异

中国自古就是农业大国,受农耕文明的影响,汉语词汇中有非常多跟"山"有关的词语,显示出鲜明的农耕文明的特点。例如:

山高水低:比喻意外发生的不幸事情（多指死亡）。

坐吃山空:只坐着吃,山也要空。指光消费而不从事生产,即使有堆积如山的财富,也要耗尽。

寿比南山:寿命像终南山那样长久。用于祝福老年人健康长寿。

执法如山:执行法律像山一样不可动摇。

有眼不识泰山:虽有眼睛,却不认识泰山。比喻见闻太窄,认不出地位高或本领大的人。

坐山观虎斗:比喻对双方的斗争采取旁观的态度,等到双方都受到损伤时,再从中捞取好处。[1]

留得青山在,不怕没柴烧:比喻只要活着,就有将来和希望。

一山不容二虎:比喻两人不能相容。

不仅跟"山"有关的词语在汉语中大量地存在,跟"山"有关的事物也大量地存在汉语词语中。比如在中国南方的山林中,漫山遍野都是茂密的

---

[1] 田忠信. 熟语专题训练[J]. 语数外学习, 2011（004）: 61-64.

竹林。因此语言中跟"竹"有关的词语也非常多,比如"青梅竹马""势如破竹""竹报平安""胸有成竹""罄竹难书"等。而茂密的山林里到处都有野兽出没,因此汉语中跟"兽"有关的词语也不少,如:"毒蛇猛兽""困兽犹斗""人面兽心""珍禽异兽"等。

因为中国古代以农耕为主,牛是重要的农业生产力,因此在汉语中跟"牛"有关的词语也不少。例如:

对牛弹琴:讥笑听话的人不懂对方说的是什么。

多如牛毛:像牛身上的毛那样多。形容极多。

九牛一毛:九头牛身上的一根毛。比喻极大数量中极微小的数量。

泥牛入海:泥塑的牛掉到海里。比喻一去不再回来。

九牛二虎之力:比喻费很大的力气才做成一件事。

相对而言,英国是一个四面环海的岛国,受海洋文明的影响,英语中存在着大量关于大海、渔业、航海的熟语。例如:

Living without an aim is like sailing without a compass. 生活没有目的就像航海没有罗盘。

There's as good fish in the sea as ever came out of it. 有了大海,还怕没鱼?

再如 spend money like water. 比喻花钱浪费,大手大脚,类似于汉语成语"挥金如土"。

中国由于受到农耕文明的影响,因此选择"土"作为喻体,而英语则由于受到海洋文明的影响选择"水"作喻体,形成了鲜明的对比。

与汉语中大量存在跟"山"有关的词语形成对比的是,英语中存在大量跟鱼(fish)有关的词组和熟语。例如:

To teach a fish how to swim. 孔子面前卖文章。(班门弄斧)

Venture a small fish to catch a great one. 吃小亏占大便宜。

All is fish that comes to one's net. 捉到网里都是鱼。(来者不拒)

To fish in the air. 缘木求鱼。

All cats love fish but fear to wet their paws. 猫都爱吃鱼,却怕爪弄湿。

a big fish in a small pond. 小池塘中的大鱼;(小圈子里的)大人物。

a cold fish. 冷漠无情的人。

drink like a fish. (习惯性)饮酒过度,酗酒。

a fish out of water. 在陌生环境不得其所的人。

have bigger/other fish to fry. 还有更重要的事情要做。

neither fish nor fowl. 非驴非马;不伦不类。

There are plenty more fish in the sea. 天涯何处无芳草。

第十章　现代汉语词汇教学概述

词汇是语言的建筑材料,没有词汇的语言是不存在的。我们每一个人在开始学习说话的同时,就开始学习和积累词汇。词汇教学是现代汉语教学的基础之一,也是现代汉语课堂教学的重要组成部分。现代汉语词汇教学主要是为了让学生掌握一定量的汉语词汇,并能够对其进行准确运用,实现词汇的语用功能。

第一节　现代汉语词汇教学的任务

汉语词汇教学的根本任务是培养学习者识词、辨词和用词的能力,培养他们对词语的正确理解和使用能力。

一、引导学生掌握一定量的词汇

所谓"识词"是指对词的语音、词的意义、词的书写形式的正确认知。词的读音、意义以及书写形式三位一体,词汇教学要使学习者能够见形知音、见形知义。

所谓"辨词",是就同义词、多义词、近形词、同音词等不同角度上的易混词而言的。词汇教学要使学习者能够掌握所学同义词的差别,明确多义词的常用义项、近形词的形体差异所在及同音词的不同意义。

所谓"用词",是指对词语的正确而得体的使用。词汇教学要使学习者能够正确地选词造句,并能运用于合适的语境中。

以上是就词汇教学的根本目的即总的要求而言的,从特定的角度看,也有特定的具体目标。以下从不同的学习阶段和不同的课型角度加以说明。

由于学习有不同的阶段,因此词汇教学在不同的阶段也有不同的要求。对于初级阶段,词汇教学最主要的任务是使学习者掌握基本词汇的常用意义,能够识读,能够基本会用。到了中级阶段,词汇教学应以扩大词汇量、掌握多义词的多个主要义项、初步掌握常用同义词的主要区别为基本任务,同时能够根据词语的语法特点较为正确地造句,乃至写出较为完整的语段。到了高级阶段,词汇教学的主要任务除了继续扩大词汇量以外,更要掌握词汇的抽象引申义、文化义、象征义等,对同义词有较高的辨析能力,能够在准确性、熟练性、得体性方面不断地提高词汇的运用水平,同时掌握更多的虚词。

依据不同的技能培养目标设置的不同课型,如精读课、泛读课、口语课、听力课等,各自也有不同的词汇教学目标。精读课的词汇教学要帮助学习者扩大积极词汇(即学习者既能理解词义又能正确使用的词汇)的数量,泛读课对词汇掌握程度的要求不同于精读课,对于生词,只要能大致知道词义而不影响理解课文意思就可以了。在口语课中,词汇教学不是重点,学习者只要能够辨认达到不影响口语交流的程度即可;听力课的词汇教学重在增加听力词汇(即通过语音线索解码的词汇)的数量,注重训练学生听懂那些可以看懂但还听不懂的词汇,从而将阅读词汇转化为听力词汇。

简言之,词汇教学的首要任务就是要教会学生"识词"并"用词"。

"识词",就是要认识词。认识一个词,首先要知道这个词是什么,知道该词的音、义、形;其次要尽可能了解该词与其他词的联系和区别,学会在词汇系统中认识该词,了解该词的同音词、同形词、同义词等,并掌握该词与它们在概念意义、附属色彩,以及句法功能等方面的差异,并能够辨别该词与其他词语的区别,在区别中学习词语。

从"识词"到"用词"是一个词汇知识不断发展的过程,在这个过程中,学习者对词汇的掌握由理解性词汇知识逐渐过渡到生成性词汇知识。在大多数情况下,理解性词汇知识必须在生成性知识之前获得,学习者不可能在完全理解词义之前自由运用目标词。因此,一个人所掌握的生成性词汇只是所学词汇中很少的一部分。在词汇教学中,不可能让学生能自由运用所学的所有词汇,应该对不同的词汇和不同的学生提出不同的学习要求。

二、使学生掌握多种词汇学习策略

教师在教学过程中所教的词语数量是十分有限的,学生仅仅依靠教师在课堂上的讲解来学习词汇是不可能掌握大量词汇的,因此,教师应帮助学生建立自主学习观,引导学生掌握一定的汉语词汇学习的方法,培养其自主学习和积累词汇的习惯,不断提高自学的能力,并且能主动解决在词语学习方面遇到的问题。具体的词汇学习策略主要有以下几点。

(1)语境策略。词的学习离不开语境,在熟记单个词音、形、义的基础上,要把单个的词融入句子中来学习。

(2)猜测策略。对于不认识的词可通过各种方法来猜测词义,如通过上下文猜测词义、通过构词语素猜测词义等。

(3)归类策略。运用归类的方法对已学词汇进行复习整理。利用汉语词汇的系统性,从不同角度对所学词进行归类,如对具有相同语素的词进行归类、对同一义类的词进行归类、对词义相反或相对的词进行归类等。

(4)练习策略。通过各种形式的练习来强化记忆。

(5)社交策略。通过与他人合作来学习、记忆以及运用新词。

此外,还要引导学生正确和充分利用词典。教师在词汇教学中要向学生推荐几部规范的现代汉语词典、汉语学习词典,向学生讲解词典的正确使用方法。

第二节　现代汉语词汇教学的目的与意义

一、现代汉语词汇教学的目的

现代汉语词汇教学的主要目的,就是要在指导学生阅读和写作的过程中通过严格的读、说、听、写四个方面的基础知识和基本技能的训练,使学生熟练地掌握和运用祖国的语言文字,为将来的学习和工作打下坚实的基础。教学中的词汇教学所要达到的目的如下。

(1)使学生掌握学校统编教材里编写的有关词汇知识的短文内容,如中学阶段的《形声字》《同音字、形似字、多音多义字》《双音的合成词》《字义和词义》《词和词组》《词义的大小》《词义的交叉》《词的不同色彩》,等等,通过教学,让学生初步了解并掌握字、词之间的关系,词的构成规律;词的意义和用法等基础知识。

(2)通过课文教学和指导课外阅读,让学生掌握尽可能多的词语。在课文教学中,要有目的地把课文中的新词加以归类、比较、分析,并通过作文和复习加以巩固。同时,要在指导学生课外阅读时,有意识地让学生掌握词语并学会运用。

(3)通过口头或书面练习等多种途径,培养学生准确地运用词语的能力。在教学中要引导学生在发言和习作中多运用所学词语,学会准确运用词语表达自己的思想,及时指出学生作文中运用词语的不当之处。

以上三点是互相联系的,教学有关词汇的知识性短文,主要是让学生掌握词汇的基础知识和学习词汇的一些规律性问题,交给学生一把学习词汇的钥匙。丰富学生词汇主要是为了提高学生的表达能力,在某种意义上来说,学生掌握的词语越多,表达能力也就越强。"学以致用",教学词汇知识和丰富学生词汇都是为了教会学生正确地运用词语,要在扎实的训练中锻炼学生正确运用词语的能力。在词汇教学中,我们一定要正确处理三者间的关系,认真把词汇教学抓好。

为了使学生掌握语言,就一定要让学生掌握组成语言必不可少的词汇。因此,词汇教学无疑是语文教学的一个重要组成部分。词汇教学是结合讲读教学进行的,它对于丰富学生词汇、锻炼学生思维、提高学生的阅读能力和写作水平,对于提高学生的理解能力,都有着极其密切的关系。如朱自清先生的著名散文《荷塘月色》,通过对荷塘月色的描绘,表现了一个正直的知识分子对国民党黑暗统治的不满,想超脱于现实之外又无法超脱的矛盾心情。他彷徨苦闷,孤独寂寞,希望有一个幽静的环境,求得精神上的解脱。文章用"淡淡""苍茫""流水"等词语描写"月光",用"青雾""倩影""烟雾"来写月光下的景物。又如郭沫若同志的抒情散文《银杏》通过对银杏的歌颂,表达了他渴望中国人民坚定地站起来跟日本帝国主义斗争的心情,文中用"挺立""端直""青翠""莹洁""精巧""坚牢""庄重""挺撑""嶙峋""洒脱"写银杏的雄姿,用"思念""爱慕"写对银杏的敬意和对国人的期望。寓情于景,文辞优美,描写极其细腻逼真,如果在教学时引导学生理解这些词的意义和用法,理解使用这些词所体现的作者心情,对于帮助学生在掌握这些词语的基础上理解文章的创作意图和思想内容是十分重要的。

二、现代汉语词汇教学的意义

第一,词汇教学是语言教学的关键。

对学习者来说,学习、掌握词汇,进而扩大词汇量是他们学习听、说、读、写各个环节都必须面对的问题。没有词汇量的积累就谈不上学习水平的提高,实际运用也将困难重重。特别是在中高级阶段,语言学习者掌握汉语词汇的多少,成了提高学生水平的关键。没有相对充足的词汇量,学习者就不能自如地交际和表达感情。可以说,词汇教学是语言教学的基础之一,同时也是课堂教学的重要组成部分。

第二,词汇教学会影响学习者的交际。

在交际中,词汇在很大程度上会影响人的交际,而词汇教学不仅会扩大学习者的词汇量,而且也有助于学习者掌握自学词汇的方法,最终实现扩大词汇量,并正确运用词汇的目的。因此,词汇教学会影响学习者的词汇量和词汇运用能力,而学习者词汇量的多少以及词汇的掌握程度决定了交际的有效性和信息的获取量,包括阅读获得的信息、影视欣赏获得的信息等。因此词汇教学会影响学习者的交际。

第三,词汇教学是语言教学的难点。

词汇教学是语言教学中的一个难点,突破了词汇教学,那么语言的教学就会变得相对容易。词汇是一个开放的系统。一种语言到底有多少个词,谁也说不清楚。词汇作为一个整体,在一定意义上比语音和语法更难掌握。其使用的灵活、数量的增长和词义的不断变化,都加大了教学的难度。教师不仅要讲清楚词语的音、形、义,更重要的是要讲清楚词语的用法,还要通过大量的练习使学生学会运用。

第三节 现代汉语词汇教学应注意的问题

一、教师对词汇的掌握程度

"名师出高徒",从某种意义来说,教师知识水准的高低决定着学生知识水准的高低。从词汇教学的角度看,教师只有系统地掌握了有关词汇的基础知识,才能在进行教学时头脑清醒、通观全局。一般说来,《词汇基础知识》

中所讲的有关知识(包括词和词的构造、同义、词汇、词典的使用等),教师都应该掌握并能熟练运用。

此外,教师还应不断丰富自己的词汇和语言。在教学活动中,无论是写文章(包括作文中的批语在内)、备课、讲课,还是平时说话,都应符合语法规范,为学生树立用词准确、生动、精彩的榜样。同时,教师还应关心时事政治,多读书看报,注意词汇发展的新动向,研究词汇教学中的新问题,随时向学生介绍随着社会和科学技术发展产生的新词,以求跟上时代的步伐。

二、讲读教学应注意的问题

词汇教学的过程,也有一个从感性认识到理性认识的过程,就是说,词汇教学要先寓于讲读教学之中,然后通过教学有关词汇知识的短文抽象出来,找出规律,再指导学生运用到阅读和写作实践中去。在具体的教学过程中要根据实际情况有所侧重。如在讲解课文中的生词时,对于该词的读音、词义、结构、用法等应怎样讲,讲多少,都要根据实际情况来决定:有的讲清词的本义就行了;有的还要讲清它的引申义和比喻义;有的需要讲清词的结构;有的不必交代;有的讲清它在课文中的用法就行了;有的还要讲清它的其他用法;等等。

在备课和分析课文时,教师和学生接触的词语很多,要根据教学要求抓住关键词语讲深讲透,通过词语教学深入发掘文章的思想内容。在分析作品时,应抓住描绘环境气氛、刻画人物形象和心理状态及感情色彩浓郁的词语进行讲解。这样做既能防止脱离课文架空分析的弊病,又能防止单独解词与课文脱节的偏向。如分析陈毅同志诗《梅岭三章》时,如果在讲清"取义成仁"这一成语本义的基础上,再讲清诗篇中借用它来歌颂为真理、为中国人民的解放而英勇牺牲这一现实意义,对于学生掌握这一词语的古义和今义,对于理解老一辈革命者为人民视死如归的浩然正气,都有很重要的作用。

在总结课文时,也要在总结课文中词语的运用规律的同时,指导学生对加强所学词语的练习,进一步巩固所学的生字生词,巩固词语教学的效果。然后再在学习有关词语的短文时,把知识条理化。

此外,为了让学生掌握更多词语,要指导学生多阅读课外读物,特别是一些文学名著和报纸杂志,在可能条件下多看戏剧、电影,并向群众学习语言,不断地积累和丰富自己的词汇,掌握词汇基础知识,提高运用词语的基本技能。

三、词的构造教学应注意的问题

在现代汉语词汇教学中,关于词的构造方面的教学应着重注意以下几点。

第一,注意单纯词、合成词和单音词、复音词的关系。单纯词和合成词、单音词和复音词是根据不同的标准划分出来的两组概念。单纯词是由一个语素(词根)构成的,合成词是由两个或者两个以上的语素构成的词。可见,它们是根据一个词中所含语素的多少来划分的。单音词是只有一个音节的词,复音词是两个和两个以上音节的词。它们是根据词中所含音节的多少来划分的。单纯词和合成词、单音词和复音词的关系可由此表示:

$$
\begin{cases}
单纯词 \begin{cases} 单音节单纯词——单音词 \\ 多音节单纯词 \end{cases} \\
\qquad\qquad\qquad\quad\;\;\Big\}复音词 \\
合成词
\end{cases}
$$

第二,注意词根和词缀的辨析。词根和词缀都是构词的成分,但它们在所构成的词中承担的功能以及两者的性质不同。词根是构成和体现一个词的基本意义的构词成分,是一种有实义的词素,也可叫作实素。例如,房子、木头、老虎、花儿等词中的"房""木""虎""花"等就是词根,它们决定了这些词的基本意义。又如,思想、伟大、看见、美好等词中的每个字本身就是有实际词汇意义的语素,它们都是与别的词共同构成这些词的意义,它们都是词根。词根是一个词的构成中不可缺少的主要成分。一个词至少有一个词根才能构成,复合词则由两个、三个甚至更多的词根构成。

词缀虽然也是构词成分,但没有实义,是附着在词根上才能起作用的,可以成为虚素。词缀所起的作用是标明一个词的语义类型、显示一个词的词类。例如,"聋子"中的"子"就是词缀,"聋"字后边因为有了这个词缀,这个词的词汇意义就从"聋——耳朵听不见声音"变成了"聋的人——耳朵听不见声音的人",词性也由形容词变成了名词。总之,词缀是不具备词汇意义却具有语法作用,是附加在词根上的一种语素。

词缀是从词根演变而来的。典型词缀的意义已经明显虚化,因此跟词根比较容易区别。例如,"老虎"和"老师"中的"老"并没有年老义,是前缀,跟"老人"中的表示年龄大的"老"很容易区别。不过,我们一定要注意一些类词缀与词根的区别,因为一些类词缀的意义还没有完全虚化。例如,"新手""老手"中的类后缀"手"不同于"左手""手臂"中的词根"手"。

第三,注意叠音式单纯词和重叠式合成词的区别。叠音式单纯词,如"猩猩、娓娓、潺潺、隆隆"中的"猩、娓、潺、隆"没有意义,也不能单独成词。而重叠式合成词,如"妈妈、爸爸、哥哥、妹妹、伯伯、星星、常常、刚刚、明明、仅仅、偏偏、恰恰"中的"妈、爸、哥、妹、伯、星、常、刚、明、仅、偏、恰"等都有意义,可以单独成词。同时,"爸爸、妈妈"这类重叠往往只是为了满足音节上的需要,并没有产生附加语法意义,因此这类重叠也不是语法上的重叠(构形)变化。

四、词义教学应注意的问题

在现代汉语词汇教学中,词义方面的教学应当注意以下几点。

第一,关注多义词的基本义、引申义和比喻义的关系。从应用的角度来看,多义词的几个意义并不是完全相等的。其中一个是最常用、最基本的,其他意义则是这个意义派生出来的。前一种意义是基本意义,后一种是派生意义,其中一种是由基本意义直接引申出来的引申意义。例如,"先生"的引申意义有"老师、丈夫、医生"及对一般知识分子的称呼等,这些引申意义都是由"先生"的基本意义尊称通过词义缩小的途径,引申出来的。又如,"告"的引申意义有"控诉、检举、请求、声明、宣布"等,这些意义也是由它们的基本意义诉说引申出来的。派生意义中的另一种是比喻意义,它是通过词的基本意义比喻而产生出来的。例如,"铁"的比喻意义是坚硬(铁拳)、确定不移(铁的意志),是由其基本意义——一种坚硬的金属比喻转化而来的。由此我们可以看出,基本意义和引申意义以及比喻意义之间有着密切的联系,基本意义是引申意义和比喻意义的基础,这要求教师在进行多义词的教学时,要将多义词的各个意义联系起来讲解,以便尊重语言事实,帮助学生记忆。

第二,关注同义词的辨析。同义词绝大部分都是意义相近而有细微差别的,即所谓"大同小异"或"同中有异"。大同易辨,小异难分。很多时候,学生用词不当就是因为不善于分辨同义词而造成的。要学生掌握更多的同义词丰富他们的词汇,以提高阅读能力和表达能力,教师就必须分别从理性意义、色彩和语法功能这三个方面着手,指导学生仔细辨析同义词,弄清它们的共性和个性。

第三,注重利用词义的交叉现象辨析词义。词义的交叉现象非常有助于学生辨析词义。利用词义的交叉现象辨析词义通常要求教师注意以下两点。

一是在教学多义词时,利用同义词或反义词来解释多义词的不同意义。

例如,用学生学习过的汉语词汇来解释新词,当讲新词"当即"时,可以解释为学过的同义词"马上、立即",当讲新词"表扬"时,可以用学过的反义词"批评"来解释。

二是在辨析同义词时,利用反义词来确定同义词词义上的细微差别。例如,用学生学习过的汉语词汇来辨析同义词,当讲解同义词"果断"和"武断"的区别时,可以用"果断"的反义词"迟疑"和"武断"的反义词"审慎"来区分,从"迟疑"和"审慎"的意义差别上,可以看出"果断"和"武断"的细微差别。

五、成语教学应注意的问题

在现代汉语中,成语是颇富民族特色的一种语言现象。学习成语不仅可以丰富词汇,而且还能从中了解中国的历史文化知识,而正确地使用成语更能加强语言的表达效果和表现力。因此,词汇教学中应重视成语的教学。成语教学一般需要注意以下几点。

第一,注意成语在表意和结构上的特点。在成语教学中,教师首先要确保学生能够准确地把握住成语的音形义,能够正确地朗读、书写和准确无误地理解。由于大多数成语是从古代文献中流传下来的,所以书面色彩浓厚,成语的用字难免偏僻,学生学习的时候常常会张冠李戴,如将"变本加厉"写成"变本加利","焕然一新"写成"换然一新","投笔从戎"写成"投笔从戒";除了字形外,语音上也要注意,有不少学生就容易把"好逸恶劳"的"好"读成"hǎo",把"一曝十寒"的"曝"读成"bào"等。此外,学生可能会任意地删改成语的成分,进行一些创造性的运用,所以教师在实际教学中,应该根据成语意义整体性、结构凝固性的特点,指导学生合理地规范地使用成语。

第二,注意成语的感情色彩、语体色彩和适用范围。注意成语的感情色彩,就是要明白成语的褒贬意义,根据语言环境要求正确地使用成语。例如:

①在这次会议上,他夸夸其谈,分析得很有道理,赢得了大家的赞同。

②没想到的是,封建迷信思想竟然会东山再起,给这个小乡村带来了严重的危害。

在上面两个例子中,"夸夸其谈"是一个贬义词,用在这里显然不对,可以改成"侃侃而谈";"东山再起"是一个中性词,封建迷信思想是不好的观念,用这个词太不合适,而改为含有贬义色彩的"死灰复燃"则较为合适。

注意成语的语体色彩,就是分清成语的书面性和口语性,结合具体环境合理使用。一般来说,成语的书面色彩比较浓厚,在写作教学中,教师要重视成语的教学,在一定程度内鼓励学生多用成语,增强表达效果,丰富文章内涵。在口语教学中,则不提倡教师多用成语,特别是含蓄典雅的成语,不过可以让学生使用一些通俗的口语色彩强的成语。

注意成语的适用范围,就是要在成语所表达语义的范围内使用成语,不能超越成语表意的限制。例如:

①改革开放以后出现了许多可歌可泣的新生事物。

②他死时只有三十岁,真是红颜薄命啊。

上述例句中,"可歌可泣"是形容英勇悲壮事迹的,在这里修饰新生事物显然不合适;而"红颜薄命"是形容早逝的美貌女子的,用在这个例子中也是不对的,可以用"英年早逝"。

第三,注意成语的文化内涵,将词语教学与文化教学结合起来。由于成语产生和来源的特殊性,使得多数成语本身含有丰富的中国历史文化信息。在成语教学中,教师不仅在教授语言知识,也在传递历史文化知识,将两者有机地结合起来,可以做到事半功倍,取得良好的教学效果。例如,在进行成语教学的时候,教师不妨多给学生讲讲相关的成语典故,这样既可以加深学生对成语的印象,也可以丰富学生的文化知识,还可以活跃课堂气氛,增强教学效果。

六、抽象词语教学应注意的问题

抽象词语指的是意义抽象的词语,包括虚词以及一些意义比较抽象的名词、动词、形容词和量词等。由于这些词语表示的是抽象概念,难以形象化,在教学中,教师难以对其语义进行描述,因而学生也不太好理解。因此,教师在进行抽象词语教学时也要注意采用合适的方式方法,以便帮助学生理解和掌握。以下就对一些抽象词语教学采用的方式方法进行简要的论述。

第一,连词"从而"的教学。虚词是抽象词语中意义最为抽象的,在句法上又具有一定的特殊性,一直以来都是现代汉语语法教学和词汇教学的重点和难点。"从而"是连词,连接复句中的分句,表示因果或目的关系。这个词语的学习一般要晚于与之意义相近的词语"因此"和形式接近的词语"而"。在教学中,由于学生在表达某一意思时倾向于使用比较简单或较早学习的词语,结果就造成了偏误。例如,在"你就能获得成功,因此得到更多人的尊重"这个句子中,"因此"就用错了,应当用"从而"。

"因此"是典型的表示因果关系的词语之一,如"这几天都是大到暴雨,因此运动会延期举行"。"而"的意义和用法相对要复杂些,它连接分句时,可以表示转折关系或对比,如"南方春暖花开,而北方还是大雪纷飞"。可

第十章　现代汉语词汇教学概述

以看出,使用"因此"和"而"的句子,前后两个分句的主语可以相同,也可以不同。正是这样,学生在使用"从而"时,就会将"而"和"因此"的用法泛化,造出病句来。

实际上,"从而"在使用上有一定的限制条件,它后面的分句必须是动宾短语或"使/令"短语,如"女性也可以学(写)字了,从而使老百姓中的文盲越来越少"。

在词汇教学中,教师讲解"从而"时,可以通过典型例句展开对比分析,让学生在正确例句和错误例句的比较中,在"从而"跟"因此"的比较中体会"从而"的意义和使用条件。例如,教师先展示以下例句:

①由于他没有解释清楚,从而引起了大家的误会。
②三十年来,中国坚持改革开放,从而取得了巨大成就。
③我们要做好各种准备,从而保证这次活动能顺利进行。
④教师要了解学生学习的难点,从而帮助他们更好地学习汉语。

通过以上例句,教师帮助学生理解"从而"可以表示结果(如例①和例②),也可以表示目的(如例③和例④)。同时,通过提问引导学生发现"从而"后面的成分具有的特点。在此基础上,教师进行以下对比:

①他没有解释清楚,从而引起了大家的误会。
②他没有解释清楚,因此大家误会了他。
③他没有解释清楚,从而大家误会了他。

上述对比的例句中,例①是"从而"的正确用法,例②是"因此"的正确用法,例③是"从而"的错误用法。通过对比,学生往往就明确了"从而"在使用中的限制条件。之后,教师可继续组织学生进行操练,操练时,可以提供一些变换性练习。

第二,介词"就"的教学。介词"就"也是一个抽象词语。教师在抽象词语教学中也要注意这一词语的教学方法。"就"是一个多义词、兼类词。在现代汉语教学中,不同意义和用法的"就"一般会被分开安排在不同的课文或教学阶段里。通常情况下,在教介词"就"时,学习者已经学习了副词"就"的以下用法:

①表示对事实的肯定:我就是王晓华。
②表示事情发生得早、快或顺利:我早上六点就起床了。
③表示在短时间内、立刻:我马上就到。
④表示前后的事情紧接着发生:下课就回家。
⑤表示在某种条件或情况下出现的相关情况:只要努力,就一定会成功。

所以,在教介词"就"时,教师可以利用学生已知的旧知识来引入,将新义项、新用法的学习跟旧义项、旧用法联系起来,这样既能帮助学生复习巩固已学知识,又便于学生理解和掌握新知识。具体来说,教师可以通过以下步骤对介词"就"进行讲解。

首先,利用归纳法引出介词"就"的教学。由于学生已经学习和掌握了副词"就"的多个义项和用法,教学时,教师可先通过师生之间的问答启发学生说出使用副词"就"的句子,并将其中的典型例句展示出来。然后引导学生观察这些例句,并通过问答归纳出副词"就"的意义。之后,教师要进一步引导学生明确副词"就"的用法,包括"就"在句子中的位置和经常跟它搭配的词语。

这样教师可以归纳得出:这些"就"都在句子中间,用在动词前面;但意思不同,跟"就"搭配的词语也有不同。例如,前面例①中的"就"后面的动词多为"是";例②中的"就"前面有表示时间的词,句子末尾一般有"了";例③中的"就"常跟"马上、立刻"等词或"要……了"格式一起出现;例④中的"就",其前后都有表示行为动作的词语;例⑤中的"就"用在复句中后一分句的动词前边,前一分句常出现"只要、如果、因为"等词语。

明确了这些后,教师再板书"就"所在句子的结构:

人 / 事物 + "就" + 动词

在此基础上,教师直接展示使用介词"就"的例句:

①就这个问题,同学们曾争论过很久。
②大家就这个问题发表了自己的意见。

学生朗读以上例句,教师引导学生观察这些例句中"就"后面的词语是否为动词,学生可能会说出"就"的后面不是动词,而是"这个问题"。教师接着可以在"'就'+动词"下面写含有介词"就"的结构:

"就" + 名词

学生发现,这个"就"跟动词前面的"就"是不一样的。这就成功地激发了学生学习的兴趣。

其次,教师采用发现法讲解介词"就"的意义和用法。教师可通过提问进一步引导学生观察例句,分析"就"所在句子的结构,了解"'就'+名词"可以放在一个句子的前面;也可以放在句子中间,后面接动词短语,相应的结构为:

("就" + 名词),人 + 动词……
人 + ("就" + 名词) + 动词……

在明确结构后,教师结合例句引导学生发现这类句子中的动词跟"就"后面的名词的关系,学生有可能说出:"争论"的就是"问题","发表"的是有关这个问题的意见。这样教师就可以归纳:"就"是一个介词,后面接名

第十章 现代汉语词汇教学概述

词,这个名词多为某个问题、事情、情况等;它后面的动词常常是"讨论、争论、谈判、发表、进行、谈"等;常用于比较正式的场合。

毋庸置疑,介词"就"的意义很抽象,在用法上也跟副词"就"有着很大不同。因此,教师要注意设计各种练习,由浅到深,帮助学生进一步理解和掌握介词"就"。具体的练习有变换练习、归纳练习和表达练习。

采用变换练习时,教师可以让学生将黑板上的两个例句进行变换。例如:

就这个问题,同学们曾争论过很久。→

同学们曾就这个问题争论过很久。

大家就这个问题发表了自己的意见。→

就这个问题,大家发表了自己的意见。

当然,教师也可以口述句子,让学生进行变换;或者展示句子,让学生用"就"进行变换。

采用归类练习时,教师可展示诸多含有"就"的例句,让学生找出其中意思相同的"就"。

采用表达练习时,教师可以有意设置情景,如提问学生班上组织聚餐的地点。学生可能会为此进行争论。这时,教师可以引导学生说出:"刚才,同学们就聚餐的事情产生了争论。"教师也可以提供情景,让学生根据情况使用介词"就"。例如,教师可以向学生提供这样的情景:"公司开会讨论明年的工作计划,领导想听听大家对工作计划的意见,可以怎么说?"

第三,一些抽象实词的教学。在现代汉语词汇教学中,教师和学生经常会遇到这些难以形象精确地解释其意义的词语。从词类上来说,这些抽象的实词包括了名词、动词、形容词和量词。例如:

名词:爱好、本领、代价、待遇、道德、个性、贡献、欲望

动词:安排、摆脱、暴露、布置、采取、充满、处理、奋斗

形容词:悲观、薄弱、诚恳、纯洁、恶劣、繁荣、积极、寂寞

量词:番、副、伙、具、枚、批、丝、项

对于这些词语的教学,教师也要注意掌握特定的方式方法。

首先要注意掌握解释这类词语的方法。在教学中,用学生已经学过的简单易懂的词语来直接说明这些抽象词语的意义和用法并辅之以实例,是较为常用的有效方法。例如,"爱好"就是一个人很感兴趣或很喜欢的活动和事情,可以是看书、爬山、看电影、打网球等。"本领"就是工作方面的能力、技术或需要专门训练才能学会的技能,如修理汽车、开飞机、设计服装等。有时,一些抽象词语的意思很难用汉语词语来解释清楚,或用汉语解释后学生还是难以明白,这时就可以灵活采用其他一些教学方法。一般来说,情景

释义法是最常用的方法,除此之外,还有搭配法、特例法、问答法等。

搭配法,就是在用旧词直接解释新词的基础上,展示这个抽象词语常用的组合搭配,以帮助学生体会词语的意义。例如,"充满"就是在一定范围内到处都是,后面搭配的名词多是抽象词语,如"眼里充满泪水、教室里充满笑声"。量词是汉语中比较特殊的词类,也是学生词汇学习的难点之一,教师在讲明量词使用范围的基础上,为学生提供常见的名量搭配形式,并要求学生朗读和记忆,也不失为一种积极有效的手段。

特例法是指列举一种或几种与被释词语意义相符合的情况,使学生通过比较具体的实例体会抽象词义。例如,教"苦恼"一词,教师可以先解释:"心里很痛苦,心情很不好。"然后再补充一些特例:"女朋友要跟你分手,你会很苦恼。""考试成绩不好,你也会苦恼。"最后提出问题:"同学们,你们遇到过苦恼的事情吗?"通过多个令人苦恼的现象列举以及学生的思考,"苦恼"的意思也就不难领会了。

问答法就是指通过师生之间一对一或一对多的问与答,让学生领会词语的意思。例如,教"纯洁"这个词语,教师可与学生进行如下问答:

教师:什么颜色你们觉得最干净?

学生:白色。

教师:结婚时,新娘要穿白色的婚纱,为什么?

学生:白色代表纯洁。

在实际的教学中,上述方法的运用并不是完全孤立的,有经验的教师常常会根据教学需要综合运用两种或多种教学方法来展开重点或难点词汇的教学。例如,教师在运用问答法使学生对"纯洁"的意思有所了解后,可以给出一些常用搭配"纯洁的小姑娘、纯洁的爱情、纯洁的心",然后再让学生扩展这些短语。

七、注意学生学习的阶段性

词汇教学贯穿语言教学的始终,但是不同阶段词汇教学的侧重点和方法应该是有区别的。词汇教学任务具有阶段性的特点。

初级阶段:学生的词汇量和汉语水平十分有限,这个阶段的词汇教学主要任务是要求学生掌握一批最常用词语的基本意义和主要用法。[1]

中级阶段:学生大约掌握了 2 000 到 3 000 的词汇,并学习了基本语法,

---

[1] 张思琦. 汉英词"头"(head)和"心"(heart)的认知对比分析 [D]. 西安外国语大学,2015.

能够理解和使用简单的句子。这个阶段最主要的任务是扩大词汇量,并深入领会词的词汇意义和语法意义。此时的汉语释义语言应该符合该阶段学生的特点,不能照搬汉语词典的原文释义。

高级阶段:学生已经掌握了 3 000 以上的词语,具备了一般的交际能力。此阶段的任务,一方面要继续扩大词汇量,另一方面加深学生对汉语词语"原义"的理解,掌握词语的文化内涵。汉语释义可参考现代汉语词典,再以学生能理解的释义语句来表述。高级阶段的课本也可以不出现生词释义,而让学生自己利用汉语词典了解词义。

八、实词教学应注意的问题

近年来,在语文教学中,教师无论对文言文还是现代文中的虚词教学都比较重视,教学效果也较好,这当然是对的。但是,在搞好虚词教学(特别是文言文)的时候,有人却有意无意地忽视了实词的教学,这是一个值得注意的倾向。实词是具有实在意义的词,对于表达文章的思想内容,具有绝对重要的意义,离开了实词,文章也就不存在了。在文言文的白话翻译中,如有的学生在翻译《鸿门宴》中"夫秦王有虎狼之心,杀人如不能举,刑人如恐不胜,天下皆叛之"一句时,对其中的虚词"夫、之、如、皆"等都能译出,而对"虎狼、拳、刑、胜、天下"等实词翻译不准确。这说明对于实词教学忽视不得。

第十一章　现代汉语词汇教学原则与方法研究

词汇是词和固定短语的集合，词汇量的获得是建立在一个个词语的学习基础上的，是一点点累积起来的，但是词汇教学不是杂乱无章的，而是有内在依据的。汉语词汇系统的特点、汉语教学的规律和特点及语言学习的目的，决定了汉语词汇教学的以下原则和方法。

第一节　现代汉语词汇教学的原则

一、结合汉字特点原则进行教学

（一）利用汉字的形义关系进行词汇教学

汉字是因义构形的表意文字，汉字依据它所代表的词的意义来构形，汉字的形体对词义有折射作用。可以有意识地引导学生以此去理解字义、识

第十一章　现代汉语词汇教学原则与方法研究

别词义。

对部分由传统象形字演变而来的现代汉字,我们可以借助古文字字形、以象形为背景来学习字义,了解该字所代表的词的本义。如:

人:甲骨文的形体像面部朝左站立的一个人,是侧视的人的形象。

木:甲骨文的形体像一棵树的样子;上为树头,下为树根。

山:甲骨文的形体像一座山的样子。

对部分会意字,我们可以通过分析构字部件之间的关系,借以说明整字的意义,使学生通过分析各表义部件的联系,记住整字的意义,从而了解该词的意义。如:

笔:从竹,竹下有毛,表示写字画圈的毛笔。

林:从两木,表示树木成片。

咱:从口从自,表示自己称呼自己。

采:从爪在木上,表示从树上有所摘取。

鲜:从鱼从羊,表示味道鲜美。

对形声字,我们可以通过对表义部件意义的分析,提示整字的意义,起到提示该词意义的作用。如:

"妈""姐""妹""姨"等包含表义部件"女",它们的意义都与女人有关。

"呼""吵""问""味"等都包含表义部件"口",它们的意义都与人的口部有关。

"领""须""顶"等包含表义部件"页"(甲骨文的"页"上像人头,下像人身,表示头部的意思),它们的意义都与人的头部有关。对部分表音部件具有提示意义功能的形声字,我们不仅可以通过表义部件,还可以通过表音部件让学生了解整字的意义,进而掌握该词的意义。如:

嫁:从一家声,家兼表义,女子出嫁,由娘家到婆家。

菜:从一采声,采兼表义,菜是人所采的草类植物。

伙:从一火声,火兼表义,古代兵制,十人为一火,共同炊煮用饭,称火伴,后加"人"旁作伙,引义为同伴。

(二)利用汉字的形音关系进行词汇教学

现行汉字绝大多数都包含一个表音部件。据统计研究,2 531个常用汉字中的2 213个多部件字,有表音部件的占71%,也就是说绝大多数的汉字,我们可以通过分析表音部件了解整字的读音,进而掌握词的读音。

现代汉字表音部件示音有两种情况。

一是表音部件个体表音,即表音部件通过单用识字表的读音来提示所构字的读音。如"盯"的表音部件是"丁","丁"单用时的读音是"ding",它作为表音部件构成的字"盯"的读音也是"ding",与"丁"独用时的读音相同。这样的汉字我们可以直接通过表音部件识别字的读音,了解词的读音。如:

妈:读音与表音部件"马"基本相同,表音部件与字音仅声调不同。

氧:读音与表音部件"羊"基本相同,表音部件与字音仅声调不同。

请:读音与表音部件"青"基本相同,表音部件与字音仅声调不同。

爬:读音与表音部件"巴"相似,表音部件与字音之间韵母相同,声母的发音部位相同。

二是表音部件归纳表音,即表音部件本身不能独用,或表音部件独用时的读音和所构字的读音完全不同,无法通过表音部件的个体来示音,但该表音部件在经过归纳后仍然具有提示读音的作用。如:

"峰""逢""锋""峰"的表音部件都是"夆",读音都是"feng"。

"饿""鹅""饿""蛾"的表音部件虽然是"我",但读音与"我"不同,应该是"e"。

"钱""践""贱""线"的表音部件都是"戋",字音的韵母都是"ian"。

汉字并非表音文字,绝大多数的表音部件并不能准确示音,而仅仅具有提示读音的作用。例如,表音部件是"户",但该字不念"hu",表音部件仅提示该字的组成。由表音部件"工"构成的字的读音并不都念"gong",在"功""攻"中它可以提示读音"gong",但在"红""虹"中却提示读音"hong",在"缸""杠""扛"中提示读音"kang"或"gang",同一个表音部件在三个字群中提示三种不同的读音。

二、结合汉语词汇特点原则进行教学

汉语词汇虽然数量庞大,但词汇系统中的各个词不是像沙子那样各不相干,而是有一定的构成规律。汉语词的构造单位是语素,许多单音节语素可以单独成词,而语素和语素又可以相当自由地复合成词。

(一)重视语素教学

长期以来,词汇教学一直是"词本位",不重视语素这个教学单位,习惯于采取整体教学的方法。对于生词,只重视整词意义的解释,不注重从语素的角度解释词义。词是由语素构成的,汉语以合成词为主,绝大多数词由两个以上的语素构成,这些词的词义和语素义有着密切的联系。

学生不是通过掌握语素的意义和语素的组合关系来掌握词汇,而是机械记忆,这难免会增加学生词汇学习的负担和难度。因此在词汇教学中必须重视语素的作用。

第十一章　现代汉语词汇教学原则与方法研究

1. 利用语素解释词义

单纯词由一个语素构成,语素义就是词义。由多个语素构成的合成词,构成词的语素义和词义之间往往具有密切的关系,如"死因"就是"死亡的原因","无声"就是"没有声音","情诗"就是"男女间表示爱情的诗"等,"电脑"虽然不是"电的脑子",但电子计算机能运算,会控制程序,就好像人脑一样,也是可以讲出道理和原因的。因此,在词语教学中,尤其是词义教学中,我们一定要重视语素的作用,充分利用语素义和词义的关系来解释词义并帮助学生推测词义。

2. 利用语素辨析近义词

汉语有很多包含相同语素的双音节近义词,如"理想"和"幻想","温柔"和"温顺",这些近义词在词义上的不同往往是因为这两个词有一个不同的语素造成的,这个不同的语素是形成词义差异的关键因素。如"理想"和"幻想"的不同,在于"理想"侧重"理",词义有"有道理"的成分,是有道理的想象,"幻想"侧重"幻",词义有"虚幻"的成分,是虚幻的想象的意思。"温柔"和"温顺"的不同,在于"温柔"强调"柔",有"柔和"的意思,"温顺"强调"顺",有"顺从"的意思。近义词的辨析是词汇教学的重要内容,我们在辨析近义词时,要注意从构词语素的角度来看它们意义的细微区别。

3. 利用语素扩展法巩固所学词语并扩大词汇

在词汇教学中,除了讲练目标词的词义和用法外,我们还可以将合成词中的语素加以分析,利用该语素进行扩展,从而达到巩固所学词并扩大词汇量的目的。例如,学到"歌迷"一词,教师可以分别解释"歌"和"迷"的意思,并让学生分别用这两个语素构词,"迷"可以构成"球迷""戏迷""财迷""舞迷"等词,"歌"可以构成"歌星""歌手""歌曲""歌名"等。

"语素扩展法"的教学方法优点主要表现在如下几方面。

第一,有利于较快地培养学生的语感。在词汇学习中,往往采取以词为最小单位整体记忆的方法,以致发生学过"鸡蛋"却不知道"鸡"的尴尬事情。在词汇教学中分析语素,讲清一些常用语素的意义和构词能力,对提高学生学习汉字的兴趣也是大有裨益的。

第二,有益于调动学生主动学习的积极性。词汇教学比较琐碎、枯燥,如果以语素法学习新词,从语素的角度推测新词,必会引起学生思考的兴趣,而不会是死记硬背;以语素为基础层层联系,也能达到扩展词汇学习范围的效果。

第三,有利于语法学习和避免一部分语法错误。词汇教学和语法教学是不能脱节的,特别是词语的语法结构和句法结构有很大的相似性,更不能将二者截然分开。在语素法词汇教学中,从语素的角度分析了词的语法结构,实际上就是在词汇教学阶段让学生感知了汉语的句型特点。汉语中有一类由"名+量"构成的词,如"人口、车辆、马匹、船只"等,不能再受数量短语的修饰,这些词形成一小类,学生可以按类记忆。

不少学者,如吕文华(1999)、王世友、莫修云(2003)、李开(2002)等针对汉语词汇的特点提出了语素教学法,但也有学者,如郭胜春(2004)对语素教学提出了异议。我们认为语素教学法从理论上是一个符合词汇系统理论的方法,就如同语音教学从声母、韵母、声调入手一样,词汇教学也同样可以从构成词的语素入手,语素在词汇教学中的重要性不容置疑,但具体如何操作值得我们进一步探讨。

(二)重视构词法教学

现代汉语词汇以合成词为主,合成法是汉语最基本、最发达的构词法。合成词的意义与构词语素的意义有密切关系。在汉语词汇教学中,根据构词语素及构词语素的结构关系来展示合成词,把构词规律教给学生,可以让学生快速地扩大词汇量。这就是构词法教学。这种教学的重点包括以下几个方面。

1. 利用构词法系统地学习汉语词汇

现代汉语词汇虽然数量众多,但构词法却是有限的。合成词的构造类型主要包括偏正、并列、述宾、述补、主谓和附加。在词汇教学中,我们可以通过构词法系统地学习同类型词。这里主要以偏正、述宾、附加几个构造类型为例进行相关说明。

偏正式是现代汉语中最能产的构词方式,同一个语素加上不同的修饰性语素,就可以构成大量同族词。例如,在语素"车"前面加上修饰性语素可以构成"火车""汽车""轿车""马车""货车""客车"等,表示不同类型的"车";语素"车"也可以表示类别,作为修饰性语素在后面加上其他语素构成"车窗""车灯""车门""车胎""车轮"等,表示"车"的某个部分。

述宾结构的词,前一个语素表示动作行为,后一个语素表示动作行为关涉的对象,与句法中的动词加宾语的组合相同,在词汇教学中我们可以通过一个动词性语素将同类型的述宾结构的词系联起来。例如,"失望"是"失去希望",以此类推,"失去睡眠"就是"失眠","失去平衡"就是"失衡","失去控制"就是"失控","失去信用"就是"失信","失去工作"就是"失业"。

附加结构的合成词由词根加上词缀构成,汉语词缀很少,但构词能力很强,尤其是词缀"子""儿""头",它们名物化的语法作用明显,一些非名词性语素加上词缀"子""儿""头"以后会变成名词。例如,"胖子","胖"是形容词性语素,加上"子"以后"胖子"表示"胖的人",以此类推,"疯的人"

第十一章　现代汉语词汇教学原则与方法研究

是"疯子","傻的人"是"傻子","聋的人"是"聋子"。

总之,教师在讲解词语时,利用构词法,通过一个词将同结构的词系联起来,学生就不是孤立地只学习一个词,而是批量学习汉语词语,词汇学习的效率可想而知。

2. 通过构词法感受汉语的句法特点

在现代汉语中,应用最广的构词法是词根复合法,即根据句法关系由词根组成合成词的方法。这种构词法与由词结合为词组的造句法基本一致。比如,汉语词组的主要结构类型为偏正、并列、述宾、述补、主谓,而由词根加词根构成的合成词的构成格式也同样是这五种。我们可以利用汉语词汇的这个特点让学生通过汉语构词法感受汉语句法的特点。

汉语部分词的词义是语素义按照一定的语法关系直接组合而成,我们在解释这些词的意义时,可以让学生通过构词法感受汉语的句法,从词直接过渡到词组(句子)。例如:

词　　　　　　　　词义
认错(述宾结构)——承认错误(述宾结构)
冒牌(述宾结构)——冒充名牌(述宾结构)
珍品(偏正结构)——珍贵的物品(偏正结构)
春光(偏正结构)——春天的景致(偏正结构)
心疼(主谓结构)——心里疼爱(主谓结构)
姐妹(并列结构)——姐姐和妹妹(并列结构)

三、结合具体语境原则进行教学

词在语言中的作用是造句,词的意义只有在具体语言环境中才能明确,离开具体语境,我们往往很难理解词的具体含义并掌握其用法,因此,词汇教学必须结合语境来进行。

(一)根据语境理解词的意义

汉语词多义的现象非常普遍,要想确定一个词的具体意义,就必须将其放到具体的语境中。通过具体的句子来说明词的意义,并将其置于相似的语境中,用不同的句子多次呈现其某一意义,这样才能使学生真正理解和掌握词的意义和用法。

对于一些词义抽象的虚词,我们更需要在具体的语境中去理解它的意义和用法。比如讲"即使",词典的解释是"连词,表示假设的让步",这样的解释学生往往不知所云,如果给出一个句子:"即使明天下雨,我也要去。"

学生可能还是不能完全明白,这个时候需要给出更大的语言环境,设计一个对话的情景,才有可能消除学生的困扰。

在解释词义的时候要依靠语境,在学习词语用法的时候更要依靠语境。要掌握一个词语的语法功能、搭配对象、感情色彩、使用场合,必须提供一定的语境让学生了解,仅靠词典的静态释义,学生不能很好地掌握。在句子、段落中学习词语,学生不仅可以学习词语的静态知识,还可以学习词语的动态(语境)知识,这样,他们在教学语境之外运用词语就会减少错误,达到最终学会使用词语的目的。

(二)利用语境辨析易混淆词的意义和用法

在学习词汇的过程中由于各种原因会混淆一些词的意义和用法,教师要讲清楚这些词的区别,抽象的理论辨析对学习者是无益的,教师应该结合语境,给出具体的例句,让学生在句子中体会容易混淆词的区别。

汉语容易混淆的词中有很多是近义词,如何辨析这些近义词呢?我们在辨析近义词时一定要找出尽可能多的例句(包括词语搭配)进行分析,从中发现二者的区别。

通过具体例句的比较分析,找出了异同的地方,就为我们辨析近义词提供了线索和根据。这告诉我们,遇到不易辨析的近义词,最好多列一些例句,通过对例句的分析归纳,就可以看出近义词的异同。

(三)利用语境推测生词词义

当学习者在阅读中遇到生词时不一定非要查阅词典,也可以通过该词所处的具体语境来推测词义。例如,男人购物比较即兴,就是说,事前很少作计划,也很少列出清单,总是缺少什么时才去购买。"即兴"这个词的意思,可以通过后面的插入语"就是说"来推断。

四、结合文化背景因素进行词汇教学

汉语有一部分反映中华民族特有文化的词语,在别的语言中很难找到与之完全对应的词语。例如:反映中国特有物质文化的词语,如"饺子、包子、馒头"等是中国特有的食品,"旗袍、中山装"是中国特有的服装,"京剧、国画、相声、太极拳、麻将"等是中国特有的文化体育项目,"筷子、算盘、景泰蓝、二胡"等是中国特有的器物。这些词语颇具中国特色,民族气息浓厚,但意义单纯,具有直观性,在教学中通过实物或图片展示,学生是很容易理解的。

第十一章　现代汉语词汇教学原则与方法研究

反映中国特有制度的词语,如"乡、镇、县、地区"是中国特有的行政区划;"饭碗"本义是指盛饭的碗,后用来比喻赖以谋生的职业,再后用"铁饭碗"比喻非常稳定的职业、职位,特指某些单位用工制度的终身制;"半边天"是新中国成立后出现的一个词,本义是指天空的一部分,后因为毛泽东在 20 世纪 50 年代提出"妇女能顶半边天"的口号,中华人民共和国的妇女拥有了与男人平等的地位和权利,"半边天"就有了比喻妇女力量大,妇女的作用不逊于男人的意思。这些词语是中国社会制度和意识形态发展演化的产物,学习这些词语有助于学生了解中国社会和中国人的思想。

反映中国特有民俗的词语,如"春节、清明节、中秋节"等是中国民间的传统节日,人们借此寄托某种愿望或表达某种情感;"春分、谷雨、立夏、立秋"等二十四节气词,反映了汉民族对气候变化规律的认识。

反映中国古代特有文化的词语,如"皇帝、驸马、宰相、知县"表明了古代人的社会身份;"状元、科举、八股"等反映了古代考试制度;"烽火、点将台"以及各种兵器的名称反映了古代战争的一些情况。这些词记录了历史,成为人们了解历史的一面镜子。

五、利用词汇重现原则进行教学

语言学习不可能一蹴而就,必须经过多次重现和复习才有可能掌握。因为人类的记忆,根据保留时间的不同,有短时记忆和长时记忆两种。输入的信息在经过人的注意过程的学习后,便成为人的短时记忆,但是如果不经过及时的复习,这些记住的东西就会遗忘,而经过及时的复习,这些短时的记忆就会成为人的一种长时记忆,从而在大脑中保持很长的时间。德国著名心理学家艾宾浩斯(H.Ebbinghaus)通过对记忆和遗忘的研究,绘制了非常有名的揭示遗忘规律的曲线——艾宾浩斯遗忘曲线,揭示了人类遗忘过程的基本趋势。这条曲线告诉人们在学习中的遗忘是有规律的,在记忆的最初阶段遗忘的速度很快,后来就逐渐减慢了,到了相当长的时间后,几乎就不再遗忘了,这就是遗忘的"先快后慢"规律。为了避免遗忘,必须在初次学习之后不断重现复习,确保新学的知识可以在短时间有较高的重现率,这样才可以显著提高学习效率和记忆效果。

这个图给出的是信息记忆的量。学完马上就回忆,将记住 100% 的信息,20 分钟之后退减到 58%,依此类推。遗忘的变化规律是:遗忘的量随时间递增;遗忘的速度是先快后慢,在记忆后的短时间内遗忘将特别迅速,然后逐渐减慢。如何减少遗忘量,是汉语词汇学习的重要任务。[①] 科学地重复和回忆,有助于形成长时记忆,减少遗忘量。根据以上遗忘过程的基本趋势,可以在刚学完生词后的较短时间里,安排较多的复习;随着时间的延长,复习次数逐步减少。比如,在一节课内第一个 20 分钟结束时安排一次重复性练习,第二个 20 分钟结束时再安排一次。下一节课同理。第二天再重复。到了一周时,一个月时再重复。

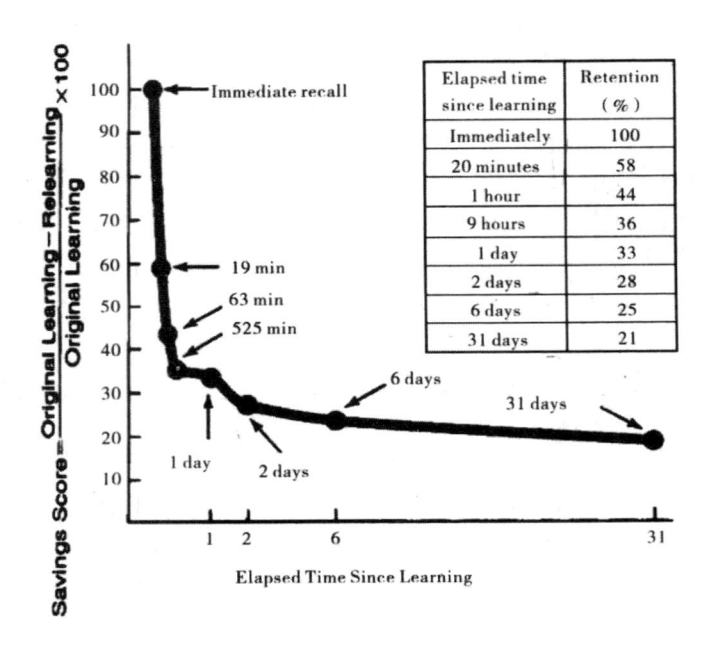

Elapsed time since learning	Retention (%)
Immediately	100
20 minutes	58
1 hour	44
9 hours	36
1 day	33
2 days	28
6 days	25
31 days	21

图 11-1　艾宾浩斯遗忘曲线

很显然,在词汇教学中,词的重现率越高,学生掌握得越好。汉语词汇数量庞大,所以更需要加强词汇的科学重现,以便促进学生的词汇学习。

提高词汇的重现率是帮助学生保持词汇记忆的重要途径。要使词汇记忆达到最好的效果,不仅取决于词汇重现的次数,关键还在于重现的方法和技巧,词汇科学重现才能有效提高词汇学习效率。要提高词汇的科学重现率,我们要采用多种方式、多种渠道进行词汇重现。

[①] 展飞. 基于偏误分析的对外汉语"知道"类动词研究 [D]. 山东大学, 2013.

第十一章　现代汉语词汇教学原则与方法研究

（一）多种方式进行词汇重现

词汇重现不是简单的单个词的机械重现，我们要采用多种方式进行词汇重现。首先，我们可以利用词的形、音、义多角度重现，即利用词的形、音、义，将不同的词系联在一起，达到词汇重现的目的。

利用构词语素把词形上有共同点的词系联在一起。例如，利用构词语素"学"重现"学习、学校、文学、史学、哲学、大学、小学、中学"等词，利用语素"费"重现"水费、电费、会费、房费"等词。

利用词的读音，将同音异形异义的词系联在一起。例如，让学生回忆发音同是"shī"的词"诗、狮、湿、失"等，发音是"rén shì"的词"人士、人事、人世、人氏"等。

利用词义将词义有关联的词系联在一起。例如，让学生说出同义、近义词，如"看"的近义词"瞧、望、瞅"，"请求"的近义词"恳求、乞求"等；让学生说出反义词，如"美丽"和"丑陋"。

词汇教学中仅靠形、音、义重现词语，孤立地就词论词，难以达到全面巩固的目的，而且有很大的局限性。而在具体的语言环境中重现词汇才能取得词汇记忆的最佳效果。所以，我们还应注重利用句子重现词语。利用替换词的方式复习旧词就是很好的方式。我们可以给学生提供一定的语言环境，让学生用学过的词来替换，达到词语重现的目的。例如，让学生回答"你喜欢吃什么？"答语可以大量重现"牛肉、猪肉、鸡肉、饺子、包子、面包、巧克力、冰淇淋"等与食物有关的名词；让学生回答"周末你喜欢做什么？"答语可以重现"睡觉、打球、看书、看电视、看电影"等大量表动作行为的词或词组。

（二）多种渠道进行词汇重现

提高词汇重现率，可以从教师的"教"和学生的"学"两个方面来加强，同时要通过多种渠道来进行。

（1）在教材中重现。在编写教材时，要注重提高生词的重现率，注意提高同一生词在课文、练习中的出现次数；在编写系列教材时，要重视重点词在不同教材间的重现，如在编写与综合教材配套的听说读写单项技能教材时，要注意单项技能教材的重点词与综合教材保持一定的重合率。

（2）在不同课型中重现。汉语教学中的课程主要包括语言技能类课程（综合课、听力课、口语课、阅读课、写作课）、语言知识类课程（汉字课、语音课、词汇课、语法课）。在教学过程中，我们要注重不同课型教师之间的沟通，使得重点词能在综合课以外的其他课型中得以重现，重点词不仅在听力课、口语课等技能课中重现,也应尽量在汉字、词汇等知识类课程中重现。

(3)在不同教学环节中重现。在教学安排上,增加与词汇相关的教学环节,如生词预习、生词复习、生词练习等,使得词汇在不同的教学环节中多次重现。

(4)学生自主复习重现。要提高词汇重现率,学生还应在课外加强词汇复习。复习时要遵循以下原则:及时复习,根据前述的遗忘先快后慢规律,一定要在24小时内及时复习,同时在记忆后的第二天再及时复习,即使记住了也要及时复习,否则等发现已经忘了再复习就晚了;多次复习,每个生词均不能指望通过几次记忆就能记住,而要经过多次反复记忆才能真正记住;"使用"复习,生词即使进入了长效记忆,如果长期不用,也会遗忘,要注意多使用生词进行听说读写的技能训练,在使用中保持生词的长效记忆。

六、利用词汇的区别性原则进行教学

(一)区分书面语词汇和口语词汇的重要性

语言中有些词由于经常在特定的语体中使用,便带上了某种语体所特有的色彩,主要包括书面语色彩和口语色彩。在语言实际交际过程中,正确区分和使用口语词汇和书面语词汇非常重要。由于缺乏词汇的语体知识,不能区分书面语词汇和口语词汇,常常会造出一些不得体的句子。比如:

①老师,您的老公和孩子最近还好吧?
②我从来没有驾驶过汽车。
③我们要让世界变得更加美好,让人们可以无忧无虑地过日子。

分析:①句中的"老公"是口语词,学生用这个词来指称老师的丈夫,显得过于随便而不严肃,应该用书面语词"丈夫"或"先生";

②句中的"驾驶"是书面语词,在这个口语的句子里应该用"开",改为"我从来没有开过汽车"才是地道的汉语口语句子;

③中"过日子"应该改为"生活","过日子"是口语词,用在这个句子中不协调。

在日常口语中用了书面语词汇,而在较正式的场合中用了口语词汇,将口语词汇和书面语词汇杂糅到一起。因此,在词汇教学中教师应做到心中有语体的概念,在具体教学中要注意区分词的语体色彩。

第十一章 现代汉语词汇教学原则与方法研究

(二)注意培养学生的词汇语体意识

在讲解词的意义时,我们仅仅解释清楚词的概念意义是不够的。汉语词汇中有很大一部分词具有较明显的语体风格,有些词的概念义相同,但语体色彩不同,所使用的语体范围也是有区别的。比如:

母亲——妈妈
散步——溜达
恐吓——吓唬
咨询——打听
如何——怎么
腹部——肚子
就诊——看病

以上例子,前者是书面语词汇,比较庄重,后者是口语词汇,比较通俗、随便。再如:

头颅——头——脑袋
老者——老人——老头儿
磋商——商量——合计
致歉——道歉——赔不是
孩提——童年——小时候

以上例子,前者是书面语词汇,中间是通用语词汇,后者是口语词汇。学生只有弄清楚了这些词的语体色彩差异后,才能在不同的场合使用合适的词,不至于张冠李戴,造出不得体的句子。比如表示"丈夫"这个概念义的词在汉语中有"老公、爱人、丈夫、先生、配偶"等,一般较正式礼貌的称谓用"爱人、丈夫、先生",较为随便的日常口语用"老公",而"配偶"一词一般用于非常正式的书面文体中。再如"头颅、头、脑袋",比较通用的是"头",日常口语非常通俗的表达方式是"脑袋",而"头颅"一词一般用在医学文献中。

(三)区分教学内容及词汇搭配

从词语本身的难度与教学内容的需要来看,哪些词需要讲,哪些词需要重点讲,教师应区别对待。从词性角度看,如"书""电脑""你""我""他""一""十"等具体名词、人称代词、数词比较直观,比较容易理解,同时在实际生活中也常遇到,相对来说容易习得。但常常作为句子中心词的动词、形容词相对来说就要难一些,副词、介词、能愿动词则更难习得,需要有进一步的课堂讲练。而不同词性的词也需要区别对待,如名词主要讲与其搭配的量词,动词主要讲动宾搭配(离合词则需更多搭配),副词主要是讲其不同的意义及用法,等等。如讲名词"椅子"时,应注意介绍与之搭配的量词为"把";讲动词"穿"的时候要讲明其宾语多是"衣服、裤子、鞋"等服装类词语,而"戴"主要搭配的是"帽子、围巾、手套、手表、眼镜、项链"等配饰类词语。

七、结合全面性原则进行教学

学习词语时,必须要全面掌握词语的具体读音和具体用法。说到底,这也是由词的性质决定的,汉语中的词是音义结合体,同时有汉字这一书面记录方式,对于第二语言学习者来说,习得一个词的过程就是全面掌握其读音、意义、用法和书写形式等多方面内容的过程。在讲练、复习等环节中,根据不同的教学目的及需要,可能对词语的形、音、义及用法有不同的侧重,总体来看,虽然词语教学以意义和用法为主,但其他方面也不可忽视。如:学生写这样一个句子——"今天我真辛运"把"幸运"写成了"辛运",由于对词形及词的发音掌握得不准确,很可能使他人觉得不知所云。词语教学中的领读、认读等均是对词语读音方面的展示与强化,而词语听写或词语扩展等练习,则可以检查及反复加强学生对词形的认知和掌握程度。

再者,词汇教学在解释词义时也不能不结合词语的句法功能及组合能力,否则就不是完整而系统的词汇教学。汉语中的某些动词或动词短语要求前面有介词短语做状语,如"……感兴趣""……商量""……干杯""……为主"等,还有那些在词汇教学中占很重要位置的关联词语,这些词语都需要结合句法功能全面讲解其具体搭配和用法。

(一)定量、定级、定序

如何定序,需要考虑多方面因素,遵循高频、常用优先,使用范围广的优先,学习需求度高的优先原则。最后一条在实际操作过程中可灵活处理,比如商务汉语有特有的一套词汇,旅游汉语词汇也肯定不完全等同于通用汉语的词汇。

定量、定级、定序不仅仅针对词语而言,对于多义词的多个义项也适用,哪些义项要学,哪些义项要先学,都要有所考虑,我们可按前面提到的优先原则来安排。

(二)精讲活练

彭小川教授提出了"精讲活练"这个原则,并在多个场合针对词语讲练

第十一章　现代汉语词汇教学原则与方法研究

的问题提出三个要点：一是老师在课堂上不要对词义或用法讲得过多，要精讲，点明即可，也要活讲，让学生有更多的时间操练。二是操练也不是越多越好，而是要灵活处理，针对容易出问题的地方要多练习，很容易掌握的不要过多纠缠。练，也要讲究方法技巧，练习方式要灵活、多样、精到。三是操练的句、段要用多角度、多侧面的语境体现词语的意义和用法。

比如讲动词"塞"，可以先做动作，再解释"把某物放进没有多少空间的东西里"，然后再给出可以体现三种搭配的例句，而不是只给出其中某一种搭配的多个例句。例如：

我把衣服塞到柜子里了。

我往背包里塞了好多衣服。

我的行李箱里塞了好多衣服。

有些虚词不需要讲明意义，只需要给出典型例句让学生去体会就可以了。如在讲解"表示同样"的副词"也"时，我们可以展示下列例句。

她是女生。

我是女生。→我也是女生。→她是女生，我也是女生。

我汉语学得很好。

他汉语学得很好。→他汉语学得也很好。→我汉语学得很好，他汉语学得也很好。

再比如在讲到"视角"这个词时，我们先给出释义"名词，看问题的角度"，然后给出典型例句：

他分析问题的视角很独特。

这个小说用独特的视角来分析问题。

这部电影以普通人的视角来反映普通人的生活。

他看问题一向是视角独特，与众不同。

之后给出造句练习的前半部分，也就是给出可以让学生去联想、发挥的语境。

＿＿＿＿＿＿学生的＿＿＿＿＿＿＿＿，作业太多了。

成龙的电影＿＿＿＿＿＿＿＿。

再比如讲到"大开眼界"时会给出下面的例句：

今天去香港迪斯尼乐园玩了一天，真是大开眼界啦！

第一次到这么高档的商场买东西，让我大开眼界／让我眼界大开。

再如"帮忙"是一个容易出错的词，要多练习，并指出错误原因：

谢谢你的帮助。√

谢谢你的帮忙。×

谢谢你帮助我。√

谢谢你帮忙我。×

要告诉学生：第二个句子不对，是因为"帮忙"不能作名词，而"帮助"可以。

第四个句子不对，是因为"帮忙"后面不能再加宾语，而"帮助"可以。

再如，学习者可能会说"非常谢谢你"。为什么一定要改用"感谢"才合乎汉语习惯呢？原因在于，"谢谢"是一个行为动词，不能用"很"类的程度副词修饰；而"感谢"是心理动词，可用程度副词修饰。

（三）语（字）与词互相为用

在词汇教学中，首先讲练要学的词语，在有了一定的词汇积累基础上，再把词语中的语素（字）分离出来，然后以一定的义项为单位与其他学过的或没学过但常用的语素再组合，如此巩固所学的词语，并扩展新词语。也就是说，学习的起点是词语而不是语素。这里我们强调四个方面的要点。

（1）利用汉字形体本身的表意特征来提示词义。
（2）利用语素与词义之间的关联性来提示词义。
（3）语素（字）和词语循环上升，互相提示。
（4）不是所有的词语都适用于这种方式，如有些语素义与词义没有直接关系或没有关系的就不适用了。

（四）分化知识点

同一个词语的多个常用义项涉及多种用法，就会出现多个知识点。我们要分开多个知识点教授，不要一次性把这个词语所有要讲的知识点全部讲出，如此将不利于学生理解和记忆。比如有位刚上讲台的老师把"可能"的三种用法在第一次出现时就一次性讲出了。

[可能]

（副词）[展示篮球运动员投篮的图片]这个男孩可能投进去还是不可能投进去？（可能/不可能投进去。）

（名词）我有可能参加今年的晚会。

（形容词）三口就吃完一个橘子，这是可能的。

这样讲不是不可以，但要看是在什么情况下。如果三个用法都是新的知识点，就要分开不同的时段一个一个地讲；如果只有一个知识点是新的，讲完之后同时要带出其他两个学过的知识点则是可行的。碰到类似的情况，可以先讲最常用的义项、最常见的用法，隔一段时间再讲一个，再过一段时间再把多个义项、多个用法综合起来巩固。

要辨析的同义词最好是学过的词，不要在同一个时间里拿多个生词来比较,或一新一旧来比较。比如先学了"就",在学到"才"时也不要急于比较,最好再过一段时间,把两个词拿出来,通过比较差异点来巩固各自的意义和用法。

八、综合易懂、易记、易用原则进行教学

(一)易懂原则

所谓易懂原则就是要尽可能做到使学习者较为容易地理解和接受。要做到这一点,教学者的语言要简明,即简单、明确。简单,就是解释词语时力求语言浅显易懂,避免生涩和模棱两可。明确,就是表义清楚,切忌不知所云。教师首先要尽量采用直观展示、举例说明、现象列举等较易理解的方式,尽量使用学习者学过的词语,使他们能够正确地领会和接受。

(二)易记原则

所谓易记原则就是要尽可能地使学习者不仅明白词语的意思,而且明白词语为什么表示这个意思,也就是不仅要让学生知其然,还要让他们知其所以然,这样记忆起来比囫囵一团地死记硬背要经济有效。这主要针对非单纯语言符号即合成词的教学。当语言经过初始阶段的发展后,新的语言符号基本不再使用早期的音义任意结合方式产生,而是利用既有单纯符号,不断合成新的符号,以满足记录复杂事物和表达复杂思想的需要。对词汇教学而言,通过构词、理据等方面的分析,词义会比较清晰地显现出来,便于学习者了解词语的由来和创造组合特点。对学习者而言,在加深了对词义理解的同时,也避免了死记硬背带来的枯燥感和低效率。比如,为显示语素义与词义之间的联系,可以对词的结构特点加以说明,如"笔直"是偏正式的,其中的"笔"是用来修饰"直"的,意思是"像笔那样"。又如,由于最早产生的用于书写文字的载体教具一般是木头做的,而且是黑色的,所以人们创造了"黑板"一词,即使当代科技文明不断发展,出现了绿色玻璃做的这种教具,但仍称为"黑板"。

当然,对于词汇学习而言,易记原则的实施是建立在学习者积累了一定数量单音语素的基础之上的。

(三)易用原则

易用原则即注重对词语用法加以说明以使学习者能够正确使用的原则。尽管意义的说明在词汇教学中是首要的,但用法同样不可忽视,也就是

说,要使学习者不仅知其义,还要知其用,否则词语的教学便不是完整的。词语的用法说明应包括词性、句法功能、语体色彩、习惯搭配、语用条件、偏误预警等方面,当然,不同的词语有某一方面的侧重,而不是每个词都面面俱到。比如"嫌"这个词的意思是"不喜欢谁(或什么)怎么样",它后面所跟的名词性成分即"什么"是个兼语成分,这个兼语成分之后要有谓词性成分即"怎么样",如"我嫌他没礼貌,所以不愿理他"。注重词的用法教学,方法也有很多,比如精当、充分地示例,对常见易混词进行对比分析,对一些常见偏误进行预警,等等。

九、利用学习的层级性原则的教学

不同的学习阶段对词语学习有着不同的要求。在词汇学习的基础阶段,学生最需要的是能够听懂和说出,能够满足最基本的交际需求,同时解决生活中的各种实际问题。据研究,基础阶段应该掌握的词汇量为3 000常用词。基础阶段以后,学生的学习目标随之提高,学习内容也不再局限于日常生活,此时的词语教学应适当侧重于输入性词语,即学生通过读和听两种输入性渠道,可能接触到的各类非专业性信息内容中较常遇到的词语。如中级阶段学生应该在继续提高日常交际能力的同时,逐步提高话题讨论的能力,即能够就家庭生活、健康、人际关系、各类爱好及各类常见的社会问题(如就业、交通、环境等)发表自己的观点。同时,该阶段的学生已经具备了一定的词汇量基础,随着词汇的积累和语言水平的提高,中级阶段每课包含的生词数量可以适当体现出渐进式的增长。就词汇内容来讲,应兼顾话题需要和词汇大纲,在该阶段总体的超纲词语应控制在30%以下。中级阶段学生的目标词汇量是5 000词左右。

高级阶段学生学习的重点应逐渐偏向于对抽象内容及部分专业领域内容的理解和表达,如政治、文化、艺术、历史、科学等,该阶段将更多地接触超纲词、带有一定专业色彩的词语及各类固定语(包括成语、俗语、歇后语等)。从学习者角度来看,应着重培养根据复合词的构词语素猜词的能力、根据语篇语境猜词的能力。同时,应引导学生用更为地道的词语表达其思想。

第十一章 现代汉语词汇教学原则与方法研究

第二节 现代汉语词汇教学的方法与技巧

一、现代汉语词汇教学的方法

一般来说,我们课堂教学是以一课书作为一个教学单位,生词的教学是其中一个重要的教学环节。生词的处理可以分为以下几个步骤进行:展示词语、讲解词语、练习词语。在实际教学实践中,我们不一定将这三个步骤截然分开,而是经常交叉进行的。可以逐词展示、讲解然后练习,也可以几个词一起分组展示然后讲解并练习。

(一)展示词语的方法

展示词语就是把要教的词语通过板书、领读等方法介绍给学生,并让学生认读,从而使学生对所要学的词语的形、音、义有所了解和认识。一般的做法是:第一步,将课文生词按一定顺序排列,以学生听写或教师自己板书的方式将生词写在黑板上;第二步,按排列好的顺序逐词或分组展示具体词语。

1. 展示词语的顺序

一般来说,生词表中的生词都是按照它在课文中出现的先后顺序排列的。为了课堂教学的各个环节紧凑、有序地衔接,教师可以根据教学的需要,对生词表中生词的顺序加以调整或重新排列,然后再按重新排列的顺序进行听写、认读、讲解等教学活动。

常见的生词排列顺序有:

(1)按词群排列。所谓词群,就是意义上具有共同特点、相互联系的一群词。如"吃、喝、吞、饮、吸、舔、吹"等是一组表示口部动作的词群。

在听写、认读完生词后,我们一般要当堂复习巩固,以上设计,对复习也有很大好处。我们可以选择不同词群,用提问的方式,让学生通过说话复习所学的生词。如问"一年有几个季节?""哪四个季节?""冬天的天气怎么样?""冬天大家喜欢干什么?"

(2)按生词在课文中出现的顺序排列。一般来说,生词表中的生词都是按照其在课文中出现的先后顺序排列的。教师可以排列好的生词为线索叙述或串讲课文,学生也可以生词作为提示的线索,听教师串讲课文和复述课文。

(3)按字的偏旁排列。如果某篇课文的生词中,同一偏旁的字出现了多个,我们可以把它们集中起来进行教学。这样有利于充分利用偏旁表义的功能,通过对比,加深学生对所学生词的印象。

(4)按词类排列。把课文中的生词按照名词、动词、形容词、介词、副词等不同词性归类排列,这种排列方法从词的语法功能出发,便于根据不同词性的特点进行词语搭配和运用练习。例如,某课的生词如下:

爱、滑冰、有名、旅游、尤其、人家、靠、经营、红叶、落、捡、哎呀、停、该、电池、迟到、父亲、地、告诉、结婚、将来、愿意。

教师可以按照不同的词性排列如下:

爱、靠、落、捡、停、告诉、迟到、经营、滑冰、旅游、结婚(动词)

该、愿意(能愿动词)

人家、红叶、电池、父亲(名词)

有名(形容词)

地(助词)

哎呀(叹词)

2. 展示词语的方法

教师在充分备课的基础上,排列好生词的顺序,下面就可以开始在课堂上展示具体的词语了。当学习一个生词时,常用的展示方式是:

(1)听写。将当天要学的生词,按照教师的排列顺序,通过课堂听写的方式展示出来。听写是常用的展示词汇的手段。听写是学生回忆预习的生词的过程,也是教师检查学生预习情况的手段。

(2)领读。教师将当天要学的生词,通过学生听写或教师自己板书的方式列在黑板上,然后对每个生词做示范朗读,学生跟着教师念。这种方法可以帮助学生掌握词的正确读音。

(3)认读。教师教学生认读黑板上的生词,同时适当向学生说明词的形音义。一般做法是,请学生集体或轮流认读黑板上的生词,可按生词的先后顺序认读,也可以打乱顺序认读,以检查学生是否真正掌握了词的读音。

(4)用实物或图片、图画展示词语。形象性比较强的生词,我们可以用实物图片、图画等方式来展示。注意,用画图的方式展示生词,画的应该是简图,切勿让图画喧宾夺主。

(5)用卡片展示生词。卡片的一面写上汉字,另一面写上词的拼音。教学时,可先认读拼音,后认汉字。也可以直接辨认汉字,如果认读失败,再用拼音面提示。这种方法最适宜对年幼的学生和初级阶段的学生使用,既可在讲授新课前用来复习前一课生词,也可用来认读当天所学的生词。

第十一章　现代汉语词汇教学原则与方法研究

（二）讲解词语的方法

讲解词语就是要讲授词语的词汇意义和它的用法，以使学生掌握词义并学会使用该词。

1. 解释词义的方法

课堂教学中解释词义主要有四种途径：一是非语言法（形象法），即用非语言的方式对词义进行形象说明；二是母语法，即用学生的母语进行翻译或解释；三是汉语法，即用汉语对词义进行说明和解释；四是猜测法，即通过教师的引导让学生猜测词语的意义。

2. 讲解词语用法的方法

词语教学，除了要让学生理解所学词语的意思以外，还有很重要的一点，就是要让学生掌握词语的用法。例如，词语搭配，通过讲解词语常与哪些词搭配、怎么搭配让学生了解词语的用法；句法功能，指词语充当句子成分的能力或与别的成分搭配的能力。比如名词一般可充当句子的主语，形容词一般可充当句子的定语，副词一般充当句子的状语等；感情色彩，从词的感情色彩看，有的词表明说话人对有关事物的赞许、欣赏、褒扬的感情，这类词是褒义词，如"英雄、贡献、谦虚、君子"等，有些词表明说话人对有关事物厌恶、贬斥的感情，是贬义词，如"小人、吝啬、骄傲、马虎"等。有明显感情色彩的词应当在讲解词语的时候进行说明，否则会影响学生正确使用该词；语体色彩，词语经常使用在某种场合中，从而带有的某种语体的风格，包括书面语色彩和口语色彩。在讲解词语时，对于语体色彩不同的词语，要注意讲解。

（三）词汇练习的方法

词汇练习就是在学生初步掌握了词语的形音义和用法的基础上，让学生反复操练、反复实践，达到熟练掌握、运用自如。练习是掌握和巩固词语的重要手段，没有科学、足量的练习，就不能达到熟练运用的目的。词汇练习大体可分为识别词语的练习、辨别词语的练习和应用词语的练习三类。以下对这三类的练习方法进行阐述。

1. 识别词语的练习

识别词语的练习是指帮助学生识别、记忆词语的读音、意义和书写形式的练习。这种练习的方法主要有以下几种。

（1）利用具体实物、图片或动作等让学生说出词语。利用课前准备好的图片、实物等，组织学生练习，以帮助学生记忆。例如，练习"狗、猫、牛、象、鸡、鸟"等词语，可以利用图片，指着图片上所画的动物，让学生反复练习说名称。再如,练习"桌子、椅子、黑板、笔、词典、门、窗户"等词语,可以利用教室中存在的实物组织练习。此外,一些常见的动作也可以通过教师的动作或学生表演动作来进行练习。

（2）引导学生说出同义词。教师说出一个词,让学生迅速说出这个词的同义词。

例如,要求学生说出下列词语的同义词：

妈妈——母亲

爸爸——父亲

美丽——漂亮

丑陋——难看

这种练习主要是为了让学生对汉语中成组的同义词进行联想,加深记忆,培养他们对词汇的联想能力,扩大词汇量。

（3）引导学生说出反义词。教师说出一个词,让学生迅速说出这个词的反义词。

例如,要求学生说出下列词语的反义词：

开——关

高——矮

骄傲——谦虚

危险——安全

这种练习可以和说出同义词的练习同时进行。教师可以将词语写在黑板上或卡片上,练习时,首先让学生说出黑板上或卡片上的词,然后让另一个学生说出同义词或反义词。

（4）听义说词。教师说出词语的意义,或者讲述一个情景,让学生说出表示该意义的词语。例如,练习"老大爷、司机"等词语,可以用以下方法：

教师：年纪大的老年人我们可以怎么称呼他？

学生：老大爷。（老先生、老爷爷、老师傅）

教师：开车的人可以怎么说？

学生：司机。

练习成语、惯用语、谚语等,可以设置一种情况,让学生应用恰当的熟语把教师所说的意思概括表达出来。例如：

教师：遇到了麻烦和阻碍。

学生：碰钉子。

教师：比喻非常有把握。

第十一章 现代汉语词汇教学原则与方法研究

学生：胸有成竹。

（5）听词说义。一般来说，教师可以说出一个句子，然后让学生解释句中某个词语的意义。例如，要练习"饮料、开夜车、打的"，教师可以这样做：

教师："他喝了一杯饮料。""饮料"是什么意思？

教师："过几天就要考试了，他最近经常开夜车。"开夜车"是什么意思？

教师："他是打的过来的。""打的"的"打"是什么意思？

一些熟语也可以采用这种方式，教师说一个熟语，让学生用汉语解释熟语的意义。

（6）听说综合练习。为了复习一课所有的生词，教师也可以综合利用以上各种方法帮助学生练习所有生词的形音义。例如，要练习"粗心、关心、寒冷、糟糕"等词语，教师可以将词语写在黑板上，然后给出情景，让学生迅速说出词语：

教师：细心的反义词是……
学生：粗心。

教师：父母经常给你打电话问你的生活情况，他们……
学生：关心我。

教师：今天气温很低，我们可以说天气……
学生：寒冷。

教师：要是你发现自己的学生证丢了，你会怎么说？
学生：糟糕。

在进行这样的练习的时候，也可以让学生之间相互进行练习，一个学生说出情景，另一个学生根据他所说的情景猜测是哪个词语。

2. 辨别词语的练习

辨别词语的练习就是让学生应用学过的词语知识，对教师所给的语言材料进行辨别、分析，最后做出判断或选择的练习。这种练习的方法主要有以下几种。

（1）选词填空。这是指学生根据句子的具体语言环境和词语的不同用法来选择最恰当的词语填空。这类练习主要用于近义词或容易混淆的词语的辨析练习。具体方法是，教师事先把题目写在黑板上或投影仪所用的胶片上，练习时出示题目，让学生迅速选词填空。例如：

时间是宝贵的，人人都要（　　　）它。

A. 爱护　　　　B. 保护　　　　C. 珍惜

这件事对他来说太( )了。
A. 突然　　　　　B. 忽然　　　　　C. 猛然

（2）修改病句。这是指教师给学生一组病句,让学生修改。这种练习能够有效检验学生对于词的意义和用法的掌握情况。具体做法是,教师课前将病句写在黑板上,或印成文字材料发给学生。练习时,全班同学一起讨论,找出错误,并说明原因。例如,教师给出"老师,我和小张明天有事,咱们不能来上课。"这个病句,让学生纠错。学生通过讨论,认为"咱们"用错了,应改成"我们",理由就是"咱们"包括听话人在内。

（3）给词语分类。这是指教师给出一组词语,让学生根据词语形音义的特点对词语进行分类。让学生对词语的意义、读音和书写形式进行归类分析,能够有效加深学生对词语形音义的印象,同时达到复习已学词语的目的。

给词语分类的具体做法是,教师按词语的特征写出一组同类词语,其中故意写上一个非同类的词语,然后让学生辨认,并说出为什么该词不属于同类。例如,教师给出"爱、恨、喝、讨厌、喜欢"一组词语,让学生指出不同类的词,并说明理由。

3. 应用词语的练习

应用词语的练习就是通过词语的实际运用来帮助学生掌握词语用法的练习。这种练习的常用方法有以下几种。

（1）搭配词语。这是指教师说出一个词,让学生说出可与之搭配的词语。例如,教师说出动词,请学生说出可以与之搭配的宾语:

教师:看

学生:看电视、看书、看朋友、看病人、看报纸、看热闹

再如,教师说出量词,请学生说出可与之搭配的名词:

教师:一本

学生:一本书、一本杂志、一本教材、一本词典

再如,教师说出名词,请学生说出可与之搭配的动词:

教师:菜

学生:买菜、卖菜、做菜、炒菜、吃菜、择菜

（2）用指定的词语造句。在词汇练习中,用词语造句是最为基础的一种训练方法。如果学生能准确地运用某一个词语造句,那么就证明他们基本掌握了这个词语的意义和用法。然而,造句又是一种非常难组织的课堂教学方法。如果仅仅给学生一个词,没有任何情景,学生可能一时想不出句子来,课堂容易冷场,即使有的学生造出句子来了,也很容易出现各种各样的错误,有些错误,教师一点即明,有些错误却可能一时很难讲清楚,这时如

第十一章　现代汉语词汇教学原则与方法研究

果纠正,可能会浪费时间;不纠正,又等于肯定了学生的错误。因此,在进行用指定的词语造句练习时,教师最好给出一定的提示,以便学生按照教师提示的思路造句,而不用花过多的时间确定要说什么。具体的方法有以下几种。

（1）设置情景让学生造句。例如,用"看样子"造句:

教师:看他像个韩国人,你对他说……

学生:看样子,你是韩国人,对吗?

（2）用指定的词语回答问题。教师根据假设情况或学生的真实情况提出问题,然后请学生用指定的词语做出回答。例如:

教师:你对杭州的印象怎么样?（觉得）

学生:我觉得非常好。

（3）用指定的词语改写句子

这是指教师说出一个句子,然后让学生用指定的词语对句子进行改写,要求原句意思不变。例如:教师给出下面这样一个句子,让学生用"难以"进行改写:

他的意见很不合理,让大家很难接受。

学生就会改写出这样的句子:

他的意见很不合理,让大家难以接受。

（4）用指定的词语完成句子

这是指教师给出一个不完整的句子,让学生用指定的词语完成句子。例如:

为了写这篇文章,_____。（花）

他没有赶上早班车,_____。（差点儿）

他虽然很有钱,_____。（讲究）

（5）用指定的词语说一段话

这既是应用词语练习的一种方法,也是训练成段表达能力的一种方法。具体是指教师指定数个词语,并设计出运用词语的具体语言环境,让学生根据限定的语境与指定的词语表述一段话。例如,教师给出"暑假过后,你在校园遇到你的同学……"这样一个语言环境,然后请两名学生充当情景中规定的人物进行对话,对话过程中要用上"怎么样、暑假、回国、旅游、天气、飞机、拥挤、名胜、同伴"这些词语。

成段表达的内容可以是教师设计的内容,也可以是课文的内容。如果是课文的内容,可以将该课的重点词板书在黑板上,让学生用所学的这些词将课文复述一遍。另外,教师也可以指定一些词语,让学生回家后缩写课文,或者写一段话、一篇文章。

二、现代汉语词汇教学技巧

（一）易懂易记、贴近生活

释义及操练过程中要使用浅显易懂的词、句，用学过的词语和相关知识作基础，用贴近生活的事物来比拟，营造接近真实、贴近学生日常生活的语境。如果用"兴旺""蒸蒸日上"来解释"繁荣、繁华"，学生肯定得不到什么新信息。

操练时通常要呈现例句和语境，也要贴近生活，这样学生才容易理解。比如经验丰富的彭小川老师在让学生用"……不如"造句时，说出了一个学生生活中经常碰到的场景：

百佳超市离学校很近，打的去的话，经常塞车；如果走着去，只需要十分钟，和打的去的时间差不多。

于是让学生在给出前面小语境的情况下造出了下面的句子：

去百佳超市，与其打的去，不如走着去。

另外，课堂上要灵活地利用现场的各种情境来帮助学生理解、运用知识点。比如，讲"谢谢"的意义和用法时，就没有必要说"别人帮了你，你要对别人表示感谢"。最好利用现场的情境来带出。老师解答了同学的问题时，老师提醒说："这个时候，你该说'谢谢'。"老师还给学生笔时说："谢谢！""谢谢你！"再比如，老师讲到"恐怖"时，恰好外面打雷了，老师可以借用这个可怕的雷声说："有的同学很怕打雷，他觉得雷声太恐怖了。"

易懂易记还有一个要求，就是少用或不用语言学的术语，比如"主语、谓语、修饰、限定、性质、状态"等。用这些术语的前提是学生已经掌握了相应的汉语语言学知识，否则就不要使用。

（二）例句要符合学生的需求

例句的作用是提示词义、帮助学生理解词义和词语的用法。所以要求语境一定要明确，信息要充分，要易理解、易联想、易发挥。我们来比较一下"表示在很短的时间里，很快"的"就"的例句，横线前后的语境明显有差异：

我就去。——我就去，你等我一分钟。

饭一会儿就好了。——饭一会儿就好了，再等 10 分钟就行了。

过两个小时飞机就起飞了。——过两个小时飞机就起飞了，你快点儿来啊。

横线后面的例句要比前面的语境信息更充分，更有助于理解词义。

第十一章　现代汉语词汇教学原则与方法研究

另外,还要注重对一些重要文化信息的传达,尤其是在中高级阶段学习中。

例如:

[春节]过春节又叫过大年 | 春节是中国人最大的节日 | 春节期间人们往往要互相拜年。

[称呼]以前,"同志"这个称呼很普遍,现在"先生、小姐"这类称呼流行起来了 | "师傅"在工人中是最常用的称呼。

[乌鸦]在中国,乌鸦代表不吉利 | 很多人不喜欢乌鸦。

(三)词语的搭配注重形式化表述

除了辨析同义词时要注重形式化表达,学习其他词语时也需要,例如:
事物 A+ 来源于 + 事物 B、地方
事物 A/ 人 + 来自 / 来自于 + 事物 B、地方
把 A 塞到…… / 里面
把 A 往…… 里 / 里面塞
往…… 里 / 里面塞 A
A+ 有 / 没有 +B+ 形容词 / 动作(A 是不是到了 B 的程度)
从 + 人 / 代词 + 这儿 / 那儿 + 走 / 离开 / 去……

形式化表述的优势是把词语的搭配清晰、简洁地呈现出来,对于需要辨析的词语也能避免误解和偏误。

(四)强化引导环节

课堂教学中,在讲新的语言点时,有些老师急于把知识点要表达的内容直接摆出来。这样做好不好呢?下面的例子,讲"了"的两种用法。

第一种是:用在句子末尾或句中停顿的地方,表示变化或出现新的情况。

然后让学生以填空的方式完成句子。

第二种是:9 点 40 分的时候,没下雨。现在,开始下雨。→现在下雨了。
周一到周五,爸爸很忙。周六呢?→爸爸不忙了。

"了"表示后面和前面的不一样,改变了。

然后让学生以填空的方式完成句子。

这两种做法的效果好坏是很明显的。前一种不符合学习的思维规律,难以理解,后一种循循善诱,浅显易懂。在教学中一定要根据学生的思维特点,通过一步一步的引导来帮助学生理解。

(五)课堂上尽量多设置一些趣味性环节

讲练词语时,为了活跃课堂气氛,可以把一些词源中的小故事,与教学内容有关的小笑话、小游戏、谜语等,适时、适量地加入课堂中,也可以通过老师夸张的动作、幽默的表情或对话等来传递一种快乐的情绪。比如讲什么是"瞪"时,可以用夸张地睁大双眼的表情来解释。

图片是增加课堂趣味性的很好工具,但要注意:所使用的图片对词语的意义理解一定是有帮助的,而且是不会令人产生误解的。比如在讲"爬"的意义时,只用一张婴儿在地上爬的图片,这就把"爬"的意义窄化了,学生很可能理解为只有婴儿的爬才是爬。所以要增加爬山的、动物的图片。再比如讲"游"的意义时,只给出人在水里游泳的图片,学生会理解成"人在水里游才是游"。所以要增加动物在水里游的图片,这样才不会被单一的提示误导。

课堂上,老师们还可以根据学生的年龄和喜好自己设计词汇小游戏,比如用来练习词语搭配的游戏"找朋友":老师发给每位同学一张卡片,上面写着本课讲过的词或短语。每两位或三位同学可根据词语的内容将词语组合在一起,组成一个短语或句子。要求有适当的补充,并举着卡片大声读出来,例如:

愿望+实现→愿望实现了
改变+想法→改变我的想法
古老+而+美丽→古老而美丽

第三节 现代汉语词汇偏误分析

一、词语偏误的定义

学习汉语首先有必要区分偏误(error)和错误(mistake)。偏误"指的是中介语与目的语规律之间的差距",是词语使用中多发的、有规律的问题。错误则是学习者在说或写时,由于注意力不集中、疲劳、粗心或语言运用的某一方面原因造成的,是偶发的、没有规律的。

词语使用中的偏误要和临时修辞用法区分开。词语的临时修辞用法超

第十一章　现代汉语词汇教学原则与方法研究

出了语法规则、语义和逻辑规则、韵律规则、语用规则,它追求的是灵活多变和特殊的修辞效果。比如郭德纲的相声里笑话老婆爱唠叨的一句话:

去年她去北戴河疗养了半个月,回来后您猜怎么着,就连她的牙都晒黑了。

牙本来是不会晒黑的,这里用夸张的手法来挖苦老婆的嘴闲不住。这是超出了语义和逻辑规律制约的修辞用法。再比如下列画线的词语:

这些天一直睡不好,脸色看起来很<u>萧条</u>。

我喜欢海,<u>溺爱</u>海,特别是涨潮时的海。

农村现在已经成了份子钱的<u>重灾区</u>。

我有两<u>匹</u>弟弟,一个比一个难管教。

长大以后,我学会了<u>阅读</u>别人的脸。

这五个词语不能说是搭配上用错了,而是出于修辞的需要,表达出与众不同的意味。

二、词语偏误的原因

词语偏误的原因有多种,这里只介绍主要的四种。

(一)目的语规则混淆

很多混淆的例子都属于目的语规则混淆。比如前面提到的"要""想"在语义和语用规则上的混淆,"死"和"去世"等词在语用规则上的混淆,"尊重"和"尊敬"在语义和搭配规则上的混淆等。

再比如,用于人的量词"位"带有尊敬的意味,不用于指自己或自己一方。这一规则不同于"个",在需要表达对对方的尊敬时,用"个"则显得很不礼貌。例如,"我们的学校有 3 000 多位学生。"显然是混淆了"位"与"个"。

再看下面几例偏误:

理发师对她说了好几次:"真漂亮的姑娘!"

昨天晚上我们参加了真热闹的联欢会。

这两例偏误属于把"真"混同于"很",把"很+形容词"的功能类推到了"真+形容词"上,认为后者也可以像前者一样作定语。

汉语很多指人或物的词都是由修饰成分加上名词性成分构成,如"演员""裁判员""图书室"等,学生将这一规则泛化,类推出"杂技员""营救员""咖啡室"等并非汉语的生造词语。

汉语用"年、月、日"来表示时间,但它们的用法并不完全一样。试比较:

前天　　　　前月　　　　前年

· 279 ·

昨天	昨月	昨年
今天	今月	今年
明天	明月	明年
后天	后月	后年
下一天	下一月	下一年

可见,"年、月、日"在用法上是不完全对应的,但学生常常根据已学的"昨天""今天""明天""后天""下一年"等类推出"昨年""今月""明月""后月""下一天"等词语来,是汉语的生造词语。

(二)目的语规则泛化

及物动词后接宾语是常态。但像"死心""见面""辞职"这样动宾结构的动词,大多数不能再接宾语。可是学生往往对后一条规则掌握得不好,直接把前一条规则泛化了,认为所有的动词都可接宾语。于是造出下面这些句子:

我要去见面导师。

我已经死心他的爱了。

那个老师去年辞职华文学院了。

学生掌握了"在 + 普通名词 + 方位词"的结构,但会产生把其中的普通名词泛化到处所名词的偏误,如:

在中国里,发明了一种会跳舞的机器人。

在我的故乡上没有这种水果。

这两个例子去掉方位词"上""里",就是符合规则的句子了。

再比如学生根据部分形容词重叠之后语义程度加强这一规则,造出了"他是个聪聪明明的学生"。"在这里,我过得痛痛苦苦。"实际上,汉语中不存在这样的重叠形式。

(三)交际策略的影响

学习者由于对目的语没能完全掌握,在需要表达某些超过他现有的语言知识或技能所能表达的内容时,就不得不有意识地使用一些语言或非语言手段进行交际,这些手段便是学习者的交际策略。

词汇量有限,尚未学到当用词,只能在已学过的词中选一个用于表达。如在"要是有人没结婚能活下去的话,一定在他活着时总是感到安静"这个句子中,学习者想要表达的意思是不结婚会使人感到"寂寞",学习者可能尚未学过"寂寞",于是误用了"安静"。

此外,还有的会自己生造一个词语用于表达。如当学生要表达"打

第十一章　现代汉语词汇教学原则与方法研究

工的女孩儿"这个意思时,因为不知道汉语中有"打工妹"这个词,就会自己生造出一个词组"打工女孩儿"来表达,如:"× 她是外省来的打工女孩儿。"

（四）词典误导

先看下面的例子：
这事教会我要尊敬每一个生命和每一个文化。

这里显然是混淆了两个动词"尊重"和"尊敬"。之所以会混淆,原因很可能是源于词典的解释。比如《现代汉语词典》是这样解释的:

[尊敬] 动,重视而且恭敬地对待：～老师|受人～。

[尊重] 动,尊敬,敬重：～老人|互相～。

第二个释义用了两个同义词,其中第二个同义词是高级阶段才能学到的,不存在干扰。而第一个同义词"尊敬"则表明："尊重"和"尊敬"两个词是同义词,这就很容易使学生产生误解,认为两者在意义、用法上完全一样。但实际上这种释义方式忽视了两个动词的差异："尊敬"是"重视而且恭敬地对待师辈、上级等",而"尊重"是"重视而且恭敬地对待人、生命、文化、权利、选择等"。再比如,《现代汉语词典》把"丰盛"解释成"丰富（指物质方面）"。这个括注指出"丰盛"用于形容哪些方面的事物,即物质方面的事物。但按此释义造出的句子"图书馆的书很丰盛"明显是不符合母语者语感的。显然这个释义里的括注是引起误导的根源。实际上,在北京大学中国语言学研究中心（CCL）语料库中,与"丰盛"搭配的名词除了零星的像"礼物""嫁妆"这样的词,超过 95% 的为餐宴、饮食类的词语。从对外汉语词汇教学的角度来看,我们要教给学生的是主体的搭配情况。所以我们建议把这个释义改为"丰富（指餐宴、食物和酒水）",这就可以避免把"丰盛"用于形容其他类别的事物。

再看下面的例子：《汉语教与学词典》给出的"造成"的搭配范围是："造成"的结果常常是消极的,也可以是积极的,如"造成了重大事故/团结友爱的良好风气"。在现代汉语发展的早期,这种搭配范围的限定是合适的；但就当代汉语而言,"造成"的结果绝大多数是消极的,而积极的结果还不到 1%。

同一本词典中,在解释"多"的用法时称："用在疑问句中的单音节形容词前,问数量、问程度。"这里有一点需要改正,这个"多"既可以放在单音节的形容词前,也可以放在双音节形容词前,只不过单音节的居多。比如：

"那个老师有多年轻？

从以上三个方面可以看出,最根本的还是要把词汇乃至语言本体研究

· 281 ·

做好了,从而在教学中、教材与词典编写中最大限度地减少误差和误导,才能有效地预防偏误。

三、词汇偏误的类型及其成因

学生为什么会误用词语?首先是学生对当用词本身的词义和用法没有掌握,此外,一个很重要的原因是在学生的心理词典中混淆了一些词的意义和用法,使得他们在该用某词时用了另一个错误的词。学生容易混淆的词语主要包括:

(一)不符合语法规则的词语偏误

1. 词语搭配不当
(1)马丽脱下手表,笑着说:"这手表送给你。"
动词"脱"搭配的对象是衣服、裤子、袜子、鞋;"摘"搭配的对象是手套、手表、眼镜、帽子、围巾、戒指、耳环、假牙和一些头饰。
(2)我们昨天访问了张老师,她是华文学院非常有经验的汉语老师。
动词"访问"搭配的对象大多数是国家、地方、机构,以及后来出现的网址、页面;"拜访"的搭配对象是人。
(3)我挨老师表扬了,真开心!
和动词"挨"搭配的动词都是表示消极意义的。
以上三例都是动宾搭配不当。
(4)如果做错了,她总是先跟朋友抱歉,然后找办法。
"抱歉"是个心理动词,和它搭配的介词和动词是"对某人团体/某事/行为感到抱歉";"道歉"是个行为动词,可以说"跟/向某人团体道歉"。
(5)我买了一只牛的皮做的腰带。
(6)我已经会了两个外语。
这两例属于名量搭配不当。"只"搭配的事物不是条状、带状的,应换成"条"。"个"不能搭配"外语""语言"之类的名词,这时候只能用量词"种"或"门"。
(7)她很爱学汉语,她的书柜里有种种汉语书。
量词"种"重叠为"种种",表示"各种各样""多种多样"。和"种种"搭配的中心语是抽象名词、形容词,例如:"身体出现了种种不适""种种理由""种种不利因素""回忆起了过去的种种心酸",而不是具体名词。这是定语和中心语搭配不当。
(8)安娣特别安安静静地听了一节课。

第十一章 现代汉语词汇教学原则与方法研究

此例的程度副词"特别"不能搭配形容词的重叠形式,因为形容词重叠之后就具有了较高的程度,就不能再和程度副词重复表达程度高。

(9)你出去教室。

这个复合趋向动词"出去"不能直接与处所宾语搭配;同理,"进来""进去""出来""上来""上去""下来""下去"等都不能直接搭配处所宾语。

(10)爸爸的公司在广州有一个小公司,因为他在工作上有多成绩,所以被公司派到广州跟另外公司合作。

形容词"多"作定语时,前面一般要有"很、非常、好、那么、这么、极"等成分。但在合成词或固定短语中可不用加其他成分,如"多边形、多民族国家"。

2. 词语误加

(1)我在广州,每年春节都去了姑妈家。

时态助词"了"用在动词后,主要表示动作行为的完成。不能用在表示经常性的动作行为后面。

(2)这时候,我看见了前边有一个商场。

(3)那一年,妈妈劝了我去中国留学。

这两例都是"了"用在了"动词+小句宾语"中间。实际上时态助词"了"不应该出现在这个结构中。

(4)那天去上了课以前,我给他打电话了。

此例第一个"了"即时态助词"了",不能用在没有发生的动作后面。因为"了"表示的是动作行为的完成。

3. 词语混用

助词"的、地、得"的分工是很明确的,但经常会有学生误用,通常是用"的"代替其他两个。例如:

(1)广州热的让人受不了。

(2)海水渐渐的平静了。

前一个"的"应改为"得",用来把中心语和补语连接起来。后一个"的"应改为"地",用来把状语和中心语连接起来。

(3)她把金鱼放着鱼缸里。

此例属于"着"和"在"混用。在"动词+着+处所宾语"的结构里,"处所宾语一定是前边动词的受事宾语",这个结构才能成立,比如"瞅着屋里"。但是此例的"鱼缸里"是处所补语,不是宾语,要把"着"改成"在",构成"动词+在+处所补语"。

(4)我在家里经常看电视,还是打网球。

这个句子混淆了"还是"和"或者"。它们都表示选择,但"或者"用在陈述句里,"还是"多用在疑问句里。"还是"如果用在陈述句里,要满足一

283

些条件,"或者"是前边有动词谓语,用"还是"连接的成分作前边动词谓语的宾语,例如:我不知道开这个玩笑的结果是坏还是恰到好处。或者是含有"还是"的小句作前分句,后边有总括性、评判性的后续分句,例如:开这个玩笑的结果是坏还是恰到好处,我不知道。

(5)我考虑一下才告诉你吧。

(6)去美国留学,我是想了好久再做出的决定。

这两例混用了"才"和"再"。"才"表示事情发生得晚或结束得晚,多用于已经发生的事情;也可用于没有发生的事情,但在这种情况下,"才"前面一定要有明确的时间词语,比如:"他星期五才走。"所以"再做出"的"再"应改成"才"。"再"表示后一个动作发生在前一个动作结束之后,且两个动作都是没有发生的。"才告诉"应把"才"改成"再"。

(7)今天我们一定要痛快痛快地玩一会儿。

这个例子属于词性偏误,混淆了形容词的两种重叠形式"痛痛快快"和"痛快痛快",前者是形容词性的,后者是动词性的。

(8)还有一个月就放假了,你要再耐心一个月。

这个例子也属于词性偏误,混淆了名词"耐心"和动词"忍耐"。

(9)在中国我交往了三个好朋友。

此例混淆了"交往"和"交"。两个词都有"互相来往"的意思,但"交往"是双向的行为,可以说"我们交往了三年",也可以说"小王和小李交往了一阵子"。

"交往"一词后面不接宾语。"交"是 A 对 B 的行为,所以后面可以接宾语。

(10)老师问:"快放假了,你要回上海吗?"

学生答:"我放假没回上海,我要在广州过年。"

这里是混淆了"不"和"没"。"没"用于"客观叙述,限于过去和现在,不能指将来","不"则"用于主观意愿,可指过去、现在和将来"。[1] 这种混淆在留学生口语中是很常见的,即使到了口语学习的高级阶段也会出现。

词义和构成它的语素的意义有密切的关系,这些包含着相同语素的词语在词义上难免存在相同的地方,但如果学生对二者在意义、语体色彩、感情色彩、用法等方面的区别不能很好地掌握,很容易造成混用。此类偏误词语有的与当用词语含有一个相同语素。[2] 例如:

(11)来北京之前,你们一直为女儿担心,会不会适合(适应)北京的

---

[1] 吕叔湘. 现代汉语八百词 [M]. 北京:商务印书馆,1999.
[2] 齐嘉霖. 含同语素双音节词混用的偏误分析 [D]. 复旦大学, 2012.

第十一章　现代汉语词汇教学原则与方法研究

生活。

（12）北京的秋天的气候（气温）变化太大了,非感冒不可,发烧,头疼。

（13）他是一个优良（优秀）的学生。

（14）你们两个人的复杂事情,我不介意（介入）,你们两个人解决就行了。

（15）从活动中,我学会了与人相处之道,一切要为别人达到（得到）幸福而努力。

（16）我希望我们不要容易（轻易）地放弃。

（17）地球上海（海洋）占大部分面积。

（18）我们从很远就听到大雁的声（声音）。

（19）在我国家（国）,我们没有心脏病的治疗。

（20）十二点十五分钟（分）大家都开始跳舞。

例句（11）～（16）中的偏误词语和当用词语都是双音节词,（17）～（20）中的偏误词语和当用词语中一个是单音节词,一个是双音节词。[①]

有的偏误词语与当用词语是同素逆序词。如：

这样产生（生产）的农作物可以解决人们的粮食问题。

结果,生产（产生）代沟。

当初我辞职是因为我想继续求学,而公司的时间不适合（合适）。

可是他们的思想不合适（适合）现代的时代。

希望有朝一日到达（达到）每个人都幸福而死的一天。

还有有了火车、汽车、飞机等后很快达到（到达）目的地,可是这些生活上的方便又带来了坏处,就是精神上的问题。

第一,城市在交通方面很发达,首尔呢地铁特别发达,我愿去什么地方地铁能达到（到达）什么地方。

同素逆序词是语素次序相反的同素词,有的同素逆序词词义完全相同,如"代替"和"替代"、"察觉"和"觉察"、"样式"和"式样",但绝大多数的同素逆序词的词义并不完全相同,这些词词形相近,学生对这类词往往掌握不好,容易混淆。

（二）不符合语义和逻辑规则的词语偏误

由于对词语意义的理解有误,或对语义的关系没有把握好,没能准确地表达说话人的意图,留学生最大的偏误莫过于对词语的意思掌握不好：

[①] 汪礼俊.语素教学及练习设计[D].复旦大学,2010.

1. 词语意义理解有误

（1）你的家父身体怎么样了？

这里没有真正理解"家父"一词，它只用来指自己的父亲。

（2）这真是一个好的想方设法，我怎么都想不出来。

此例误解了"想方设法"的意思，把它理解成了名词性的"方法"，实际上它是动词性的，意思是"想尽办法"。

（3）我考了三次才通过 HSK6 级，我的高兴可想而知。

（4）现代人的看法比较客观、开放，导致了国家的发达。

"可想而知"的意思是"对不好的结果能够经过推想而知道"。"导致"的意思是"引起不好的结果"。这两个词都用于不好的方面。

（5）这个教室比以前的小了两倍。

此例误用了量词"倍"，它表示的是和原来一样的数量，几倍就是原来的数乘几。

（6）前年我的词汇量是两千，现在增加了一万。听老师说，有了这一万个词语，我就可以读懂 99% 的文章了。

此例误用了"增加了"，它表示的是比原来的数多了多少，而不是原来的数与增加了的数的和，应改成"增加到"。

（7）我们俩个都是印度尼西亚的学生。

此例误用了"俩"，"俩"就是"两个"的意思。

2. 词语意义混淆

一些词义相近的词语，外国学生很难把握其意义的细微区别，容易造成误用。例如：

（1）他是个精力很充实（充沛）的年轻人。

（2）我回国的时候，要么坐飞机，要么坐火车，还不明白（清楚）。

（3）妈妈最近越来越旧（老）了。

（4）这个故事虽然旧（老）了点儿，但还值得看。

（5）因为通过亲戚朋友的介绍，能让双方更知道（了解）对方，也能知道（了解）对方的家庭。

（6）虽然在我身边没有爸爸母亲（妈妈），没有老朋友，但是我觉得我自己开始长大。

（7）我妈妈赠（送）给我一个礼物，来看一看吧。

（8）老头子（老先生／老大爷），请问去北京大学怎么走？

（9）我渴望过游手好闲（自由自在）的生活和丈夫的工资高。

例（1）～（5）句中的偏误词语和当用词语在概念义上有区别。（6）（7）句中的偏误词语和当用词语的语体色彩有区别，"母亲"和"赠"是书面语词，

第十一章　现代汉语词汇教学原则与方法研究

用在以上句中不合适。(8)(9)句中的偏误词语和当用词语感情色彩有区别,"老头子""游手好闲"都是贬义词,用在句中不合适。关于如何辨析词义相近的词语,可参考本书辨析近义词语的章节。

造成词义相近的词语混淆的原因有两个方面:一是汉语词汇系统本身有一些词义相近的词语,学生对这些词的词义和用法掌握不准确导致误用,如"充实"和"充沛"、"游手好闲"和"自由自在"等词;二是一些汉语词义相近的词对应的学生的母语翻译相同,如"旧"和"老"在英语中都是 old,"知道"和"了解"在英语中都是 know,学生因为母语的负迁移造成混淆。

(10)谢谢你给我们准备这么丰富的晚饭。

此例混淆了"丰富"和"丰盛"的意义。"丰盛"指摆在餐桌上的食品多而好,使用范围具有局限性,通常说"丰盛的晚宴""早餐很丰盛"等。"丰富"指物质财富、学识经验等种类多或数量大。

(11)我知道作为父母一点儿也不容易,压力很大。

这里的"作为"应改为"做"。"作为"作介词用时,是"就人的某种身份来说"的意思,它和后面的宾语组成介宾短语作状语,而不是作主语。后面一定要有动词或动词短语来作谓语,否则就感觉句子语义不完整。"作为父母"是全句宾语部分的主语,同时也没有相应的动词或动词短语来作谓语,所以要改成"做"。

(12)有一天我钱包丢了,怎么找也找不到,现在还没有着落。

这里用错了"着落",它是指"(生活、金钱等)可以依靠的东西",应该改成"下落",指"寻找中的人、事物所在的地方"。

(13)尊重的李老师:您好!

此例混淆了形容词"尊敬"和动词"尊重","尊敬"的意思是"值得重视而且恭敬地对待"。"尊重"的意思是"重视而且恭敬地对待"。

(14)我的先辈都选择了商务英语专业。

在汉语里却指辈分在先的人,或者是指已去世的令人尊敬、值得学习的人。这里的"先辈"应改为"同学"或"师兄""师姐"。

(15)最接近市区是雄踞山峰的双龙寺。

(16)我不知道从什么时候开始靠近他,也不知道什么时候开始不知不觉他慢慢地占据了我心中的地位,更不知道什么时候他渐渐渗入了我的世界。

这两例混淆了"靠近"和"接近"。靠近,是彼此的空间距离近。接近,是彼此的抽象距离近,如人和人之间的心理距离、时间距离,或者事物之间相差很小。

3. 词语之间的意义关系不和谐

（1）这段时间天气特别差,接连下了两个小时的雨。

"这段时间"的含义是指最近至少两三天的时间,和"两个小时"有冲突。

（2）大一新生和留学生都要参加新生训练营。

（3）到暨南大学华文学院之后,我觉得非常高兴,因为我可以跟很多不同国家的同学一起上课,也遇到了很多好的老师和教授。

这里没有弄清楚语义的逻辑关系。"大一新生"和"留学生"是交叉关系,"老师"和"教授"是包含关系,不是并列关系。

4. 词音相同/相近的词

出现这种偏误的原因有两个方面：一是学生在书写表达中用相对简单容易的同音词代替当用词,如用"文明"代替"闻名"、"相"代替"像"、"在"代替"再"；二是学生对汉字的构形特点不熟悉,常常漏写形声字的形旁,如把"骑"写成"奇"、"筷"写成"快",或写错形声字的形旁,如"情"写成"请","钟"写成"种"。为减少学生对词音相同或相近的词语误用,我们在词汇教学中要注意加强汉字的教学。汉字作为一种表意文字体系,汉字形体因义构形,而不同于表音文字的因音构形,教学中应强调字形与字义的关系,尤其应强调形声字的形旁与字义的关系。

（三）不符合韵律的词语偏误

（1）这种花在世界上广泛栽。

（2）让我难以忘这天。

（3）我们互相帮,完成了任务。

（4）——你明天来我家吃饭吧。

　　——天太冷了,我无法去。

（5）我默默哭,两个小时过去了,没有人来看我。

这五个句子里的"广泛、难以、互相、无法、默默"是双音节词,要求与其搭配的动词也是双音节的。类似的还有"种植、无偿、日益、日趋、趋于、过于、予以无故"等。

（6）她的嗓子哭嘶哑了。

（7）杯子打粉碎了。

（8）他的腰累弯曲了。

这三例是单音节动词后面用了双音节的补语,补语可改为单音节的"哑""碎""弯",也可以在动词后面增加助词"得"来补足音节。

第十一章　现代汉语词汇教学原则与方法研究

（四）不符合语用规则的词语偏误

1. 违反语言表达的社会规约

这种偏误是指不符合说话人、听话人或语境中所指人的年龄、身份、地位以及关系，违反了语言表达的社会规约，因而产生偏误。如：

（1）老师，你今天很性感。

在中国文化背景之下，如果说一个女人性感，就等于说她打扮得比较裸露，故意卖弄姿色，目的是吸引男性。这一词语很少用于夸赞别人。这里的"性感"用错了对象，不能用在尊敬的人身上。

（2）但是这次我公公不能出院了，因为不到三天他就死了，不要说我们父母，连我们当孙子的也很难过。

此例的"死"应改成"去世""逝世"等，因为这些正式的词语用在长辈、受尊敬的人身上。

（3）我们这所学校有一千多位学生。

量词"位"有尊敬对方的意思，只用在对方身上，不能用于自己。但这种用法在印度尼西亚使用得非常广泛。

（4）现在就请王教授抛砖引玉，给我们展示他的成果。

"抛砖引玉"是用于自谦的成语，不能用于听话人身上。

（5）我最喜欢张校长了，整个学校都是由他一个人操纵。

这里的"操纵"用在不好的人身上，不能用在我们喜欢、尊敬的人身上。

（6）你好，这是我的文章，请你拜读。

"拜读"是敬辞，表示对对方的尊敬。但它要求用在说话人自己身上，即读别人作品或书信的敬辞。

（7）老师好！我要请你帮个忙。

"要"在表达意愿时，程度非常强烈，所以表达出来的语气很坚决，听起来就很生硬，显得不客气，所以不适合用在老师等尊敬的人身上。

2. 生造词语

生造词语指学生造出了汉语中不存在的词语。学生在词汇量有限的情况下，为了完成交际常常会生造出一些词语来表达自己的意思。学生利用已学过的汉语词语（或语素）根据汉语构词规则类推出生造词语。如：

他父亲以前是个杂技员（杂技演员）。

那时营救员（营救人员）救助我们了。

汉语很多指人或物的偏正式结构的词语是由修饰性成分加上名词性成分组成的，如"裁判员""服务员""检察官""教室""阅览室""起点""终点"，以上例句中的生造词语都是将汉语偏正结构词语的构词规则加以类推而成的。

昨年(去年)国庆的时候,我和我的同学去大连旅游。

我的爸爸、妈妈今月(这个月)要来看我,我很担心。

在汉语的时间表达系统中,我们可以说"昨天",但不可说"昨年";可以说"今天""今年",但不可以说"今月"。汉语可以在"年、月、天"等名词前加上"昨、今、前、下"等语素表示时间,但用法并不完全一样,不具类推性。

四、预防词语偏误的对策

前面的这些偏误中最复杂的是有关语法规则方面的,其次是韵律和语用规则方面的。如何减少和预防偏误?一方面要从释义方面多下功夫;另一方面要从使用规则(包括语法、韵律、语用)上下功夫。课堂上的讲解最重要的就是多展示词语所在的框架或典型语境,讲清使用范围和限制条件。

(1)然后还说了让她伤心的话,终于她也不耐烦,反而顶嘴了。

(2)母亲不仅做菜拿手,反而对每件事情也很讲究。

(3)所以我们成功后不该躺在荣誉的光环里,反而应该不断地寻求更高的目标,应该付出更多的努力。

副词"反而","表示某一现象或情况没有产生按常理(或预料)应有的结果,而是产生相反的结果。'反而'的作用就是引出这个相反的结果"。例(1)(2)不存在这种"相反"的情况,可以把例(1)的"反而"换成"于是",表示顺承关系;把例(2)的"反而"换成"而且",表示递进关系。

例(3)虽然有"相反"的情况,可是不符合"反而"出现的语义背景。这个语义背景可分析为:

A. 甲现象或情况出现或发生了。

B. 按说[常情]/原想[预料]甲现象或情况的出现或发生会引起乙现象或情况的出现或发生。

C. 事实上乙现象或情况没有出现或发生。

D. 倒出现或发生了与乙相悖的丙现象或情况。

A 和 D 之间是因果关系。"反而"就出现在 D 里,用以引出相反的现象或情况。[1]

---

[1] 袁毓林. 反预期、递进关系和语用尺度的类型——"甚至"和"反而"的语义功能比较 [J]. 当代语言学, 2008, 10 (2): 109–121.

比如：

A 今天午后下了一场雷阵雨，B 原以为可以凉快一些，可是 C 并没有凉下来，D 反而更闷热了。

例（3）不符合 B 和 C 这两条语义背景，同时"反而"连接的分句与前一分句没有因果的关系，而只表示相反或对比。换句话说，就是没有预期、没有与预期相反，可以直接换成"而"。在给学生讲解时，要将这个词的语境、使用限制说清楚了，才可以有效地预防误解与误用。

参考文献

[1] 傅兴岭,陈章焕.常用构词字典[M].北京:中国人民大学出版社,1982.
[2] 于根元.现代汉语新词词典[M].北京:北京语言学院出版社,1994.
[3] 北京语言文化大学汉语水平考试中心.汉语8000词词典[M].北京:北京语言文化大学出版社,2000.
[4] 商务印书馆辞书研究中心.应用汉语词典[M].北京:商务印书馆,2000.
[5] 周洪波.新华新词语词典[M].北京:商务印书馆,2003.
[6] 马燕华,庄莹.汉语近义词词典[M].北京:北京大学出版社,2002.
[7] 曲伟.当代汉语新词词典[M].北京:中国大百科全书出版社,2004.
[8] 王还,主编.汉语近义词词典[M].北京:北京语言大学出版社,2005.
[9] 刘川平.学汉语用例词典[M].北京:北京语言大学出版社,2005.
[10] 中国社会科学院语言研究所词典编辑室.现代汉语词典[M].北京:商务印书馆,2005.
[11] 中国社会科学院语言研究所词典编辑室.现代汉语词典[M]北京:商务印书馆,2005.
[12] 鲁健骥,吕文华.商务馆学汉语词典[M].北京:商务印书馆,2006.
[13] 周思源.对外汉语教学与文化[M].北京:北京语言文化大学出版社,1997.
[14] 叶盼云,吴中伟.外国人学汉语难点释疑[M].北京:北京语言大学出版社,1999.
[15] 卢福波.对外汉语常用词语对比例释[M].北京:北京语言文化大学出版社,2000.
[16] 刘珣.对外汉语教育学引论[M].北京:北京语言大学出版社,2000.
[17] 赵菁.汉语听说教程(下)[M].北京:北京语言文化大学出版社,

2000.

[18] 王艾录,司富珍.汉语的语词理据[M].北京:商务印书馆,2001.

[19] 葛本仪.现代汉语词汇学[M].济南:山东人民出版社,2001.

[20] 周健.汉语课堂教学技巧325例[M].北京:商务印书馆,2001.

[21] 中华人民共和国教育部,国家语言文字工作委员会.第一批异形词整理表[M].北京:语言出版社,2002.

[22] 郭继懋,郑天刚.似同实异——汉语近义表达方式的认知语用分析[M].北京:中国社会科学出版社,2002.

[23] 陆俭明.现代汉语语法研究教程[M].北京:北京大学出版社,2003.

[24] 黄锦章,刘焱.对外汉语教学中的理论和方法[M].北京:北京大学出版社,2004.

[25] 中华人民共和国教育部,国家语言文字工作委员会.第二批异形词整理表[M].北京:语言出版社,2004.

[26] 杨寄洲,贾永芳.1700对近义词语用法对比[M].北京:北京语言大学出版社,2005.

[27] 金立鑫.对外汉语教学虚词辨析[M].北京:北京大学出版社,2005.

[28] 赵金铭.汉语可以这样教——语言技能篇[M].北京:商务印书馆,2006.

[29] 杨惠元.课堂教学理论与实践[M].北京:北京语言大学出版社,2007.

[30] 陈昌来.对外汉语教学概论[M].上海:复旦大学出版社,2008.

[31] 崔永华.对外汉语教学设计导论[M].北京:北京语言大学出版社,2008.

[32] 黄晓颖.对外汉语课堂教学艺术[M].北京:北京语言大学出版社,2008.

[33] 姜丽萍.对外汉语教学论[M].北京:北京语言大学出版社,2008.

[34] 江新.对外汉语字词与阅读学习研究[M].北京:北京语言大学出版社,2008.

[35] 高燕.对外汉语词汇教学[M].上海:华东师范大学出版社,2008.

[36] 张和生,马燕华.对外汉语教学示范教案[M].北京:北京师范大学出版社,2009.

[37] 周健.汉语课堂教学技巧325例[M].北京:商务印书馆,2009.

[38] 周小兵.对外汉语教学入门(2版)[M].广州:中山大学出版社,

2009.

[39] 周小兵. 对外汉语教学导论 [M]. 北京：商务印书馆，2009.

[40] 朱丽云. 实用对外汉语重点难点词语教学词典 [M]. 北京：北京大学出版社，2009.

[41] 张和生. 对外汉语词汇教学研究——义类与形类 [M]. 北京：北京大学出版社，2010.

[42] 张绍麒. 汉语流俗词源研究 [M]. 北京：语文出版社，2000.

[43] 赵应铎. 中国典故大辞典 [M]. 上海：上海辞书出版社，2012.

[44] 李先银，吕艳辉，魏耕耘. 国际汉语教学词汇教学方法与技巧 [M]. 北京：北京语言大学出版社，2015.

[45] 周小兵，朱其智，邓小宁，等. 外国人学汉语语法偏误研究 [M]. 北京：北京语言大学出版社，2015.

[46] Rapuepon Supranee（冉冉）. 汉泰敬词对比研究 [D]. 华东师范大学，2015.

[47] 张安娜. 现代汉语书面语词与口语词差异及其对应关系研究 [D]. 华东师范大学，2015.

[48] 周荐. 论成语的经典性 [J]. 南开学报（哲学社会科学版），1997（2）.

[49] 张成福，余光武. 论汉语的传信表达——以插入语为例 [J]. 语言科学，2003（3）.

[50] 李文中. 语言的委婉和粗鄙 [J]. 外语学刊，2003（3）.

[51] 李如龙，杨吉春. 对外汉语教学应以词汇教学为中心 [J]. 暨南大学华文学院学报，2004（4）.

[52] 陆俭明，王黎. 开展面向对外汉语教学的词汇语法研究 [J]. 语言教学与研究，2006（2）.

[53] 李如龙. 关注汉语口语词汇与书面语词汇的研究 [J]. 陕西师范大学学报，2007（2）.

[54] 周健. 语块在对外汉语教学中的价值与作用 [J]. 暨南学报，2007（1）. 政文版商经.

[55] 张博. 第二语言学习者汉语中介语易混淆词及其研究方法 [J]. 语言教学与研究，2008（6）.

[56] 马晓娜. 留学生使用汉语惯用语的偏误分析及对策 [J]. 淮北煤炭师范学院学报，2008（2）.

[57] 周青，王美玲. 留学生运用成语偏误举隅及分析 [J]. 湖南人文科技学院学报，2009（2）.

[58] 李如龙. 论汉语词汇的多元系统 [J]. 江苏大学学报, 2011（1）.

[59] 张文贤, 邱立坤, 宋作艳, 等. 基于语料库的汉语同义词语体差异定量分析 [J]. 汉语学习, 2012（3）.

[60] 张博. 针对性：易混淆词辨析词典的研编要则 [J]. 世界汉语教学, 2013（2）.

[61] 周琳, 萨仁其其格. 蒙古学习者特异性汉语易混淆词及其母语影响因素 [J]. 语言文字应用, 2013（1）.

[62] 赵越. 英语为母语的留学生汉语中形容词的词义偏误 [J]. 现代语文（语言研究）, 2014（9）.

[63] 高艳. 现代汉语口语词的主要类型及基本特征 [J]. 海外华文教育, 2017（9）.